U0908655

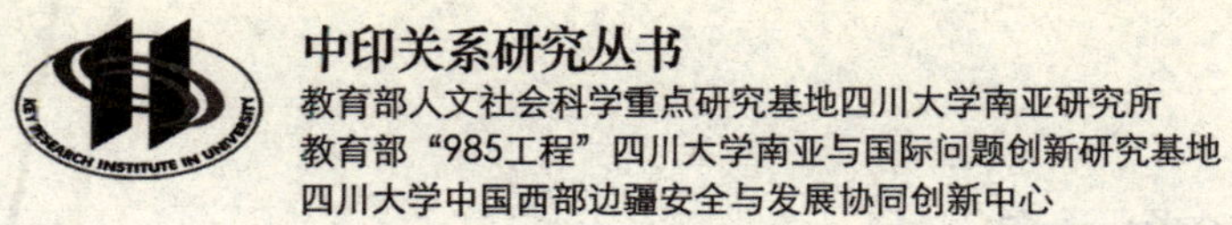

中印关系研究丛书
教育部人文社会科学重点研究基地四川大学南亚研究所
教育部“985工程”四川大学南亚与国际问题创新研究基地
四川大学中国西部边疆安全与发展协同创新中心

中印海外能源战略研究

地缘政治经济的视角

A Study of Sino-India Overseas Energy Strategies
——From the Perspective of Geo-politics and Geo-economics

主　编◎戴永红　袁　勇
副主编◎秦永红　张克勤　李建军　郭泽晋

时事出版社

图书在版编目（CIP）数据

中印海外能源战略研究：地缘政治经济的视角/戴永红，袁勇主编．—北京：时事出版社，2014.4
ISBN 978-7-80232-695-8

Ⅰ.①中… Ⅱ.①戴… ②袁… Ⅲ.①能源战略—对外政策—研究—中国②能源战略—对外政策—研究—印度
Ⅳ.①F426.2 ②F435.162

中国版本图书馆 CIP 数据核字（2014）第 038558 号

出版发行：时事出版社
地　　址：北京市海淀区巨山村 375 号
邮　　编：100093
发行热线：（010）82546061　82546062
读者服务部：（010）61157595
传　　真：（010）82546050
电子邮箱：shishichubanshe@sina.com
网　　址：www.shishishe.com
印　　刷：北京百善印刷厂

开本：787×1092　1/16　印张：22.5　字数：350 千字
2014 年 4 月第 1 版　2014 年 4 月第 1 次印刷
定价：69.00 元
（如有印装质量问题，请与本社发行部联系调换）

学术委员会

（以姓氏笔画为序）

总序

中印两国有着两千多年的文明交流史，共享两千多公里边界线，拥有25亿、占世界1/3的人口，中印关系对自身、地区乃至全球都具有举足轻重的影响。随着国际形势的发展，国际政治活动重心正逐渐从欧美向亚洲，特别是东亚、南亚等充满活力的地区转移，这对于迅速崛起的亚洲新兴发展中大国中国和印度关系的研究而言愈显重要。

当然，影响中印关系的因素众多。从历史看，既有两千多年文化宗教友好交往的回忆，又有1962年边界冲突留下的阴影；从现实看，既有两国政府的高度重视，又有双方大众相互认知上的缺失和不对称；从发展看，既存在不同产业结构和资源禀赋的互补性，又存在贸易逆差等带来的问题；从国际形势看，既有同为发展中大国追求共同利益诉求的互助性，又有受地缘政治和国际格局变化影响带来的排斥性和潜在的冲突性……因此中印关系长期扑朔迷离、跌宕起伏。

如何共同引导和维护好作为集邻国关系、大国关系、发展中国家关系、多边舞台上的重要伙伴关系“四位一体”的中印关系，这不仅是两国政府、官员的职责，也是双方民众、媒体、特别是从事中印研究的智库学者们义不容辞的任务。为此，教育部人文社会科学重点研究基地四川大学南亚研究所在基地重大项目和其他项目研究的基地上，整合全国最新科研成果推出了此套《中印关系研究丛书》。

这套丛书将从经济发展、外交安全和社会文化的视角，全面探讨中印关系发展的历史轨迹、客观现状和未来走势，希望能有助于推动两国关系沿着正确的方向发展——从国家利益谋求自主发展，从双边关系增进互信共赢，从地区层面共促亚洲世纪，从全球视角追求世界和平、天下大同。这不仅是作者们的心声，更是两国人民的愿景！

李 涛

四川大学南亚研究所常务副所长、教授

2014 年 3 月 25 日

序

能源问题是国之大事，能源安全是强国之本。杰里米·里夫金在《第三次工业革命》一书中认为，历史上重大的能源革命与新的信息传播方式总是并肩而行。19世纪，蒸汽机的发明和煤炭能源推动了第一次工业革命。20世纪电力的使用与电话、广播和电视发生交汇，人类步入消费社会。20世纪90年代开始出现的互联网革命，将新能源与互联网革命联系在一起，为第三次工业革命奠定了基础。第三次工业革命的核心是新能源，而新能源革命有五大支柱，包括可再生能源替代传统能源、广大建筑成为能源生产单位、推动储能产业发展、形成能源互联网和大力发展新能源交通工具。党的十八大报告也为新能源指明了三个方向，即革命、低碳、安全。要完成能源革命，必须做好三方面的工作：一是国际合作、培育市场；二是政策支持、苦练内功；三是转变观念、体制改革。新能源革命的关键就是高碳能源低碳化利用，在“化”字上下功夫，即能源资源地区化、能源来源多样化、能源技术智能化、能源利用高效化、能源应用便利化、能源服务普遍化、能源经济低碳化和农村能源现代化。保障能源安全则是国家能源工作的责任。联合国秘书长潘基文曾指出，未来能源发展方向是人人共享可持续能源。能源革命、低碳经济最终是为了确保国家能源安全和经济社会发展的安全。因此，能源安全不仅是能源供应不能中断，而且还要确保能源消费无害。最典型的就是不能有损害人民健康的PM2.5，不能有核辐射，不能有漏油事故。近年全国大范围、长时间、高浓度的雾霾事件给我们敲响了警钟。美丽中国要从健康呼吸开始，国家能源工作任重道远。作为两个正在崛起的发展中大国，中国和印度经济的快速增长导致了对能源资源需求的不断增加。但严峻的现实是，中印两国国内油气资源储量和生产量都有限，两国对石油和天然气的对外依存度将与日俱增。因此，两国都将在海外寻求能源供应作为保障能源安全的重要战略之一。在此背景下，世界能源地缘政治经济特征决定了中印两国必须摒弃传统的“零和博弈”思维，代之以积极的“竞合博弈”策略，即充分利用地缘优势加强能源合作才能使彼此的利益最大化。这不仅关系到中印两国能否实现可持续发展，而且关系到亚洲地区乃至世界的和平与稳定。

中印两国人民的友好交往源远流长。如今两国人民都在奔向现代化，而且面临同样的发展机遇与挑战。因此两国不但能在海外能源合作方面作出贡献，而且应在推动世界第三次工业革命方面形成合力，在共同应对全球气候变化、实现人类的可持续发展方面贡献两国人民的力量。

经国务院参事陈全生介绍，笔者有幸与戴永红教授相识，并听他介绍了本书的基本内容。这是我看到的一本比较全面分析中印能源问题的专著，是值得中国能源工作者阅读的一本书。为此，我愿意将戴永红教授和袁勇总经理等人主编的书推荐给同仁。

徐锭明

国务院参事

原国家发改委能源局局长

国家能源专家咨询委员会副主任

国家气候变化专家委员会委员

2014年3月28日

目　录

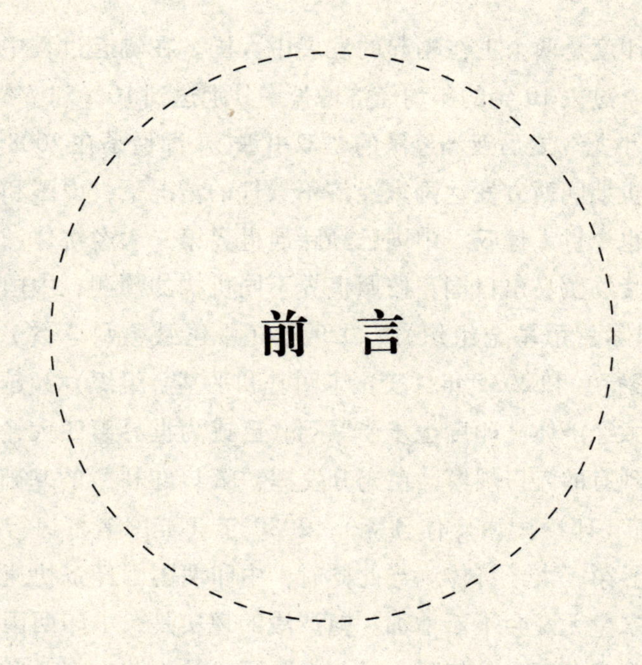

前 言

中国和印度是两个正在崛起的发展中大国。在崛起过程中，两国经济快速发展，过去10年的年均经济增长率分别达到10%和7%以上，被称为继“四小龙”之后亚洲经济的“双引擎”。即使是在2008年开始的国际金融危机期间西方发达国家经济不景气的情况下，中国和印度的经济增长速度也令世人惊叹。中国已经跃居世界第二大经济体、第一大制造业大国和货物贸易出口国。按照世界不同机构的预测，中国将最早在2016年（国际货币基金组织）、2020年（中国社会科学院）、2030年（英国渣打银行）和2035年（美国卡耐基和平基金组织）超越美国而成为世界第一大经济体。印度也步步紧逼，已成为世界第四大经济体，而且按照印度现有的人口规模，在充分发挥“人口红利”的基础上，印度将在2014年（印度国内媒体预测）、2030年（英国渣打银行）超越日本而成为世界第三大经济体。与此同时，中印两国因经济快速增长对能源资源的需求量无疑会不断增加。但严峻的现实是，中印两国国内油气资源储量和生产量都十分有限。目前中国国内的石油生产已经到了一个稳定阶段，在2010—2020年间将达到生产高峰，年产量约1.8亿—2亿桶；天然气生产也到了快速发展阶段，估计到2020年将达到生产高峰。但由于石油和天然气的消费量持续高速增长，供不应求的局面不可避免，到2020年中国石油的对外依存度将达到76%，天然气的对外依存度将达到40%。印度近年来国内油气资源供应缺口越来越大，石油对外依存度达到70%。印度权威机构预测，到2030年印度90%的石油和天然气将来源于国外。在此背景下，中印两国都将在海外寻求能源供应作为保障国家能源安全的重要战略之一。

世界能源地缘政治的特征是，从海湾到里海，通过西伯利亚和北冰洋地区到俄罗斯远东、美国阿拉斯加和加拿大形成一个“能源弧形”地带。这一区域集中了世界80%的石油和天然气资源，拥有世界发展最强劲经济和世界一半人口的亚洲国家，皆有赖于该地带的能源供应。历史上曾作为欧美列强在亚洲和东非进行殖民活动水道的印度洋，在今天则成为能源“超级水道”和控制进出海湾的门户。扼制着印度洋北部、波斯湾和中亚内陆的西南亚地区成为具有重要战略地位的地区。中东历来是美国传统的能源基地。冷战结束后，尽管美国的能源政策在逐渐推行多元化战略，但其仍然摆脱不了对欧亚—印度洋地区陆海能源通道的依赖，并逐渐将油气资源丰富的中亚作为21世纪新的能源基地。

中国能源安全面临的主要挑战之一就是，能源的供应链暴露在错综复杂的国际地缘政治格局中，能源运输通道安全堪忧。可以说，中国运输能源的路线没有多少选择，掌握不了能源贸易的航线。中国除了从俄罗斯、哈萨克斯坦和蒙古进口的油气可以从陆上运输外，其余全靠海上运输。而且海上运输的路线也非常单一，85%以上要经过印度洋—马六甲海峡—南中国海一线，这条航线极易遭到封锁。近年来，美国在东亚沿日本群岛、台湾岛、菲律宾群岛构筑围堵中国的“锁链”，借阿富汗战争加紧向南亚和中亚渗透，并在马六甲海峡交通要道新加坡设立军事港口；印度力图“有效控制”印度洋，并试图将其控制范围扩大到南中国海；日本也逐步将其军事触角伸到马六甲海峡。此外，经由马六甲海峡的海运还受到越来越猖獗的海盗活动的威胁。所有这些均直接威胁着中国能源进口的安全。目前中国海军还不能确保海上能源交通线的安全，过分依赖单一的海上运输路线，这加大了中国能源进口的风险。如遇特殊情况或因某种人为因素，这条海上运输线被切断，中国正常的能源进口将有被迫中断的危险，因此建立安全、有效和长期的能源运输陆上走廊是中国能源安全的重要保障。

印度是南亚大陆面积最大的国家，地理位置非常重要：西北与巴基斯坦接壤，北靠喜马拉雅山，东北与中国、尼泊尔、锡金和不丹为邻，东部与缅甸和孟加拉国接界，东南濒临孟加拉湾，南面隔印度洋与斯里兰卡、马尔代夫相望，西南临阿拉伯海，扼亚、非、欧和大洋洲的海上交通要道。因此，海权之父艾尔弗雷德·塞耶·马汉（Alfred Thayer Mahan）曾说道："谁控制了印度洋谁就统治了亚洲。印度洋在21世纪是通向七大海域的钥匙。世界的命运将在这些水域见分晓。"① 印度进口的石油中有65%来自波斯湾地区，其余来自俄罗斯、中亚及其他地区，因此与发达国家一样，印度十分重视海湾地区作为能源产地的地缘政治意义。中亚国家、巴基斯坦和阿富汗对印度未来能源安全起着重要作用，因此印度非常关注中亚地区的政治安全格局变化。巴基斯坦和阿富汗的重要性主要在于具有连接印度与伊朗、中亚等重要能源产地的特殊地缘位置。从地缘政治上来看，中亚及高加索地区是印度近邻，因此印度自认为凭借其地缘优势，有资格、有能力分享这个能源大馅饼，但印巴关系不正常和阿富汗政局不稳则是实现这一战略目标的主要障碍。里海、东南亚、澳大利亚、非洲、欧洲和俄罗斯都能向印度提供石油和天然气，但这些地区的前景不容乐观。由于地缘因素，印度特别关注连接海湾和印度的海上能源交通线的安全，尤其重视印度洋航线。印度国内石油消费的80%以上都须经过印度洋进行运输。基于这一认识，印度日益重视本国海军在维护海上能源通道安全方面的战略意义，决心与其他大国一道维护通道的安全与畅通。②

中印两国对能源的需求是以合作的形式还是以竞争的方式获得满足，这关系到中印两国之间的发展是否顺利，关系到亚洲地区能否实现和平与稳定。从上述可知，中印两国的地缘优势有利于两国的能源合作而两国的能源合作有利于双方的能源安全。其原因在于，中国的石油进口大部分采用海上运输，必须穿越马六甲海峡、南海、台湾海峡，然后转运到中国内陆，走的是"太平洋路线"，途经的地点都是政治敏感地带，给中国能源安全运输造成了隐患。而对印度来说，其陆上进口的能源必须途经巴基斯坦，因此中巴之间长期的友好合作关系是印度能源安全的有力保障。③ 随着近年来国家间相互依赖的增强，中印两国开始转变"零和博弈"的海外能源战略，即充分利用地缘优势加强能源合作才能使彼此的利益最大化。

---

① 马汉著，萧伟中、梅然译：《海权论》，中国言实出版社1997年版，第27页。

② 张力："印度的'能源外交'及其地缘政治考量"，《南亚研究季刊》2004年第3期。

③ 徐亚平：《地缘政治体系中的印度因素》，青岛大学2007年硕士学位论文，第5页。

基于中印两国的经济发展、能源需求和能源安全与世界油气富集区的地缘政治经济特征和能源资源政策等因素，本书从地缘政治经济的视角全面系统地分析了中印两国的海外能源战略。本书分为两大部分，共13章。第一部分共3章，重点介绍了地缘政治经济与能源战略的关系（包括地缘政治的产生与发展、能源战略与地缘政治、能源战略与地缘经济）、世界能源资源的地缘分布（世界油气资源分布的地缘特征和地缘影响）、中印海外能源战略的演变和中印海外能源的合作与竞争。第二部分共10章，重点选择了中东、中亚、东南亚、南亚、非洲、拉丁美洲、北美、欧洲、澳洲和北极等10个世界油气富集区，首先分析这些地区的地缘政治经济特征、主要国家的能源资源政策，并在此基础上重点分析中印两国在这些地区的海外能源战略选择。

本书从地缘政治经济的视角对中印海外能源战略进行全面系统的研究，是一次有益的创新尝试，值得肯定。笔者相信，随着对这一问题研究的继续深入，本课题相关的理论和实践问题将会更加完善。

戴永红

2013年11月

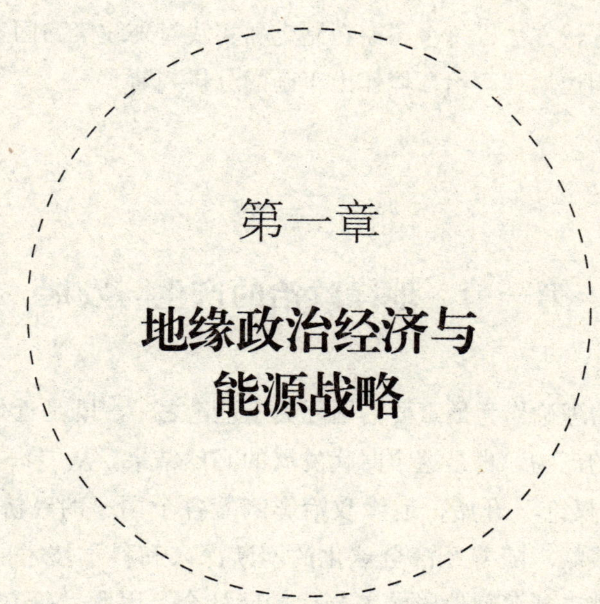

第一章

地缘政治经济与能源战略

“地缘政治学成为国家把握观察国际政治态势和制定对外战略的一种综合性地缘分析方法，每个国家在制定和实践对外政策和国家大战略时，都必须根据周边地理政治环境作出正确的分析判断。”①

第一节　地缘政治的产生与发展

地缘政治理论作为最重要的国际关系理论之一，既是近代国家发展、崛起、竞争的产物，也是这个时代发展的必然结果。从“海权论”、“陆权论”、“空权论”开始，地缘政治影响着各个国家的经济、政治、军事、外交等战略。随着经济全球化的不断深入和科学技术的迅猛发展，地缘政治也越来越深刻地影响着当代国际社会。因此，研究地缘政治理论的历史演变，对于维护国家主权，促进国家和平稳定发展具有重要的意义。

一、地缘政治的产生

在人类文明的发展中，土地是许多民族崇拜的精神寄托。人类与地球的关系反映在人类文明之中，即人类既以一定的地理环境为生命的基点，又以一定的地理环境为活动的舞台，还以一定的地理环境为发展之

---

① 司源：“中国地缘政治的战略思考”，《法制与经济》2009年第3期，第138页。

目的。[1] 这是因为人类的一切活动都要立足于一定的地理环境。正因为地理环境与人类生存发展有着密切的关系，人类从文明伊始就在探索地理的结构及其变化规律，从而逐渐在人类文明的发展中形成了独立的知识体系——地理科学。

地理现象是一种客观的自然现象，而政治则是人类活动的一种客观现象。但是自从人类有了政治现象以来，地理与政治之间就产生了一种天然的血缘关系：国际关系中的主体——民族国家以一定面积的领土作为物质基础，气候条件、资源状况、人口分布等因素又直接关系到国家权力的大小。因此，在政治现象中的地理并不是最初单纯的以自然要素为基础的自然现象，而是国际关系行为体之间相互博弈、获取利益的一个不可或缺的要素，从而在人类认识政治与地理关系的过程中诞生了一个新的科学领域：地缘政治学。

西方地理政治思想产生于20世纪初的知识水平和政治气候。20世纪以前，世界秩序的基础是由基督教徒、贵族和以欧洲为中心的世界秩序构成的。然而，达尔文的进化论促成了一场重要的认知革命，基督教观念被一种古猿取而代之，这种思想很快反映到人类自身的问题上来。英国社会学家赫伯特·斯宾塞（Herbert Spencer）宣布了“社会达尔文主义”的理论，并将之归于行为主义哲学。他认为斗争是人类前进的主要动力，而且“适者生存”已决定人类社会与政治以至自然的进化模式。[2]

20世纪的政治地理学就诞生于一个认知和政治都十分动荡的年代里。政治地理学的特殊形式受两个特定促进因素的影响：一是日益增强的认为社会将有重大变化的信念；二是为了对这些变化提供解释、论据和指导，愈来愈多的人文学科研究者更普遍地深信科学理论，特别是生物学理论的重要意义。此外，对西方政治学的思考在很大程度上是由于世界正以一个前所未有的面貌展现在西方人面前。

---

① 张江河：“地缘政治理论与战略的学理辨析和历史定位”，《吉林大学社会科学学报》2007年第6期，第47卷。

② ［英］杰弗里·帕克著，李亦鸣等译：《二十世纪的西方地理政治思想》，解放军出版社1992年版，第8页。

新政治地理学的鼻祖是德国地理学家弗里德里希·拉采尔，他的思想更多的是德国19世纪哲学和自然科学的产物。在拉采尔1897年出版的《政治地理学》一书中，他认为“国家是一种生物有机组织的形式，这是一个真实的概念，它的社会行为遵循生物规律。国家也有一种相当于头脑的东西在操纵，但这与组成其人口的个体不同，国家在某种命令规则下运转以保证它的延续生存”。拉采尔继而认为，“国家是有机体演变的产物，这个空间有机体像生长在陆地上的树木一样把根牢牢扎在土壤里。因此一个国家的特征将受到其领土的性质及其区位的影响，衡量一个国家的成就，要看它是否适应这些环境条件。对于健全的国家来说，通过领土扩张而增加它的力量是合情合理的”。①

拉采尔的思想对19世纪初其他政治地理学家的影响颇深。瑞典政治学家、地政学家鲁道夫·契伦（Rudolf Kjellen）制造了“地缘政治”（Geopolitics）这一术语，他不仅赞同国家的有机体论，而且更形象地把国家组织和人体器官的特性相比较。美国地理学家埃伦·森普尔（Ellen Semple）在她的《地理环境的影响》一书中对拉采尔的思想进行了翻译、解释并加以阐述。德国著名地理政治学家艾尔弗雷德·塞耶·马汉在19世纪80年代就详尽描述了世界历史上海权（sea power）的重要性。

地缘政治主要阐述了国家在地理空间的权力关系。② 英国政治地理学家杰弗里·帕克称，地缘政治是从“空间的或地理中心论的观点对国际局势背景进行研究所形成的整体认识”。③

二、地缘政治的发展

火车的出现和铁路的延伸改变了陆路交通劣于海上交通的被动局面，陆地间的联系增强，使欧亚大陆的高速运输成为可能。这场技术革命的

---

① ［德］弗里德里希·拉采尔：《政治地理学》，转引自［英］杰弗里·帕克著，李亦鸣等译：《二十世纪的西方地理政治思想》，中译本序，解放军出版社1992年版。

② 蒲瑶：“地缘政治理论的历史、现状与发展趋势——兼论中国的空间安全”，《社会科学家》2008年第6期。

③ ［英］杰弗里·帕克著，李亦鸣等译：《二十世纪的西方地理政治思想》，解放军出版社1992年版，第63页。

巨大影响引发了英国地理学家哈·麦金德爵士的深入思考。

在麦金德之前，人类在空间感知深度上均没有卓越的论述，因为地球表面对人类来说主要是历史事件的背景，很多人都认为欧洲—地中海区域才是真正关系全世界的唯一地域。此外，政治地理学者主要关注将国家作为一个空间现象来描述。马汉认为海洋这条“伟大的公路”一直是历史的主导成分，而且是国家富强的基本决定因素。[①] 而麦金德则结合前人关于历史地理的论述，形成了“一种全面综合的观点”，并在1904 年发表的《历史的地理枢纽》一文中首次提出，随后在 1919 年出版的《民主的理想与现实》一书中又得到修正与发展。[②]

麦金德 1904 年文章的中心论题是：世界历史基本上是陆上人和海上人反复斗争的过程。他认为陆上霸权最有力的中心总是在欧亚大陆的心脏地带，而正是东方世界对西方的威胁和压力激励了欧洲人海上活动的卓越发展。他相信位于欧亚陆块中心的遥远地区是“世界政治的枢纽”,[③] 并把紧紧围绕在枢纽地带外的环形地区称为内新月形地带，包括欧洲、中东、印度和中国；把内新月形地带以外的地区称之为外新月形地区，包括欧亚大陆边缘的英国、日本及其他诸岛、撒哈拉沙漠以南的非洲以及大洋洲和整个美洲。在麦金德看来，20 世纪初主要的国际争端，尤其是发生在近东和远东地区的，是枢纽区和内新月形地带之间的不稳定的均势状态造成的。随着第二次科技革命的发展，海洋给航行带来了机动性，现在却受到铁路发展而带来的陆上机动性的挑战。

1919 年，麦金德在《民主的理想与现实》一书中提出了一个综合认识的世界观念。此书是在第一次世界大战后的第一个冬天写成的，麦金德认为这一时刻很重要，应该立即建立一个新的国际组织。陆权和海权两分法的基本论题仍然是该书的中心论题，但在形式和内容上都有了重大变化，并引入了新的表达语。他把欧亚新区的范围向西扩大，并用

---

① Mahan Alfred T. , *The Influence of Sea Power Upon History*, *1660 - 1783*, Sampson Low, London, 1989.

② ［英］哈·麦金德著，林尔蔚等译：《历史的地理枢纽》，商务印书馆 1985 年版，第 13 页。

③ ［英］杰弗里·帕克著，李亦鸣等译：《二十世纪的西方地理政治思想》，解放军出版社 1992 年版，第 17 页。

“心脏地带”概念代替了原来的“枢纽地带”，把欧、亚、非三个大陆统称为“世界岛”。他认为，东欧在欧亚大陆内部占据十分独特的重要位置，是俄罗斯从心脏地带进入中欧、德国向东进入心脏地带的通道。因此，他提出：谁统治东欧，谁就能主宰心脏地带；谁统治心脏地带，谁就能主宰世界岛；谁统治世界岛，谁就能主宰全世界。[①] 麦金德认识到，战争的基本原因在于世界资源及其战略潜力分布不均。

麦金德的地理观察，来自于对世界历史过程分析和解释的检验。采用空间观点是一种探索事件本质及原因的尝试，并通过对所有涉及因素的综合，求得一种前人未竟的统一连贯性。然而，虽然麦金德的主张对以后西方地理政治思想影响巨大，但在当时却影响甚微。正如英国地理学家布莱恩·布洛依特（Blouet）所说，这是因为忽视了这样一个事实：心脏地带的论题深深地根植于不列颠帝国的历史经验，而且它的兴起在很大程度上是那个时代的产物。[②]

与麦金德“心脏地带论”相左的是美国地缘战略学家斯皮克曼于20世纪40年代提出的“地缘地带论”。斯皮克曼在《和平地理学》一书中提出，东半球的势力冲突有四类：一是在大陆心脏地带与边缘地带之间；二是在边缘地带内的各势力之间；三是在海洋势力与大陆沿岸之间；四是西半球的参与。他认为边缘地带比心脏地带更重要，边缘地带在经济、人口等方面的力量都超过心脏地带，两次世界大战都发生在边缘地带。世界的基本矛盾并不是陆权国家与海权国家的对抗，相反，两次世界大战的结束都是通过海权国家与陆权国家联合击败边缘地带国家实现的。斯皮克曼据此提出：“谁支配着边远地区，谁就控制着欧亚大陆；谁支配着欧亚大陆，谁就掌握着世界的命运。”[③]

自1904年《历史的地理枢纽》一文问世到第一次世界大战爆发后的几年，一些顺乎这一理论的全球观念相继出现。这些理论主要来源于英

---

① ［英］哈·麦金德，林尔蔚等译：《历史的地理枢纽》，商务印书馆1985年版，第13页。

② ［英］杰弗里·帕克著，李亦鸣等译：《二十世纪的西方地理政治思想》，解放军出版社1992年版，第28页。

③ ［美］斯皮克曼著，刘愈之译：《和平地理学》，商务印书馆1965年版，第78页。

国、德国、美国和法国的地理学者和政治思想家，而且他们均受到马汉、拉采尔和麦金德思想的影响。

英国政治家利奥·艾默里在麦金德1904年的论文发表后，首先提出另一种不同的世界观察法。他认为，麦金德夸大了“枢纽”作为世界权力未来中心的重要性，其论点是工业可能在未来变成最为重要的组成部分。他还预见未来空中力量将会把一个崭新的战略因素引入时局。最后，艾默里如麦金德一样，看到了来自枢纽区的危险，但也看到了真正的力量在于工业和科学，两者联合将会出现新的空中势力。

英国政客寇松勋爵主张把世界看成一个舞台，而英国扮演着肩负世界使命的角色。他在《边疆线》中提到：“主要关注的是日益脆弱的帝国边疆，特别是印度帝国疆域的持久安全，主张用强有力的推进政策加以维护。以英国为前锋的欧洲帝国被视为欧亚大陆上各个正在衰退帝国的法定继承人。”①

第一次世界大战前及战争期间，法国地理学家维达尔·白兰士在其著作中，从欧洲大陆的角度提出了一个截然不同的世界透视。他充分认识到海洋世界和大陆世界的两分法，认为世界海洋的统一和海上交通的便利正是海上人拥有的最大优势。对他来说，建立海洋世界的秩序能够实现世界的统一。

英国地理学家詹姆斯·费尔格雷夫（James Fairgrieve）用比其他地理学者和地理政治家都更为综合的观点来解释这个地理和历史交织在一起的世界。像麦金德一样，费尔格雷夫的研究是历史性质的，并用空间的观点来追溯从久远时代到20世纪的世界历史。他认为，贯穿于历史兴衰的主要目的是人类为了更有效地生产和控制能源。由于这些能源必须从自然环境中生产，于是环境确定了探索的方向和成功的把握，从这个意义上来讲，历史变成了地理的产物。此外，除了陆地和气候对能源的供给作用重大外，海洋在历史上也很重要，它可以帮助海上人对抗大陆

---

① ［英］杰弗里·帕克著，李亦鸣等译：《二十世纪的西方地理政治思想》，解放军出版社1992年版，第34页。

人，“只有海权国才能打垮海权国”，并且海上人将总是在海上打败陆上人。[①] 第一次世界大战以后，费尔格雷夫看到通过军事保障和平的办法是建立某种世界组织。他和麦金德都曾设想，这种组织应在西方列强的控制之下，并按照他们的根本利益来制定一个世界秩序。最后，费尔格雷夫还是回到能源的问题上来，认为主导资源是攸关人类前途生死的问题。

三、地缘政治的衰落期

20 世纪 20 年代发展起来的德国的地缘政治学用更为理性的手段去为达到国家的目的而尽责。它从一开始就从事解释和规范，解释这个世界灾难的由来，提出德国应再次恢复自己在欧洲的应有地位。

德国地缘政治学的中心人物是卡尔·豪斯浩弗教授。他协助建立起慕尼黑的地缘政治研究所，并于 1924 年成为该所刊物《地缘政治学刊》的首任主编。在慕尼黑发展的德国地缘政治学是运用对地理空间和地域的透视，把历史、经济、政治和自然科学紧密结合在一起的综合产物，其目的是通过观察一个国家的形态及其组成部分的相互作用来认识其运转情况。豪斯浩弗把一个国家空间结构的关键特征称为“地理政治的气压计”，它对一个国家的成功发展起着作用。这些特征包括首都、国家的吸引中心、权利范围、文化动力以及边缘地区的成长。一个大国还需要一个国内轴心，以形成国家发展壮大的主干。生机盎然的国家不可避免地会吸收周围那些尚无能力发展成熟的政治结构小国。在德国地缘政治学家看来，除了对生存空间的强烈要求外，国家对海洋也有一种强烈的渴求，因为海洋被视为商业的财富源泉，是国家的附加力量。

德国地缘政治学是建立在地理环境决定论之上的，因为它的信念是：任何国家之所以能成为强国是依靠了地理条件。[②] 然而，豪斯浩弗的理论却迎合了当时德国军国主义者要求重新瓜分世界的心理需求，为纳粹

---

① ［英］杰弗里·帕克著，李亦鸣等译：《二十世纪的西方地理政治思想》，解放军出版社 1992 年版，第 39 页。

② 同上书，第 64 页。

德国侵略扩张服务。后由于第二次世界大战给世界人民带来了一场浩劫，地缘政治学也随之衰落。

四、地缘政治的恢复期

第二次世界大战后期到20世纪90年代初属于两个超级大国对峙的冷战时期，地缘政治学研究首先在两个争霸国家中发展，随后扩展到其他国家，在研究的深度与广度上均发生了一些变化。斯皮克曼修正了麦金德的学说，提出“边缘地带论”，主张以控制大陆腹地的边缘地带来建立美国的世界霸权。苏联则以社会主义阵营为基础，在其周边建立战略缓冲地带。

斯皮克曼对战后世界的看法是以他对世界权力分布显示的感知为坚定基础的。他认为在第二次世界大战中美国的主要危险可能来自反美的欧亚实力中心的联合，制止这种局面的重现在将来是非常重要的。斯皮克曼同时也看到了三大世界实力中心，它们是“北美太平洋沿岸地区、欧洲沿海地区和欧亚大陆的远东沿海地带”，① 第四个中心可能是印度。在这三个欧亚地区，欧洲沿海地区对美国最为重要，因为美国本身就是欧洲文明的翻版。1944年，斯皮克曼分析了欧洲和远东战场的地理政治特征，认为俄国和中国的地面实力与英国和美国的海上实力的连接才迫使德、日贸然在海陆战场上同时投入战争。

斯皮克曼从一开始就认为理想主义一直赞赏的世界组织是不现实的，因为没有考虑到我们这个世界的现实情况。他认为这些现实情况是，不同的国家有不同的价值追求，加上这些国家所处的经济与政治发展阶段不同，因而不可能找到一个使它们都能接受的组织，一些国家满足于既存的国际现状，另一些国家则不然，这样后者就要通过武力来调整局面。根据这些情况，他从总体上否定了一种有待于促成有效国际组织的世界共同体存在的前提。

---

① Nicholas John Spykman, *America's Strategy in World Politics: The United States and the Balance of Power*, Transaction Publishers, 2007.

由此推断，斯皮克曼认为保留敌对国在国际舞台上的地位以作为世界实力对比中的一个砝码是有必要的。美、英、苏三方想要维持它们的安全只能确保对方的存在，因为它们当中没有任何一个国家有足够的实力能单独获得安全，其中苏联的地位尤为脆弱。因此，对美国来说，维持一个包括自己在内的联盟，并把实力投入北极以便开发和维护通讯安全线是一种共识。

五、地缘政治的新发展时期

20世纪90年代以后，国际格局呈现出“一超多强”的局面，和平与发展成为国际交往的主流，区域一体化蓬勃发展。

1887年人类发明了内燃机，它很快被运用到飞机制造上。“飞机的出现以及接踵而至的进入外层空间的工具，给地缘政治学增加了一个全新的方面。技术再一次发挥了作用，改变了特定的地缘政治关系的意义。”[①] 意大利将军杜黑在其著作《制空权》等书中提出“空权论”，认为“航空为人类开辟了一个新的活动领域——空中领域，结果就必然形成一个新的战场”。[②] 在空中领域，飞机成为人类战争新的独特手段，制空权是取胜的关键。从战略态势上讲，掌握制空权表示一种态势，能阻止敌人飞行，同时能保证自己飞行。[③] 只有拥有一支能夺得制空权的空军，国防才能有保证。因此，我们应对空军予以足够的重视，逐步削减陆海军部队，相应增强空军部队，直至空军增强到足以夺取制空权为止。同时，想要掌握制空权，有必要在能找到敌方航空器和生产它的一切地点上对其进行摧毁和破坏，但是无论陆军还是海军都无助于进行这种活动，所以建立一支独立的空军绝对有必要。杜黑的空权论及所阐述的各种原则极大地影响了第二世界大战期间意大利和德国的空战战略。而空

---

① ［美］詹姆斯·多尔蒂、小罗伯特·普法尔茨格拉夫著，阎学通译：《争论中的国际关系理论》，世界知识出版社1987年版，第73页。

② ［意］朱里奥·杜黑著，曹毅风等译：《制空权》，解放军出版社1986年版，第19页。

③ 同上书，第19页。

权论对美国的影响在第二次世界大战中的米歇尔将军那里得到了证实。①

伴随着人类第三次科技革命带来的巨大变化，航天器的升空无疑是这次科技革命的巨大成果之一。这一成果给人类带来的影响更为深远，对经济、政治和军事的影响也更为深刻。曾任美国国家安全委员会特种计划室主任的丹尼尔·奥·格雷厄姆在其1982年出版的《高边疆——新的国家战略》中提出了“高边疆论”。甚至有人将太空作为一个国家的“第四领土”。美国里根政府将这一思想上升为战略理念，强调“谁拥有航空航天优势，谁就能捷足先登外层空间高低；谁控制外层空间高低，谁就能支配未来”。②

第二节 能源战略与地缘政治

一、地缘政治中的能源因素

冷战结束以后，和平与发展成为时代主题，世界经济向全球化发展，人类进入信息时代，“地缘”的内涵进一步深化，已从传统的海洋、陆地、天空扩展到以经济、信息为界的虚拟空间，国家权力的争夺除表现为对土地等现实有形空间的占有和控制之外，更多地表现为对经济的控制。③ 尤其是能源，其作为战略性资源在地缘政治中显得尤为重要，以石油为中心的能源外交在国际关系中处于显著地位。过去衡量一个国家实力的标准主要基于一国的国土面积和意识形态，而现在更多时候是看一国的资源对国际市场的影响。

能源目前主要指当前国际社会所紧缺的石油、天然气以及核能所需

① 刘从德：《地缘政治学：历史、方法与世界格局》，华中师范大学出版社1998年版，第87页。

② 程广中：《地缘战略论》，国防大学出版社1999年版，第110页。

③ 韩银安：《地缘经济学与中国地缘经济战略》，世界知识出版社2011年版，第59、60、103页。

要的铀矿等，随着科技的发展，还将进一步包括煤、油页岩等等。能源权力由于能源的巨大致富能量而进一步扩张到以“石油美元”为代表的“能源货币”，能源及能源货币已经成为能源富有国影响国际社会的重要手段。[①]

大国从能源角度进行地缘战略的重新布局，在国际社会形成了国际能源格局。国际能源格局是国际舞台上各种能源力量之间的一种分布状态和互动关系，是国际能源的一个总体概括，具体表现为：国际能源格局就是主要能源生产国及主要能源消费国之间的一种均衡或结构。[②] 而这也是对传统意义上的格局观念的一种颠覆。

但近年来由于国际能源格局紧张，国际社会对能源问题越来越重视、越来越警觉。这不仅表现在各国不断建立、丰富、完善自己的能源战略，从建立能源储备、研发节能新技术，到采用替代能源；也表现在能源需求大国逐步认识到各自的局限性，开始加强相互间的协调。大国之间的能源战略对话机制正在逐步建立。

（一）地缘政治中的石油因素

石油又称原油，是从地下深处开采的棕黑色可燃粘稠液体，主要是各种烷烃、环烷烃、芳香烃的混合物。它是古代海洋或湖泊中的生物经过漫长的演化形成的混合物，与煤一样属于化石燃料。

科学家研究发现，石油的生成至少需要 200 万年，有的甚至需要 5 亿年。在地球不断演化的漫长历史过程中，在古生代和中生代时期大量死亡的植物和动物身体中有的有机物质不断分解，与泥沙等物质混合形成沉积层。随着沉积物不断地堆积加厚，温度和压力也随之上升，接着沉积层变为沉积岩，进而形成沉积盆地，这就为石油的生成提供了基本的地理环境。伴随着各种地质作用，沉积盆地中的沉积物质持续不断地堆积。当温度和压力达到一定程度后，沉积物中动植物的有机物质就转化为碳氢化合物分子，最终生成石油和天然气。石油和天然气透过岩石

---

① 胡文平：“国际能源格局中的大国政治”，《青海社会科学》2007 年第 6 期。

② 同上。

的孔隙被挤压到压力分布更低的岩石裂缝和孔隙中，直至停留在被完全封闭的储集岩中。储集岩是聚集石油的岩石，形成了储藏石油的地质环境——圈闭结构，它是阻止石油被继续运移的地质构造。得益于储集岩和圈闭结构，石油才能安然地保存下来。

地球上的原油分布很不均衡。纵向分布：约3/4的石油资源集中于东半球，西半球仅占1/4；横向分布：石油资源主要集中于北半球；纬度分布：原油主要集中在北纬20°—40°和北纬50°—70°两个纬度内。波斯湾及墨西哥湾两大石油区和北非油田处于北纬20°—40°这个纬度内，集中了世界51.3%的石油储量；北纬50°—70°纬度带内有著名的北海油田、俄罗斯伏尔加油田、西伯利亚油田和阿拉斯加湾油田。

据英国石油公司《世界能源统计》2013年6月号的公布，2012年布伦特原油现货价平均为每桶111.67美元，比2011年同比增长了0.4美元。伊朗石油供应的损失抵消了美国经济的增长，利比亚的生产恢复与沙特阿拉伯和其他欧佩克国家的石油供应均有所增加。

全球石油消耗每天增至89万桶，低于历史平均水平。在全球化石能源增长率中，石油已经连续3年增长最缓慢。在过去7年中，经合组织成员国的消费下降1.3%（53万桶/天），现在仅占世界消耗量的50.2%，是有史以来的最低记录。经合组织成员国以外的国家石油消耗增长为每天1.4万桶。尽管中国这一年的增长率低于其过去10年的平均水平，但仍然是最大的世界石油消耗增长国（25万桶/天）。日本的石油消耗量增长了6.3%，是自1994年以来增幅最大的一次。自2009年以来，轻质馏分油的类成品成为石油产品中体积消费最快的产品。①

全球石油产量增加了1.9万桶/天，约2.2%。欧佩克组织占全球增长的3/4。尽管伊朗的石油产量下降（68万桶/天），但利比亚的产量有所提升。沙特阿拉伯、阿联酋和卡塔尔的石油产量连续两年创造了可观的记录。非欧佩克成员组织国家的石油产量增加了49万桶/天，其中有美国、加拿大、俄罗斯和中国。同时，一些成熟的地区如英国和挪威的石油产量正在下降。

① “*BP Statistical Review of World Energy June 2013*”, bp. com/statisticalreview, p. 3.

石油是全球范围内大规模生产和消费的商品。现代石油工业的诞生已有150年的历史，石油的重要性不断提升。18世纪工业革命后，煤油取代传统的动植物照明材料，在世界范围内广泛使用。内燃机的出现使汽柴油开始走进人们的生活，石油工业得到突飞猛进的发展。两次世界大战期间，石油成为决定战争胜负的重要因素之一。当前，石油作为工业的血液，已渗透到经济、航天、材料等各个行业，其派生的各种化工品也成为人类生活的必需品。2011年，全球石油生产和消费量达40.6亿吨，在世界一次能源消费结构中占33%，是最主要的一次能源。[①]

美国剑桥能源研究协会主席丹尼尔·耶金指出："石油，10%是经济，90%是政治。"[②] 基辛格也提出："如果你控制了石油，你就控制了所有国家。"[③] 世界对石油严重依赖的现象，给地缘政治打上了深深的烙印，石油问题已然成为关乎国家安全的地缘政治问题。

首先，石油是财富的象征、政局稳定的保证。国家政策和战略的制定必须充分考虑石油因素的影响。在国际事务中，唯有石油因素能够对民族关系和对外政策产生连续的巨大影响。[④] 其次，在地区政治层面，石油也深刻影响着一个地区的稳定和发展。在中东，石油在带来财富的同时也引发了大国的角逐和地区的不稳定。在中东历史上的四次中东战争、两伊战争、伊拉克战争和利比亚战争以及西方国家对伊朗和叙利亚的经济制裁中，石油均扮演着重要的角色。最后，石油与国家战略和全球政治紧密地交织在一起，一些本应主宰石油市场运行规律的经济和财政因素，不得不让位于地缘政治的考量。[⑤] 世界各国以石油为武器和因石油引发的斗争深刻地影响着全球地缘政治格局的演变和发展。石油作为一种重要的能源，已经成为一种国际政治权力。世界大国利用其权力

---

① 根据英国石油公司相关数据整理，"*BP Statistical Review of World Energy June 2012*"，p. 42。

② [法] 菲利普·赛比耶·洛佩兹著，潘革平译：《石油地缘政治》，社会科学文献出版2008年版，第1页。

③ [德] 威廉·恩道尔著，赵刚等译：《石油战争》，知识产权出版社2008年版，第2页。

④ 安尼瓦尔·阿木提：《石油与国家安全》，新疆人民出版社2003年版，第47页。

⑤ [法] 菲利普·赛比耶·洛佩兹著，潘革平译：《石油地缘政治》，社会科学文献出版2008年版，第13页。

影响着各国的政治决断和政策倾向，综合国力相对较弱的国家也利用其地缘优势和石油资源优势，不断地争取更高的国际地位。

（二）地缘政治中的天然气因素

天然气是地下岩层中以碳氢化合物为主要成分的气体混合物的总称。天然气是一种重要的能源，燃烧时的发热值很高，对环境污染很小。天然气的形成过程与石油类似，但比石油更容易生成。天然气可以分为两类：伴生气和非伴生气。伴生气是指天然气与石油一起伴生，这种天然气田称为油气田，油气田约占天然气田的40%。非伴生气单独产生，埋藏更深，占天然气田的60%。天然气的勘探开采与石油的勘探开采类似，但收集率较高，可达到60%—95%。为了运输的方便，天然气往往被液化，液化后的天然气体积仅为原来体积的1/100。根据“*BP Statistical Review of World Energy June* 2013”的公布，2012年世界天然气消费总量增加了2.2%，低于历史增幅的2.7%。高于平均增幅的地区集中在南美、中美、非洲和北美地区。美国是世界上天然气消耗增幅最大的国家，达到4.1%。在亚洲，中国增加9.9%，日本增加10.3%，中国是世界上消耗增加第二大的国家。而欧洲和苏联地区的消耗则有所减少，抵消了增长。

全球天然气的产量增加了1.9%，美国以4.7%的增量成为最大的天然气生产国。挪威的产量增加了12.6%，卡塔尔的产量增加了7.8%，沙特阿拉伯的产量增加了11.1%，而俄罗斯的产量却下降了2.7%，成为世界上天然气产量下降最多的国家。

全球天然气贸易较脆弱，在2012年天然气贸易额仅增长了0.1%，管道的出货量同比增长了0.5%。挪威的出口量增加了12%，部分抵消了天然气净出口国俄罗斯的天然气贸易跌幅。美国天然气净管道进口量下降了18.8%。全球液化天然气贸易下降了0.9%，欧洲液化天然气贸易下降了28.2%，然而亚洲增加了22.8%。卡塔尔的液化天然气贸易同比增加了4.7%，抵消了印度尼西亚的液化天然气贸易跌幅。①

---

① “*BP Statistical Review of World Energy June* 2013”, bp. com/statisticalreview, p. 4.

二、世界能源地缘结构

纵观世界能源地缘结构，我们可以清晰地看到，世界主要能源产地大都处于地缘政治不稳定的地区，也就是说国际政治的热点地区与世界能源的主要产区吻合一致，也可以说当前国际热点地区的背后都隐藏着深刻的石油地缘政治背景。

进入21世纪后，能源资源匮乏导致的能源争夺成为国家之间冲突的重要根源。在所有的能源类别中，石油占全球能源消费比例最高，达到40%左右。石油在可预见的未来还将是世界上最重要的能源。石油由于在世界经济中具有决定性地位，目前还没有哪一种能源比石油更有可能引起国家间甚至是国际社会的冲突。

世界石油工业发展至今，已经形成以亚太、北美、欧洲为主的世界石油消费区域构成格局，和以欧佩克等为主的世界石油储产量区域构成格局。[①] 欧佩克的石油消费量占世界石油消费量不到10%，但这些国家的石油储量却占世界石油探明储量的2/3。世界石油的消费区域与生产区域的严重错位和失衡，使全球围绕油气资源的争夺异常激烈，也使对原油进口依赖程度较高的国家特别是亚太地区国家面临着巨大的压力。

以石油为代表的能源具有特殊的战略价值，能源成为各种政治力量争夺的焦点。而世界能源中心的每一次转移，都导致世界地缘政治格局的相应变化，从而形成新的世界能源地缘战略格局。目前，国际能源供应与消费的总体格局是一个能源供应核心地带和两个能源消费圈。

在人类生存的地球上有一个巨大的能源富集地带，从北非的马克里布到波斯湾，到里海，到外高加索，再到俄罗斯的西伯利亚和远东。这个巨大的地带蕴藏了世界65%的石油储量和73%的天然气储量。据此，我们可以把该地带称为“世界能源供应地带”。[②] 以该能源供应核心带为中心，形成了两环世界能源需求圈：第一环包括东亚、东南亚、南亚和

---

① 董秀丽：《世界能源战略与能源外交：总论》，知识产权出版社2011年版，第94页。

② 同上书，第95页。

欧洲大陆；第二环包括北美、南美、撒哈拉以南非洲、南太平洋地区。在世界能源需求圈中，从能源需求未来发展趋势及其与世界能源供应心脏地带的关系上考量，亚太地区显得尤为重要。亚太地区是世界石油消费增长最快的地区，其消费水平大大高于世界平均水平。到2012年，亚太地区探明的石油可采储量仅占世界总量的2.5%，石油产量占世界总产量的9.6%，消费量却为世界总消费量的33.6%。[①] 世界另外两大能源需求中心——北美和欧洲虽然能源消费量很大，但能源需求增长缓慢。最近几年，北美和欧洲的原油消费连续出现缓慢增长或负增长。[②] 这说明北美和欧洲地区的能源需求呈下降趋势。因此，可以把亚太地区称为未来的“世界能源需求核心地带”。而亚太地区也将是未来世界能源需求政治格局的焦点地区。

三、世界能源格局的特点

世界能源格局是世界格局中的一种，同世界政治格局、世界军事格局、世界经济格局一样，反映了世界能源大国及其主导的国家集团的能源实力结构和能源战略关系，是在较长历史时期中全球范围内世界主要能源力量相对稳定的态势。

世界能源格局在经历了20世纪初的墨西哥湾格局、20世纪下半叶的波斯湾格局之后，目前进入了全球对峙的能源格局。全球性对峙的能源格局主要表现在：全球多个石油供应中心共存；以新兴国家为代表的新的能源消费中心显现；西方国家垄断地位削弱，新兴国家的实力渐强。进入21世纪，世界能源格局再次发生变化，特别是自2009年以来，国际能源格局出现明显的新特点。

---

① 数据来自：“*BP Statistical Review of World Energy June 2013*”，bp. com/statisticalreview，pp. 8，9。

② 2012年与2011年相比，北美石油消费负增长1.8%，其中美国负增长2.3%。欧洲石油消费负增长2.5%。

（一）能源的地缘、供应平衡被打破，新一轮洗牌已经开始

当今世界能源格局已经发生很大的变化，主要表现在地缘平衡和供需平衡两个方面：第一，传统的能源地缘格局被打破。俄罗斯、非洲、中亚和中南美洲新能源中心的出现对传统的中东海湾地区世界能源中心地位构成极大的挑战，使中东能源在世界能源格局中的战略地位不断下降。以最具代表性的石油为例，10 年来，中东地区的石油储量在世界能源总储量中的比例从 2002 年的 56.1% 下降到 2012 年的 48.4%，石油产量在世界总产量中的比例在 2002 年到 2012 年期间基本保持稳定，但在 2009 年时，中东地区产油大国沙特阿拉伯长期雄踞的世界第一产油大国的交椅让位给了俄罗斯，由此拉开了世界能源生产中心从中东转移的序幕，也拉开了国际能源格局新一轮的洗牌。

第二，传统的能源供需平衡被打破。根据“*BP Statistical Review of World Energy June* 2013”的公布，2011 年世界基础能源（primary energy）消费增长了 1.8%，上升缓慢。亚太地区能源消耗率增长占总增长的 40%，依然是全球能源消耗最多的地区。天然气方面，2010 年全球天然气产量为 31923 亿立方米，消费量为 31763 亿立方米，产量比消费量仅多出 160 亿立方米。2011 年天然气产量为 32913 亿立方米，消费量为 32324 亿立方米，产量比消费量多 589 亿立方米，情况稍有好转。但 2012 年比 2011 年天然气消费量仅减少了 2.2%，2012 年天然气总产量为 33639 亿立方米，比 2011 年增长 1.9%，消费量为 33144 亿立方米，全球天然气产量仅比消费量多 495 亿立方米。天然气供需状况不容乐观。煤炭方面，到 2011 年底，全球煤炭产量为 38453 亿吨，消费量为 37301 亿吨，产量大于消费量 1152 亿吨。最关键的是石油，在全球各主要能源的供需关系都处于危险状态时，以石油为代表的能源需求格局更加脆弱，形势岌岌可危。2011 年世界石油产量为 86152 亿吨，而世界石油消费量为 89774 亿吨，超出产量 3362 亿吨，是世界原油消费量的 4%。石油缺口最大的地区是亚太地区，第二位是北美，第三位是欧洲。在北美和欧洲石油缺口减少之际，亚太地区的石油缺口却越来越大，造成 2012 年世

界石油供需平衡被打破。①

（二）能源问题的重要性、复杂性越发凸显

能源是决定世界发展的关键性资源，对人类的进步与发展起到至关重要的作用。世界能源数量是否充足、世界能源结构是否合理、世界能源分布是否均衡、世界能源价格是否公平等，都是全世界国家极为关注的重要话题。历史上，能源在国际社会与国际关系中扮演了十分关键的角色，当今世界能源对于国际关系的重要性也越发凸显。能源外交成为各国对外交往的一个重要领域，能源成为能源出口国的重要外交手段，同时还是能源进口国的重要外交目的。因能源而结盟、因能源而反目、因能源而交战的事例不胜枚举。能源争夺已经成为国际社会冲突与矛盾的重要根源。与此同时，能源问题又与大国矛盾、地缘政治、地区利益、民族纠纷、运输风险、油价震荡等诸多因素交织在一起，使能源问题呈现出前所未有的复杂局面。能源问题也是当今世界最为复杂、最为敏感的问题，涉及能源问题的任何风吹草动都会引起国际社会的强烈关注。此外，国际石油炒家和巨商不时地兴风作浪、操纵油价，使国际能源市场风险陡增，造成能源国政权跌宕、社会动乱、恐怖主义猖獗。国际能源安全面临前所未有的复杂局面，能源问题已经成为整个国际社会的核心问题。

（三）能源争夺战规模空前

能源是涉及国家战略、经济发展、社会稳定和整体对外战略的多层级的政治和安全问题，世界各国尤其是大国对石油资源的争夺力度不断加大。在世界范围内，围绕能源竞争和能源安全问题，能源消费国之间、消费国与生产国之间、生产国与生产国之间爆发了全面的争夺战，继而引发了国际政治、外交和军事冲突。美国、欧洲、俄罗斯、日本、印度、中国等大国在中东、里海至中亚、非洲、拉美、北极等地区展开了激烈的能源角逐。近几十年来，人类社会的每一场战争几乎都与能源有关：

---

① 数据来自：“*BP Statistical Review of World Energy June* 2013”，bp. com/statisticalreview。

中东战争、海湾战争、两伊战争、苏联入侵阿富汗、伊拉克入侵科威特等。而近几年来，能源更是世界各国争抢的对象。为了争夺能源，伊拉克重新点燃战火；为了争夺能源，里海沿岸凸显激烈的角逐；为了争夺能源，北极冰原上演逐油大战；为了争夺能源，东海大陆架展开殊死较量。人类社会从来没有像现在这样因能源而大动干戈、兵戎相见。

第三节 能源战略与地缘经济

亚里士多德认为，人和环境不可分割。而地缘理论的出现则是对这一思想的认同。冷战前，地缘政治一直以独特的视角审视和引导国家行为，“它从地理决定论的角度出发规定外交政策的可能性和优先性”。① 直至今天，世界上许多地区仍然致力于通过争夺势力范围和缔结军事政治共同体来保证权力。但不可否认的是，随着两级体系的瓦解、经济全球化如火如荼地开展，传统的地缘政治方式的重要性在下降，地缘政治理论也越来越缺乏解释力，地缘经济出现在人们的视野中。

1990 年，美国华盛顿战略和国际问题研究中心主任爱德华·卢特瓦克在海湾战争之前的国会听证会上，首次使用了“地缘经济”一词。他指出：“在本世纪余下的时间直到下个世纪，地缘政治学必须让位于地缘经济学。在地缘经济学中，资本是活力，对市场的渗透取代了国外的基地和驻军，过去靠武器获取的东西，现在必须靠发挥经济威力来保持。”② 各国在全世界范围内争夺能源的活动也不例外，像阿富汗战争和伊拉克战争这样的地缘政治气息浓厚的资源抢夺行为，已经渐

① ［俄］拉祖瓦耶夫：“论地缘政治学概念”，《现代外国哲学社会科学文摘》1994 年第 10 期，第 17 页，转引自孔小惠：“地缘政治的涵义、主要理论及其影响国家安全战略的途径分析”，《世界地理研究》2010 年第 6 期，第 20 页。

② 耿喜梅：“地缘经济理论初探”，《石家庄师范专科学院学报》2003 年第 2 期，第 11 页。

渐淡出国的议事日程，各国能源战略出现了从地缘政治到地缘经济的转向。

一、能源地缘经济关系

随着能源勘探技术的发展和勘探活动的深入，世界能源探明可储采量不断攀升。同时，世界石油中心也随之东移，从美洲的墨西哥湾移到了中东的波斯湾，现在中亚地区和俄罗斯巨大的石油蕴藏量使波斯湾的地位受到了挑战。笼统地来说，“在世界石油储藏的地缘政治版图上，形成了一个从北非的马格里布到波斯湾、里海、俄罗斯的西伯利亚和远东地区的巨大的带状区域”，[①] 这里蕴藏着世界石油资源的65%和天然气资源的73%，这片区域由于肩负着世界未来几十年的石油供应，因此被称为“石油心脏地带”。

2012 年，世界石油总产量为每天 89153. 7 千桶。[②] 2011 年，世界天然气总产量为 1159930 亿立方英尺。[③] 从以上数据来看，未来国际能源可利用情况似乎仍非常乐观。但不可忽略的事实是，石油和天然气本身是不可再生资源，其数量势必会随着人类的开采和使用而不断减少直至枯竭。再者，目前已探明的油气资源也并不都是可供开采和使用的。例如，由于技术限制、基础设施缺乏，有的资源难以开发；基于对投资回报率的考虑，有的资源不值得开发；只有资源对外开放并且允许开采国开发的油气资源，才是可以利用的。

由于上述原因，各国为了确保能源供应安全，进行了激烈的争斗和角逐。世界性的油气需求主要来自环绕上述“石油心脏地带”外部的两个部分：一是“内需求月形地带”，包括东北亚、东南亚、南亚和欧洲大陆，英国和日本分别处于“内需求月形地带”的外围；二是“外需求

---

① 刘新华、秦华：“略论 21 世纪的石油地缘政治学”，《当代亚太》2003 年第 7 期。

② International Energy Statistics, Independent Statistics & Analysis US Energy Administration: http://www.eia.gov/cfapps/ipdbproject/IEDIndex3.cfm? tid = 5&pid = 53&aid = 1.

③ Ibid.

月形地带”，包括北美、南撒哈拉非洲和澳大利亚地区。[①] 在“内需求月形地带”内部、“外需求月形地带”内部以及“内需求月形地带”和“外需求月形地带”之间形成了新的复杂的能源地缘经济关系。就像学者徐小杰认为的那样，围绕争夺中亚油气资源和跨国运输通道构成了内外两个三角之间的战略竞赛关系。内三角地缘经济关系主要是指中国、伊朗和土耳其三个地区之间在亚洲内陆腹地油气运输管道上所构成的相互竞争关系；外三角主要是指以俄罗斯、美国为首的西方国家和中国三大实力之间的相互钳制关系。内三角的三个地区实力受到外三角的三个大国实力的极大影响。[②]

二、地缘经济对能源战略的影响

大多数地缘理论学者都认为世界是由一块一块的领土区域（即主权国家）拼凑而成的，但这每一块“拼图”都具有不同的大小、位置和要素禀赋。由于油气资源是不可再生资源，其分布的不均衡性导致了各国获得石油机会的不均等，再加上对油气资源的需求又是缺乏弹性的，因此在经济发展对能源依赖度不断增强的情况下，各国不得不参与能源争夺战，并根据实际情况制定能源战略。在这样一个时代，军事冲突难以想象，而完全的经济合作又是难以实现的。世界所制定的能源战略有别于地缘政治式的粗暴的用武力解决问题的方案，被深深地烙上了地缘经济的时代特征。

（一）地理因素的重要性仍没有减弱

在地缘政治时期，土地被赋予关系国家生存与发展的特殊意义，“地缘”是核心词，谁控制了土地，谁就登上了权力的制高点。但“地缘经

---

① 任娜、孙暖：“地缘政治视角下的能源安全——以美国全球能源安全战略为例”，《世界经济与政治论坛》2007 第 2 期。

② 徐小杰：《新世纪的油气地缘政治——中国面临的机遇与挑战》，社会科学文献出版社 1998 年版，第 41—43 页，转引自白永平：“油气地缘经济与中国油气安全”，《人文地理》1999 年第 4 期，第 2 页。

济”中的“地缘”似乎更像一个变量。它仅仅作为经济的限定词，经济、科技、信息等因素主导了各国的生存状况，人才、资源、贸易中转站成为重要的地缘因素。地缘经济虽然根植于地理因素，但是对于不同国家或同一国家不同的发展阶段而言，其中地缘经济作用的地理位置并不相同。而一个国家在制定地缘经济政策的时候，考虑更多的往往不是某一特定的地理范围，而是围绕本国的经济利益来确定地缘位置。①

但地缘经济就不能简单地套用在能源战略的制定上，国家或者地区的能源禀赋仍然在很大程度上影响甚至决定着一个国家的经济潜能和对外行为能力。能源蕴藏国和能源消费国一般是不重合的：对于能源蕴藏国来说，能源是发展经济和获取政治权力的手段；而对于能源消费国来说，能源战略的标的就是这些能源蕴藏地区，能源战略所制定的任务也就是用包括军事占领、经济掠夺、合作开发等在内的任何方式与其他能源消费国一同争夺该地区的能源。不难发现，各国的能源活动也主要集中在中东、里海、非洲等能源蕴藏地区。

虽然在一般情况下，各国制定的战略一定要符合时代的特征，但是对于能源战略来说，却有一定的独立性。能源的分布毕竟是既定的，勘探技术的发展和开发强度的加大只会改变原有能源蕴藏地区的可探明能源储量，而不会改变能源蕴藏地的位置。因此，尽管在地缘经济时代，我们是根据经济利益来选择地理范围，而不是根据地理范围来确定国家利益的，但是能源战略的特殊性仍然决定了能源战略制定的原则和地缘政治时代有很大出入，地理因素仍然具有决定性作用。

由于中东石油的可探明储量最为可观，不管现在还是将来，该地区都将成为各国能源战略的主要目标。目前世界其他许多地区石油资源已近枯竭，但是海湾地区石油的蕴藏量要比世界各地平均水平高出40年以上。据英国石油公司2003年的测算，在今后的70年中，波斯湾地区仍将是全球石油市场的核心。② 伊拉克80个已知油田中的65个将由外国公

① 陈少华：“国家博弈中的地缘政治与地缘经济”，《武汉理工大学学报（社会科学版）》2009年第3期，第37页。

② 李兴、马源：“美俄中东能源战略比较分析”，《国际观察》2009年第4期，第40页。

司来开发。[①]

（二）“非零和”的竞争本质

地缘经济学是在世界范围内伴随和平与发展的主旋律，基于国家经济利益的需求优于以往政治、军事、意识形态方面的考虑，从经济地位、经济关系的角度去重新构建、认识和处理国际关系的。资金、技术、市场方面的角逐、竞争和发展是其主要特征。[②] 当经济摩擦确实转化为政治冲突，那些政治冲突也必须以经济武器解决。[③] 可以说，在地缘经济形势下，军事冲突发生的可能性几乎为零，竞争和冲突不会变现为你方所得即为我方所失的“零和博弈”。

尽管完全的经济合作不可能实现，开放的国际经济体系也不可能让各国平分利益，但从绝对收益来看，绝对值都在增加。无论怎样，领先者将得到高回报和保持自己的技术优势地位，而落后者将拥有产品的零售业和装配线。[④] 就能源产业链而言，上游资源勘探开采由产油国自主进行或者在取得西方资金注入的情况下进行，而石油的炼制和能源的销售大多由技术先进国家控制。但这些资源蕴藏国家也享受到了能源资源开采所带来的巨额经济利润，能源产业支撑了其整个经济的发展。

在能源战略上，各国也试图将其他国家的利益与本国的利益相结合。毋庸置疑，在能源问题上，中亚地区攸关美国的核心利益，美国“视中亚里海地区为其 21 世纪的能源基地”。[⑤] 而该地区又处于各种复杂矛盾交错中，为确保美国能自由进入中亚里海能源市场，美国制定了“利益均沾”的里海能源战略。在处理中亚国家问题上，促进新独立国家的政治独立与经济独立；在处理与俄罗斯争夺对该地区的控制权上，尽管美

---

① 李兴、马源：“美俄中东能源战略比较分析”，《国际观察》2009 年第 4 期，第 43 页。

② 韩银安：“地缘经济与地缘政治刍议”，《国际关系学院学报》2005 年第 2 期，第 10 页。

③ ［美］鲁特瓦克：“从地缘政治学到地缘经济学——兼论当今世界经济的冲突逻辑与经济规则”，《国外社会科学文摘》1991 年第 4 期，第 11 页。

④ 郭学堂：“‘地缘经济’的发展及其现实意义”，《社会科学》2000 年第 4 期，第 26 页。

⑤ 于庚中：“冷战后美国的中亚里海能源战略与中国能源战略的选择”，《世界经济研究》2004 年第 4 期，第 72 页，转引自［美］塔尔博特：“大角逐结束了”，［英］《金融时报》1977 年 9 月 1 日。

国对这一地区的“占领”必然意味着将俄罗斯的势力推出该地区，但美国并没有采取极端手段，而是在石油资源的开发中将俄罗斯视为一个平等的合作者，并没有把美国摆在一个领导者的地位。美国前副国务卿塔尔博特曾指出：“19世纪的英俄中亚角逐在很大程度上是一场‘零和’竞争，而现在所需要的则是使竞争的有责任心的参加者都受益。”①

国家的存在依赖于排他性的民族认同感，这是民族凝聚力的来源，可以说国家本质上都是敌对的。保护、改善和拓展国家利益仍然是国家的主要职能。因此，国家为了履行这一职能所制定的国家战略和行使的国家行为在本质上也是竞争性的。国家管理逻辑就是冲突逻辑的一部分，它追求自己国家的最大利益，而不是寻求跨国间的平等关系。② 只要民族国家仍存在，各国经济政策的竞争性就很难减弱，只是因为竞争的最终目的是经济性的，竞争的方式已经转变到如何利用经济手段上而已，竞争也就显得温和而不明显。

（三）经济行为背后的国家意志

在地缘经济时代，国家不是唯一的行为体，跨国公司、私营企业、国际组织都在国际舞台上扮演着举足轻重的角色。但在这些非国家行为体的战略和行为背后，都多多少少能发现国家的影子。

产品的研发是地缘经济的进攻性武器，是征服世界市场的关键点，但就如同传统战争的大炮和士兵一样，需要统一的指挥和运作。单个企业的实力延伸范围很有限，而多个企业的弊病又在于过度考虑己方利益，很难实现资源的整合。因此，要用尖端的技术和产品征服“产业领土”，不可避免地还是需要官方的支持。具体来说，私营企业每天都在为纯粹的商业利益做同样的事请，如投资、市场研究和产品开发、开拓市场，但是当国家出面支持或者指导这些相同的经济行为时，它已经不再是纯

---

① 于庚中：“冷战后美国的中亚里海能源战略与中国能源战略的选择”，《世界经济研究》2004年第4期，第74页，转引自［美］塔尔博特：“大角逐结束了”，［英］《金融时报》1997年9月1日。

② ［美］鲁特瓦克：“从地缘政治学到地缘经济学——兼论当今世界经济的冲突逻辑与经济规则”，《国外社会科学文摘》1991年第4期，第9页。

粹的经济行为，而是“地缘经济”。①

能源的开发和利用就更是如此了。能源相互依赖是一种安全机制，在近年来石油“卖方市场”趋势越来越明显的情况下，买方国家显得较为敏感和脆弱。买方国家为了不让自己处于不安全的境地，需要面临资源国的能源市场准入标准、开采条件限制等一系列卖方开出的条件，而保证政治动荡地区开发人员的安全和能源开采的顺利进行，也需要国家政治和军事手段的密切配合。

国家干预能源开发最典型的案例莫过于美国对中东的政策。伊拉克战争是美国打着民主自由价值观的旗号，实际上是为了控制中东地区产油国而发动的战争。而伊拉克战争之后，为了确保美国的切实利益，政府出面要求美国进出口银行和海外私人投资公司加强美国跨国公司贷款力度，以填补中东各国出现的资金缺口。日本也同样采取了官商联手的政策，20 世纪 90 年代日本能源战略发生了意义深远的转变，其中一项就是政府介入能源进口。日本于 2005 年废除了石油工团，国家石油储备由国家直接管理，将石油储备转为国家事业。

（四）能源区域集团化趋势强劲

生产要素在全球范围内自由流动，将社会制度和意识形态相同的国家和地区置入相互依存的网络之中。贸易的发展促进了各国经济的联合与发展，形成了不受国界约束的、一种前所未有的共同投资、生产、贸易关系。只有实行开放式的发展政策，才能共享生产要素自由流动所带来的好处。理查德·所罗门与斯蒂芬·科亨等人在探寻美国外交政策的过程中也涉及了地缘经济。他们认为，地缘经济理论就是研究如何在固定的地理环境下通过经济互动来实现国家利益。②

的确，全球化不仅带来了经济发展的机遇，同时也带来了压力，“马太效应”越发严重。因此，某些国家出于优势互补、提高竞争力的

---

① Edward Luttwak：“The Theory and Practice of Geo – Economics”，in *The International System after the Collapse of the East – West Order*，Martine Nijhoff Publishers，1994，p. 221，转引自郭学堂：“‘地缘经济’的发展及其现实意义”，《社会科学》2000 年第 4 期，第 25 页。

② 郭锐：“冷战后地缘理论的发展与嬗变”，《教学与研究》2012 年第 11 期，第 75 页。

目的，展开了地区性经贸合作。当某一地区组成一体化集团或者加深原有组织的一体化程度时，必然产生贸易的投资转向，而这种投资转向会对非成员国产生经济压力，压力的大小与该地区一体化组织的规模密切相关。非成员国为避免自身经济利益受损，或者谋求加入该组织，或者组成新的一体化组织，会形成一系列一体化组织的趋势。①

资源枯竭成为人类共同的威胁，全世界范围内狂热的资源开发，以及各国能源战略的竞争性，需要跨国界的区域性组织来协调和管理。而且，自然资源禀赋容易促成共生型经济集团的形成。资源结构不同的国家和地区可以通过结成经济合作集团互通有无，实现优势互补。资源结构（尤其是稀缺资源）相同的地区和国家，更需要联合发展，以达成对资源的垄断，获得定价权和高额利润，如海湾合作委员会就是典型的产销垄断经济组织。当年欧共体以能源联营作为合作的序幕，逐步发展为最活跃的区域合作机制，展现出能源合作强大的合作效力和生命力。而在欧洲范围非局限于某一国家内部公司之间的大竞争是欧洲能源市场可持续、有竞争力和供给安全的基础。② 2012 年 12 月 23 日，由俄罗斯牵头成立的“天然气欧佩克组织”也是建立能源集团的又一重要事件，该组织致力于协调成员国在天然气生产和供应方面的行动，尽管目前该组织仅是一个天然气贸易集团，要想形成堪比石油国输出组织的影响力还有很长一段的路要走。

建立统一的世界能源网络系统，可以实现世界再生产进程的和谐。③能源网络内部进行密切的合作，尤其是对能源开发和销售领域实行不同程度的调节，可以尽可能地减少冲突对抗，维护各国的利益与发展。

① 高家祥：“国际关系视野中的地缘经济学分析”，《甘肃省经济管理干部学院学报》2008 年第 1 期，第 12 页。

② 郭海涛：“应当关注美、欧、日能源战略调整新思路”，《经济纵横》2007 年第 11 期，第 71 页。

③ 李敦瑞：“地缘经济学的理论流派与发展趋向”，《中南财经政法大学学报》2009 年第 1 期，第 29 页。

(五) 跨国公司成为能源经济的载体

在市场经济中，政府不能直接出面与别国“做生意”，必须寻找一个代理人。而跨国公司是国际投资和技术转让的主要承担者，由于它具有强大的经济实力，有集投资、贸易、金融、技术转让于一体的经营能力，自然成为政府选定的工具，获得了在主权国家之间的特殊身份，成为地缘经济中最活跃的力量，发挥着越来越重要的作用。

政府和公司的共处关系最显见的是财政税收的消极关系，而对跨国公司来说，其与政府之间更多地是呈现出一种积极的相互作用关系。跨国公司本身作为企业来讲，需要为自身的发展和壮大创造经济价值，而获得政府的支持是其赢得在世界范围内的竞争的重要筹码。与此同时，它也是国家为推行地缘经济政策而精选的工具，政府“指导”跨国公司用资本和技术为国家开辟“经济疆土”。最具代表性的要数国际石油公司——不论美国、英国还是法国——每笔交易，政府既是使用者也是被使用者，公司既是工具又使用了工具。①

美国为了抢占中亚里海石油，其跨国石油公司在政府的支持下积极插手该地区的石油开发。1993 年，谢夫隆石油公司获得了哈萨克斯坦田吉兹油田的开采权，标志着美国对这一地区能源开发的开始。② 此后美国的跨国能源公司采取了积极的行为方式，纷纷获得了中亚里海能源的大量股份。20 世纪 90 年代中期以来，中国三大国有石油公司实行“走出去”战略并取得巨大的战略突破，在 20 多个国家中进行与能源相关的投资、开发与生产活动，所涉及的地区包括中东、非洲、中亚及俄罗斯、东南亚、拉美和北美等几乎全球所有主要产油地区。③

地缘经济时代已来临，但各国经济发展之下的能源情况依然没有改变，能源争夺的激烈态势依然存在。尽管政治冲突弱化，但这种非暴力

---

① ［美］鲁特瓦克：“从地缘政治学到地缘经济学——兼论当今世界经济的冲突逻辑与经济规则”，《国外社会科学文摘》1991 年第 4 期，第 11 页。

② 邢广程：《中国和新独立的中亚国家关系》，黑龙江教育出版社 1996 年版，第 243 页。

③ 傅勇：“能源要素组合与中美—中俄能源战略合作”，《现代国际关系》2009 年第 12 期，第 45 页。

竞争有残酷性。但不同的是，各国能源战略的制定有了新的依据，能源争夺已经不再仅仅通过粗暴的武力方式占领能源产地，而是通过掌握地缘经济时代的游戏规则，积极地以和平的手段参与到这场“非零和”博弈中去。各国的能源战略也需要采取新的实力延伸方式，以适应规则的变化，从而在这场竞争中以最小的成本实现最大的利益。

第二章

世界能源资源的地缘分布

第一节　世界油气资源分布的地缘特征

石油和天然气是世界能源市场的主要组成部分，据目前统计，全球的石油和天然气储量分别为165.26亿桶和208.4兆亿立方米。由于石油和天然气的分布不均衡，加之各国能源政策和能源开采与消费发生了变化，全球油气资源的分布格局在过去20年里也发生了一些变化，了解这些变化是理解和制定能源战略的前提条件。

自工业革命开始以来，人类社会的发展就对能源的生产与使用产生了很深的依赖，而且随着现代化的推进，每个国家都对工业尤为重视，而全球能源储量的有限性和不可再生性又与人类社会发展对能源需求的不断增加形成了尖锐的矛盾。全球的石油和天然气总储量随着新的勘探开发和生产消耗一直处于变动之中。据有关资料显示（见图2—1）：1991年全球石油的已探明储量为103.27亿桶，到2001年全球石油探明储量增加到126.74亿桶，比上一个10年增加22.7%，截止到2011年底全球石油探明储量为165.26亿桶，比上一个10年增加30.0%；1991年全球天然气的已探明储量为131.2兆立方米，到2001年全球天然气探明储量增加到168.5兆立方米，比上一个10年增加28.0%，截止到2011年底全球天然气探明储量为208.4兆立方米，比上一个10年增加23.7%。在全球能源的消费中，化石燃料占据了主导地位。据英国石油公司（BP）的统计，按照重量计算，化石燃料占到了能源消费市场份额的87%；在化石燃料中最主要的两种能源是石油和天然气，其中对石油的消费占能源总消费的33.1%，对天然气的消费占资源总消费的23.7%。[①]

① BP：Global Annual Report，2012，p.17.

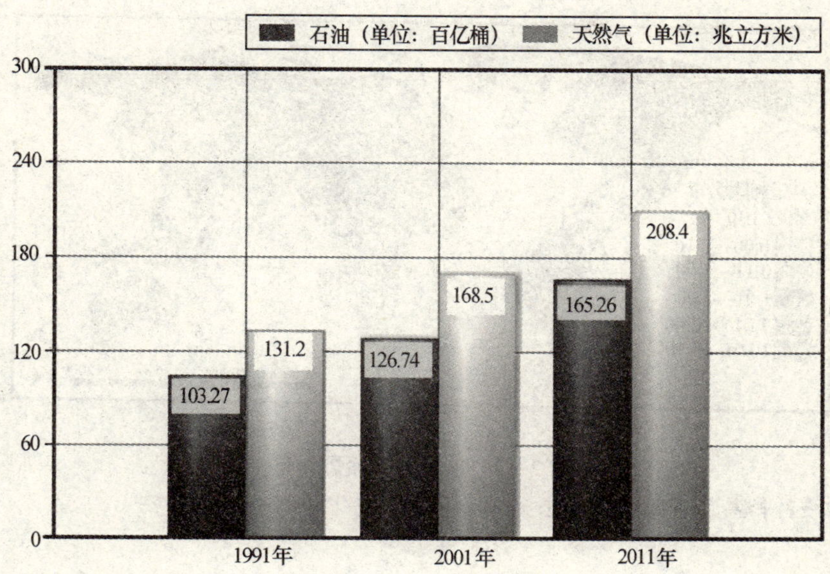

图 2—1　1991—2011 年世界油气探明储量

资料来源：BP：Global Annual Report 2012.

一、世界石油分布的特征

（一）储量分布极不均匀

全球的石油资源分布从总体上来看极不均衡（见图 2—2）：从东西半球来看，约 3/4 的石油资源集中于东半球，西半球只占 1/4；从南北半球来看，石油资源主要集中于北半球；从纬度分布来看，主要集中在北纬 20°—40°和 50°—70°两个纬度带内。波斯湾及墨西哥湾两大油区和北非油田均处于北纬 20°—40°内，该地带集中了 51.3% 的世界石油储量；50°—70°纬度带内有著名的北海油田、俄罗斯伏尔加及西伯利亚油田和阿拉斯加湾油区。①

① 崔守军：《能源大外交——中国崛起的战略支轴》，石油工业出版社 2012 年版，第 80 页。

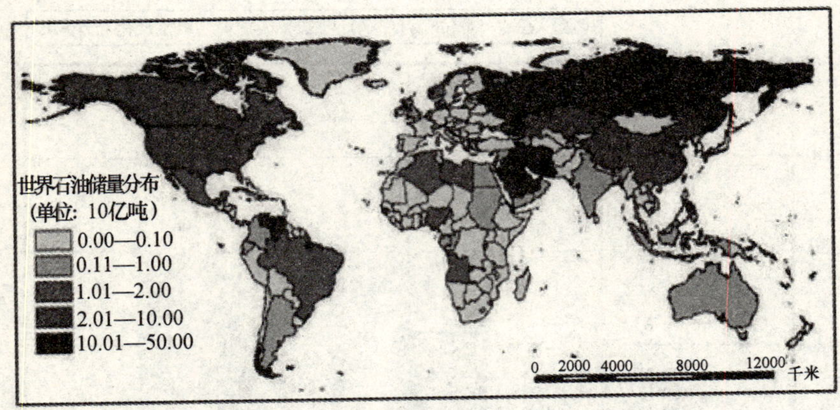

图 2—2 世界石油储量分布

资料来源：百度图片库，http：//image. baidu. com/i? tn = baiduimage & ct。

在过去 20 年中，石油储量的分布基本处于稳定状态，但部分地区的石油占总储量的比例发生了一些变化（见图 2—3）。根据英国石油公司（BP）的统计数据，石油储量比重变化最大的是中东地区，在过去 20 年中其石油储量占全球石油总量的比例由 64.0% 下降至 48.1%；亚太地区

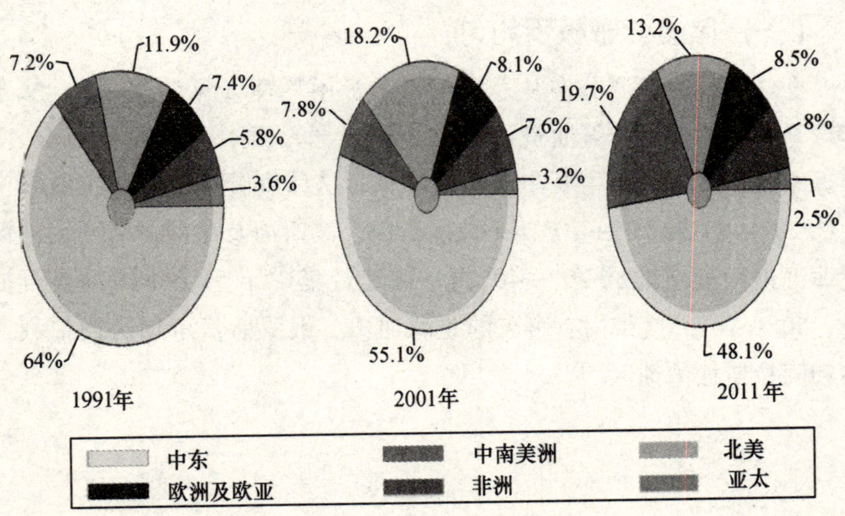

图 2—3 世界主要地区石油储量变动情况

资料来源：《BP 世界能源统计年鉴 2012》，bp. com/statisticalreview。

的石油储量比重也呈现下降趋势，由 1991 年的 3.6% 下降至 2011 年的 2.5%；非洲、中南美洲、欧洲及欧亚三个地区的石油储量占全球石油总储量的比重都呈上升趋势，分别增加 2.2%、12.5%、1.1%。截止到 2011 年末，中东地区是世界储油最多的地区，其石油储量在全球石油储量中占 48.1%；第二是中南美洲，其石油储量占全球石油总储量的 19.7%；第三位是北美洲，其石油储量占全球石油储量的 13.2%；其后分别是欧洲及欧亚地区（8.5%）、非洲（8.0%）及亚太地区（2.5%）。①

按国别计算，世界前 10 个最富油的国家分别是（见图 2—4）：委内瑞拉（2965 亿桶）、沙特阿拉伯（2654 亿桶）、加拿大（1752 亿桶）、伊朗（1512 亿桶）、伊拉克（1431 亿桶）、科威特（1015 亿桶）、阿联酋

石油储量（单位：百亿桶）

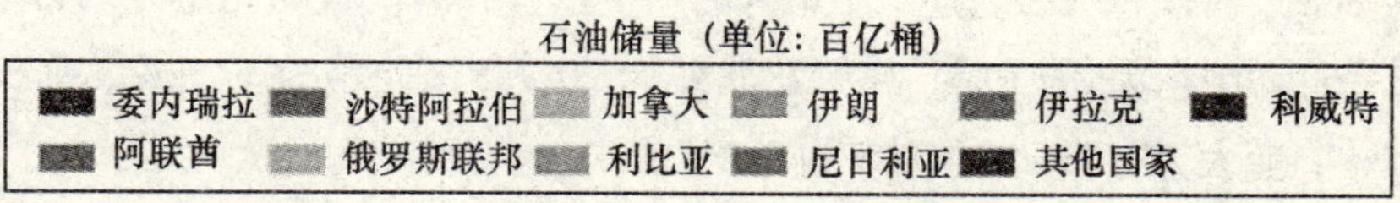

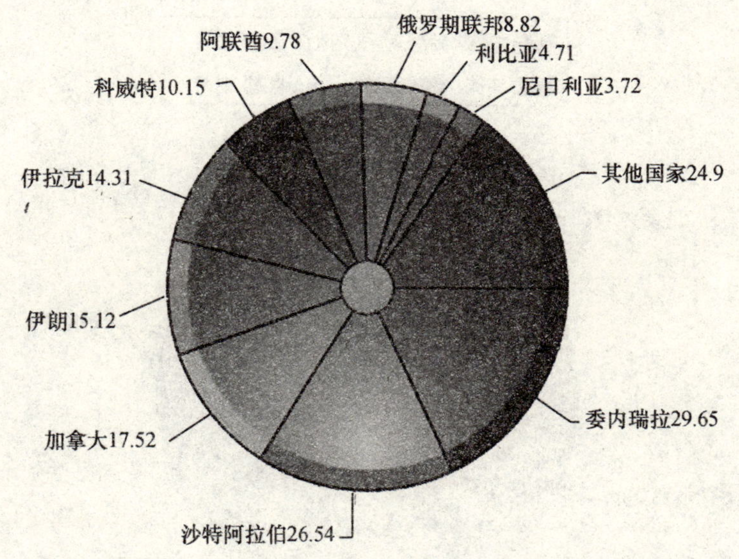

图 2—4 世界十大富油国石油储量

资料来源：《BP 世界能源统计年鉴 2012 年版》。

① 韩月霞："世界原油主要分布地区总体上来看极端不平衡"，《人民日报》（海外版）2007 年 12 月 26 日。

（978亿桶）、俄罗斯联邦（882亿桶）、利比亚（471亿桶）和尼日利亚（372亿桶）。这10个国家的总储量为14032亿桶，占世界总储量的84.9%，其余国家仅占15.1%，石油分布极不均匀。

（二）产量与储量比例失衡

由于各国的能源政策和技术水平以及国内经济实力等原因，全球石油生产也极不平均。据资料显示，2011年全球的石油产量为83576千桶/每天，每年约为3.05亿桶，占全球储量的1.8%。

各地区的产量分布为：北美14301千桶/每天、中南美7381千桶/每天、欧洲及欧亚17314千桶/每天、中东27690千桶/每天、非洲8804千桶/每天、亚太8086千桶/每天，上述6个地区的产量占世界总产量的比重分别为（见图2—5）：中东为33.1%，欧洲及欧亚为20.7%、北美为17.1%、非洲为10.5%、亚太为9.7%、中南美为8.8%。

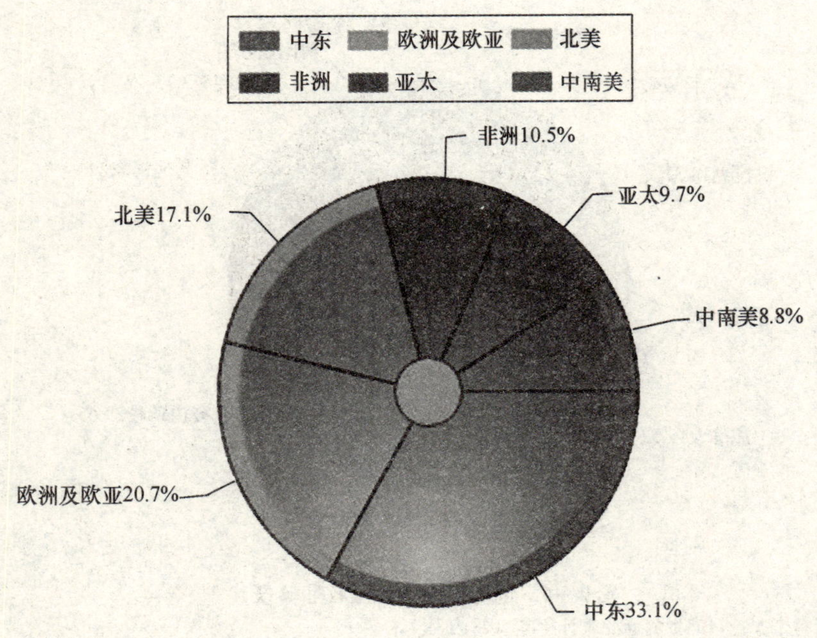

图2—5 世界主要地区石油产量

资料来源：《BP世界能源统计年鉴2012年版》。

将全球石油产量的比重与全球石油储备的比重进行比较后可以看出，中东、北美、非洲三个区域的石油产量占全球石油产量的比重低于储量比重，欧亚、北美和亚太的石油产量占全球石油产量的比重大于石油储量比重，最为突出的是亚太区域的产量比重是该区域储量比重的3.88倍。图2—6显示了产量比重与储量比重的比例，从中可以看出石油的生产与储量比例严重失衡。

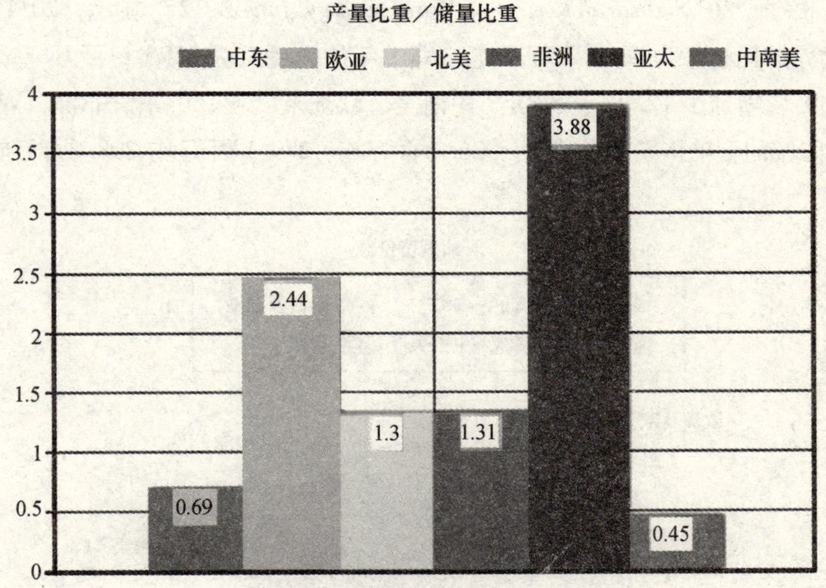

图2—6 世界主要地区石油产储比率

资料来源：《BP世界能源统计年鉴2012年版》。

从国家角度来看，产油最多的10个国家是：沙特（11161千桶/每天）、俄罗斯（10280千桶/每天）、美国（7841千桶/每天）、伊朗（4321千桶/每天）、中国（4090千桶/每天）、加拿大（3522千桶/每天）、叙利亚（3322千桶/每天）、墨西哥（2938千桶/每天）、科威特（2865千桶/每天）、伊拉克（2798千桶/每天）。这10个国家的产量总和占世界总产量的比重为63.6%，其余国家仅为36.4%。

（三）生产量与消费需求量失衡

全球化时代是一个走向融合一致的时代，但我们同时必须意识到全球化的进程是在差异中进行的，由于历史的原因，人类社会的发展阶段与技术水平在全球各个区域存在很大差异。欧美地区有着上百年的工业革命历史，而亚非拉地区的许多国家才摆脱殖民统治几十年，由此造成各国工业水平和制造能力不同，从而导致石油消费在全球范围内也存在着不平衡。

根据“*BP Statistical Review of World Energy June* 2012”显示，2011 年全世界的耗油量为 4059. 1 百万吨，2001 年的消耗量为 3595. 6 百万吨，前者比后者增加了 12. 9%。北美、中南美、欧洲及欧亚、中东、非洲、亚太 6 个区域的石油消费量分别为 1026. 4 百万吨、289. 1 百万吨、898. 2百万吨、

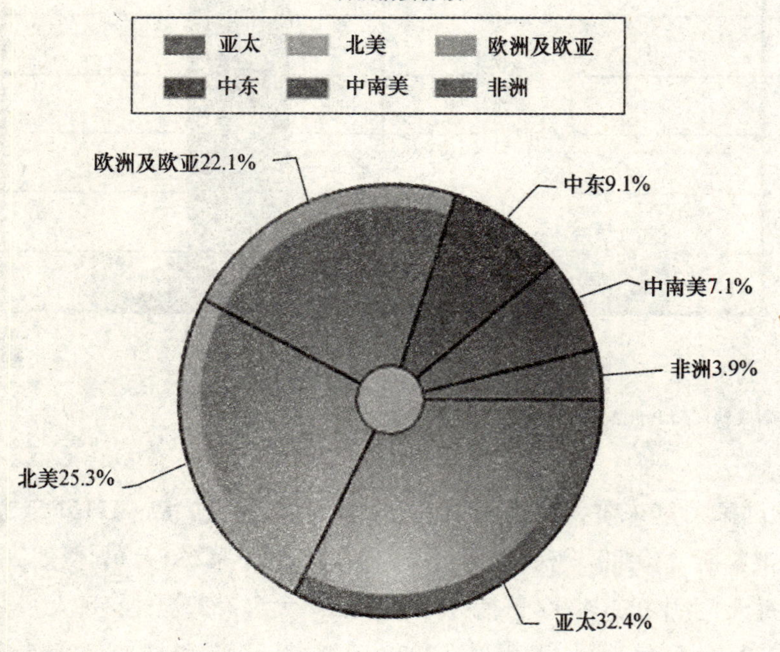

图 2—7 世界主要地区石油消费份额

资料来源：《BP 世界能源统计年鉴 2012 年版》。

371.0百万吨、158.3百万吨、1316.1百万吨，分别占全球石油消费总量的25.3%、7.1%、22.1%、9.1%、3.9%、32.4%（见图2—7）。生产石油最多的中东在石油消费份额中仅占9.1%，而石油储量最少的亚太地区却是石油消费量最大的地区。石油消费份额与石油储量和生产份额的失衡是造成现阶段石油供需矛盾的最主要因素。

国际上一般采用石油净消费量来衡量一个地区的石油生产与消费的平衡关系，如果该值为正意味着此地区的石油供给较为充足，反之则为进口依赖型地区。其计算公式为：石油净消费量＝石油消费量－石油生产量

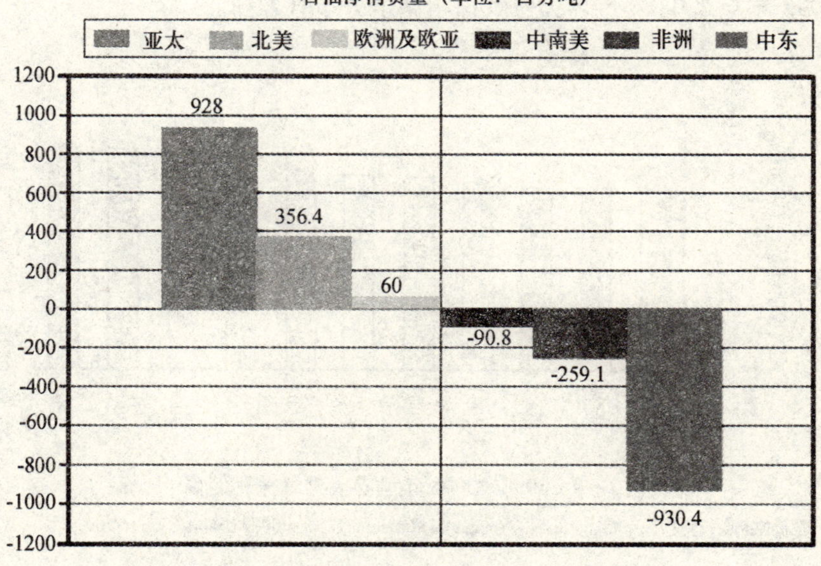

图2—8 世界主要地区石油净消费量

资料来源：《BP世界能源统计年鉴2012年版》。

消费石油最多的10个国家依次是：美国（833.6百万吨）、中国（461.8百万吨）、日本（201.4百万吨）、印度（162.3百万吨）、俄罗斯联邦（136.0百万吨）、沙特阿拉伯（127.8百万吨）、巴西（120.7百万吨）、德国（111.5百万吨）、韩国（106.0百万吨）、加拿大（103.1百万吨），这10个国家的石油总消耗量为每年2364.2百万吨，占全球石油消费

量的 58.2%。[①]

二、世界天然气分布特征

（一）储量分布不均，少数国家垄断储量

世界天然气资源丰富。1975 年全球天然气储量约为 60×1012 立方米，伴随着新气田的发现、重大技术的突破以及深海勘探开发技术水平的提高，天然气储量在不断增加。2005 年 1 月 1 日，全球天然气储量达 171×1012 立方米。对比 2005 年的消费水平，这一储量可供开采 65 年。图 2—9 为 1998 年至 2008 年世界天然气探明储量分布直方图。[②]

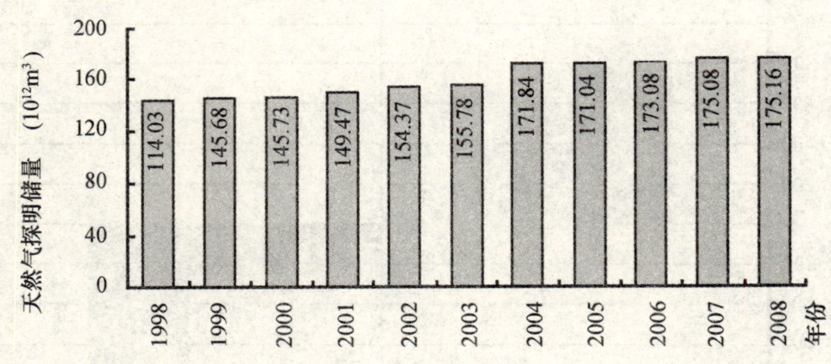

图 2—9　1998—2008 年世界天然气探明储量

资料来源：百度图片库，http：//image. baidu. com/I? ct = 503316480& < z = &tn。

从地区角度来看，全球天然气主要储藏于中东欧地区，其次是亚太地区，阿拉伯半岛、北美洲、非洲和南美洲的储量较小。

天然气资源主要集中在 3 个国家：俄罗斯为 27%、伊朗为 15%、卡塔尔为 13%。这 3 个国家拥有全世界一半以上的天然气储量。世界 80% 的天然气储量集中在 20 多个国家。[③]

---

① 崔守军：《能源大外交——中国崛起的战略支轴》，石油工业出版社 2012 年版，第 80 页。

② 江怀友等："世界天然气资源及勘探现状研究"，《天然气工业》2008 年第 7 期，第 11 页。

③ 田泽："世界油气资源现状及未来趋势预测"，《新疆社会科学》2007 年 2 期，第 2 页。

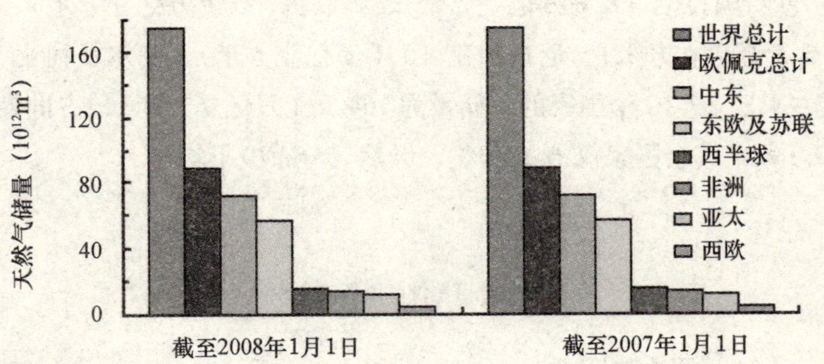

图 2—10　世界主要地区天然气储量

资料来源：根据《BP 世界能源统计年鉴 2007—2008 年版》数据绘制。

在过去 20 年里，随着人类对天然气的勘探和生产消费，天然气的储量发生了一些变化。据 BP 石油的统计数据显示：1991 年世界天然气的已探明储量为 131.2 万亿立方米，2001 年全球天然气的已探明储量为 168.5 万亿立方米，到 2011 年底该项数据为 208.4 万亿立方米，增长率分别为 28.4% 和 23.7%。北美、中南美、欧洲及欧亚、中东、非洲、亚太 6 个地区的天然气储量分布也发生了变化，其比重如图 2—11 所示：

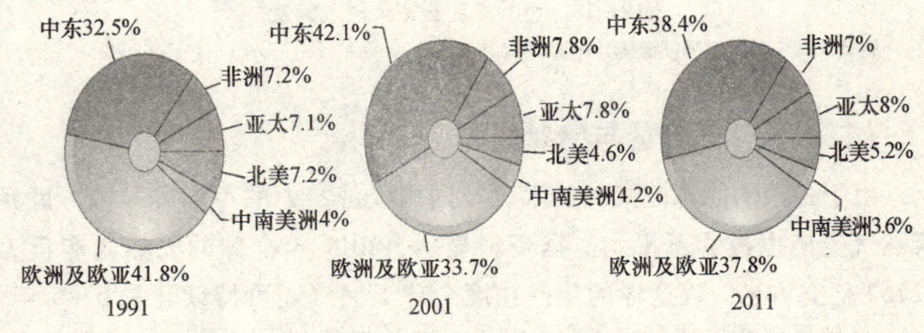

图 2—11　1991—2011 年世界主要地区天然气储量分布变化图

资料来源：BP Statistical Review of World Energy June 2012.

按国别计算，前 10 个天然气储量最丰富的国家分别是（见图 2—12）：俄罗斯联邦（44.6 万亿立方米）、伊朗（33.1 万亿立方米）、卡塔尔（25.0 万亿立方米）、土库曼斯坦（24.3 万亿立方米）、美国（8.5 万亿立方米）、沙特阿拉伯（8.2万亿立方米）、阿联酋（6.1万亿立方米）、委内瑞拉（5.5万亿立方米）、尼日利亚（5.1万亿立方米）、阿尔及利亚（4.5万亿立方米）。这10个国家的总储量为164.9（万亿立方米），占世界总储量的79.1%，其余国家仅占20.9%，天然气分布极不均匀。

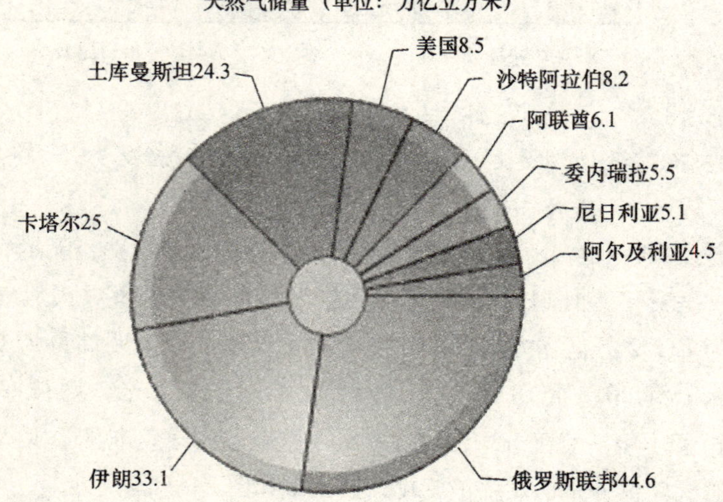

图2—12 世界主要国家天然气储量

资料来源：《BP世界能源统计年鉴2012年版》。

（二）天然气产量与储量失衡

由于各国的能源政策和技术以及国内经济实力的不同等原因，世界天然气生产也极为不平均。据资料显示，2011年全球的天然气产量为32762亿立方米，以这样的生产速度全球天然气还可持续开采63.6年。各地区的产量分布为北美8642亿立方米、中南美1677亿立方米、欧洲及欧亚10364亿立方米、中东5261亿立方米、非洲2027亿立方米、亚太4791亿立方米，其产量比重分别为（见图2—13）：北美为26.5%、中南美为5.1%、欧洲及欧亚为31.6%、中东为16.0%、非洲为6.2%、亚太为14.6%。

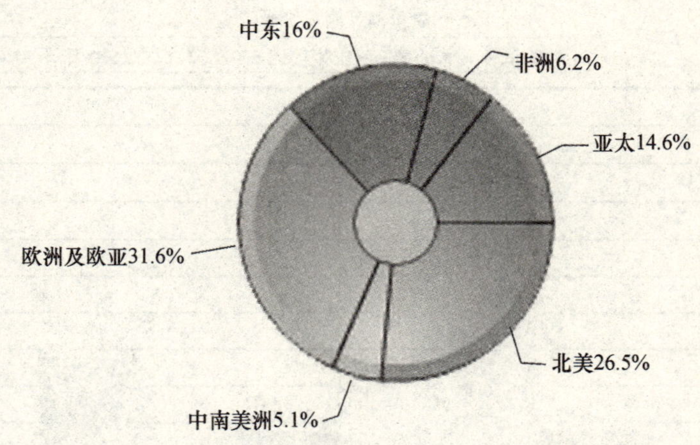

图 2—13　世界主要地区天然气产量比重

资料来源：《BP 世界能源统计年鉴 2012 年版》。

将世界天然气产量的份额与全球天然气储备的份额进行比较后可以看到，中东、北美、非洲三个区域的天然气产量占全球天然气产量的份额低于其储量份额，中南美洲、北美和亚太的天然气产量占全球天然气产量的份额大于其储量份额，最为突出的是北美区域的产量份额是该区域的储量份额的 5. 09 倍。图 2—14 显示了产量份额与储量份额的比例，从中可以看出天然气的生产与储量极不均匀。

从国家角度来看，天然气年产量最多的 10 个国家是：美国（6513 亿立方米）、俄罗斯联邦（6070 亿立方米）、加拿大（1605 亿立方米）、伊朗（1518 亿立方米）、卡塔尔（1468 亿立方米）、中国（1025 亿立方米）、挪威（1014 亿立方米）、阿尔及利亚（788 亿立方米）、印度尼西亚（756 亿立方米）、荷兰（642 亿立方米），这 10 个国家的产量总和占世界总产量的比重为 65. 3%，其余国家仅为 34. 7%。

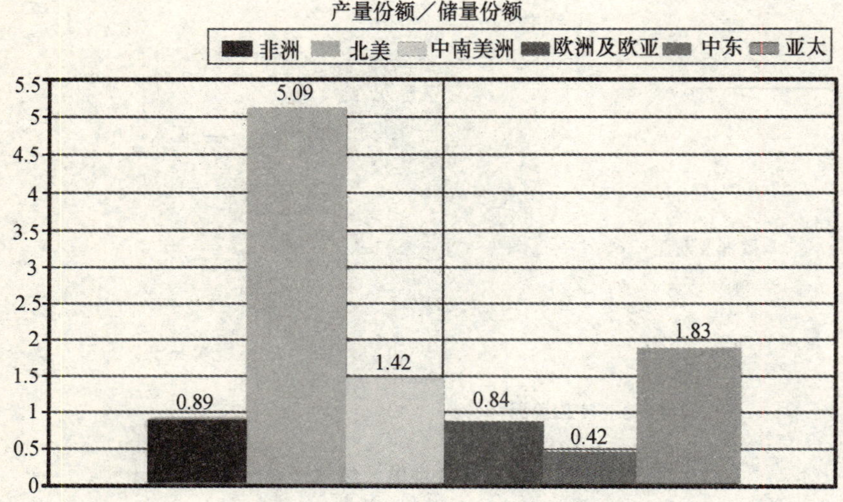

图 2—14　世界主要地区天然气产储比率

资料来源：《BP 世界能源统计年鉴 2012 年版》。

（三）生产量与消费需求量失衡

根据“*BP Statistical Review of World Energy June* 2012”显示，2011 年全世界每年的天然气消费量为 32229 亿立方米，2001 年的消耗量为 24536 亿立方米，2011 年的消耗量比 2001 年的消耗量增加了 31.4%。北美、中南美、欧洲及欧亚、中东、非洲、亚太 6 个区域的天然气消费量分别为 8638 亿立方米、1545 亿立方米、11011 亿立方米、4031 亿立方米、1098 亿立方米、5906 亿立方米，6 个区域天然气消费量占全球天然气消费总量的比重分别是 26.8%、4.8%、34.2%、12.5%、3.4%、18.3%（见图 2—15）。

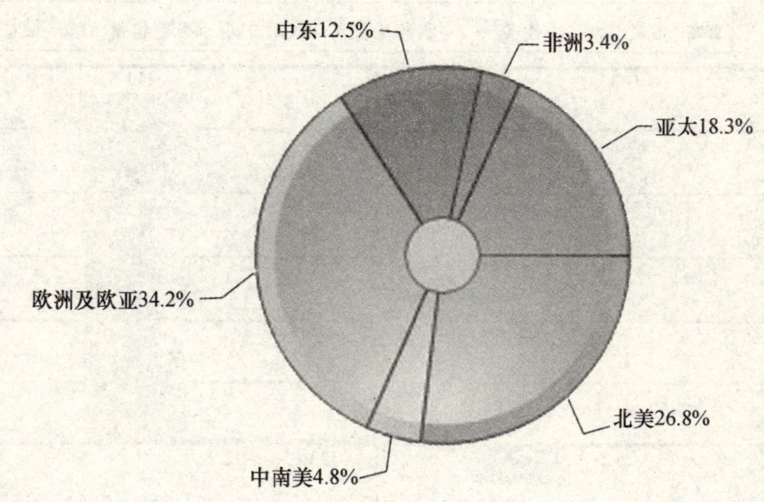

图 2—15 世界主要地区天然气消费量

资料来源：《BP 世界能源统计年鉴 2012 年版》。

国际上通常使用天然气净消费量来衡量一个区域的天然气生产与消费的平衡关系，如果该值为正意味着此地区的天然气供给较为充足，反之则为进口依赖型地区。其计算公式为：天然气净消费量 = 天然气消费量 - 天然气生产量

消费天然气最多的 10 个国家是：美国（6901 亿立方米）、俄罗斯联邦（4246 亿立方米）、伊朗（1533 亿立方米）、中国（1307 亿立方米）、日本（1055 亿立方米）、加拿大（1048 亿立方米）、沙特阿拉伯（992 亿立方米）、英国（802 亿立方米）、德国（725 亿立方米）、意大利（713 亿立方米），这 10 个国家的天然气总消耗量为每年 19322 亿立方米，占全球天然气消费总量的 60. 0% 。

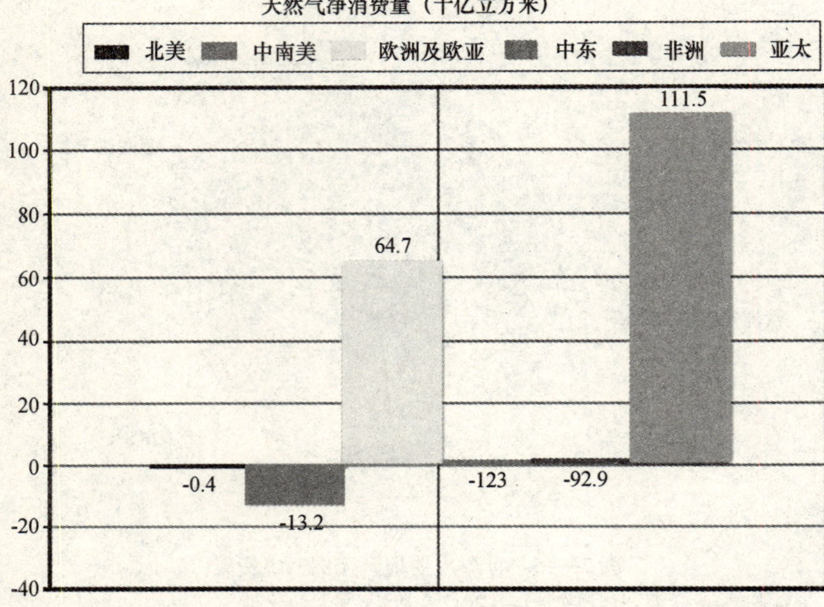

图 2—16　世界主要地区天然气净消费量

资料来源：《BP 世界能源统计年鉴 2012 版》。

三、世界油气资源分布的发展趋势

（一）石油仍保持世界主要能源地位，需求结构将发生改变

根据国际能源署《2004 年世界能源展望》的预测，到 2030 年世界能源需求变化将持续增长，届时石油仍然是世界主要消耗能源，新能源和可再生能源在能源结构中所占比例较小。未来 20 年，世界一次能源总需求量（化石能源）将以年均 2% 左右的速度增长，预计 1997—2020 年世界一次能源总需求量将增长 57%。到 2030 年，世界能源需求将比现在高 60% 以上，而石油需求将增长 60%，每年达到 400 亿桶（54.57 亿吨）。

国际能源署预测，在全球对初级能源的最终消费中，各种能源所占比例变化不大，其中石油仍然是最大的燃料来源，所占的份额将从 2002 年的 34.9% 略升至 2030 年的 35.30%。天然气将成为增长最快的能源，年均增速将达 2.7%，2015 年后将可能超过煤炭成为第二大一次能源，

2030 年天然气在一次能源消费结构中的份额将提高到 25%。[①]

（二）剩余可采储量不断减少，后备储量严重不足，将面临地质性资源枯竭

根据对世界石油勘探开发的预计，今后 20 年新发现的油田将会越来越少，已探明储量的耗尽也将变得更加明显。据分析，全世界新油田大发现在 1962 年就达到了顶峰，从那以后发现的油田一直在减少。石油的黄金时代已经过去，但这不是说以后连小一些的油田也找不到了，只是说发现新油田的速度赶不上全球已探明储量下降的速度了。

（三）油气生产的重心将重返波斯湾，世界对中东地区的能源依赖程度加深

1. 从产储总量来看，中东国家所占比重不断上升，占有举足轻重的地位

根据国际能源署预测，从现在起到 2020 年，世界石油产量的增量将主要来自欧佩克以外的国家，如西非、拉丁美洲、俄罗斯等。2020 年之后，欧佩克尤其是中东产油国的产量将迅速增长，其市场占有率将由 2002 年的 37% 提高到 2030 年的 53%，甚至超过 1973 年 52.85% 的历史最高记录。总体来看，2025 年的世界石油供应将比 2001 年增加 4400 万桶/天，其中总增加量的 60% 将来自欧佩克国家。

2. 从储采率来看，中东国家油气储采率大大高于世界平均水平

从储量变成产量的速度即“储采率”，通过它可以了解未来石油走向的情况。储采率是在现在的生产速度下，石油储量可以开采的年数。美国已经生产了可采储量的 60%，它的储采率为 10/1，挪威的储采率为 10/1，加拿大 8/1，伊朗 53/1，沙特 55/1，阿联酋 75/1，科威特 116/1，伊拉克 526/1。[②]

---

① Thomas L. K., Katz D. L. and Tek M. R., “Threshold Pressure Phenomenal in Porous Media”, Society of Petroleum Engineers Journal, Vol. 8, No. 2, 1816, p. 177.

② 李景明主编：《中国大中型气田富集区带》，地质出版社 2002 年版，第 210 页。

第二节 世界油气资源分布的地缘影响

纵观世界能源地缘格局，我们可以清晰地看到，世界主要能源产地大都处于地缘政治不稳定的地区，也就是说国际政治的热点地区与世界能源的主要产区吻合，也可以说当前国际热点地区的背后都隐藏着深刻的石油地缘政治背景。

在人类进入21世纪后，能源资源匮乏导致的能源争夺成为国家冲突的重要根源。在所有的能源类别中，石油是全球消费比例最高的能源，占所有能源消费量的40%左右。在可预见的未来，石油还将是世界上最重要的能源。基于石油在世界经济中的决定性地位，目前还没有哪一种资源比石油更有可能引起国家间甚至是国际社会的冲突。

世界石油工业发展至今，已经形成了以亚太、北美、欧洲为主的世界石油消费区域构成格局和以欧佩克等为主的世界石油储产量区域构成格局。据2010年统计显示：亚太地区已经取代北美地区成为世界最大的石油消费区（亚太地区2008年原油消费11.834亿吨，占全球原油消费量的30.1%；2009年原油消费12.062亿吨，占全球原油消费量的31.1%）；北美地区位居第二（2008年原油消费10.766亿吨，占全球原油消费量的27.4%；2009年原油消费10.255亿吨，占全球原油消费量的26.4%）；欧洲居第三位（2008年原油消费9.555亿吨，占全球原油消费量的24.3%；2009年原油消费9.139亿吨，占全球原油消费量的23.5%）。2009年这三个地区的石油消费量占世界石油消费总量的81%，其石油剩余探明储量仅占世界总量的19%（亚太地区占3.2%，北美洲占5.5%，欧洲占10.2%）。[①]

---

① 董秀丽：《世界能源战略与能源外交：总论》，知识产权出版社2011年版，第93—95页。

欧佩克的石油消费量不到10%，这些国家却占世界石油探明储量的2/3。世界石油的消费区域与石油资源生产区域的严重错位和失衡，导致全球围绕油气资源的争夺异常激烈，也使对原油进口依赖程度较高的国家特别是亚太地区国家一直面临着巨大的压力。

以石油为代表的能源具有的特殊战略价值，使能源成为各种政治力量争夺的焦点。而世界能源中心的每一次转移，都导致了世界地缘政治格局的相应变化，从而形成新的世界能源地缘政治格局。

在世界能源大格局中，能源供应核心带的重要战略地位有目共睹。世界大国为了各自的生存与发展需要而展开石油争夺战，大国间的石油争夺始终围绕着争夺石油资源、石油运输线路、石油市场及石油定价权展开。因此，每一个能源供应的核心带、每一条石油运输线路都是大国争夺的重点地区。

几十年来的每一个国际热点地区和每一个国际热点都无不与能源（石油）争夺紧密相关。从两伊战争的炮火到伊拉克战争的硝烟，从里海沿岸国的干戈到苏丹内战的烽鼓，从北极冰原的大国角逐到东海外大陆架的纷争等，每一个国际热点的背后都围绕着一个核心——能源。由此我们可以清晰地看出，能源问题不仅从经济问题变成政治问题，而且从低端政治提升为高端政治，成为国际热点的核心问题。

从能源供应格局现状分析，围绕能源问题的国际重点地区有中东地区、里海、朝鲜、伊朗、苏丹、北极和东海大陆架等。在这些地区中，中东地区仍然是世界大国能源争夺重点地区的重中之重。而从这些与能源有关的热点地区都可以或隐或现地看到同一个国家的影子，这个国家就是美国，他是世界石油资源争夺战的首要角色。美国争夺石油的目的不仅在于确保自身的能源需求，更是为了控制世界石油战略资源，以实现其维护世界绝对优势地位的长远战略目标。进入21世纪后，美国更是开始了全方位的世界能源争夺战。美国前副总统切尼领导的国家能源政策发展小组曾公布其研究报告称，在未来20年美国的石油消耗量将增加1/3，而石油产量将下降12%。到2020年，美国石油消费中的2/3需要进口。切尼曾明确讲道：谁控制了波斯湾石油的流量，谁就有了不仅对美国的经济，而且“对世界其他大多数国家的经济”的“钳制力”。因此，美国中东战略一个非常重要的目标就是确保它在波斯湾的石油利益。[1]“9·11”事件后，美军进驻中亚，同样是出于控制里海石油的战略考虑。相比之下，对石油市场需求同样巨大的日本和欧洲等国，在美国的强势面前则明显处于弱势地位。美国伊拉克战争对国际能源地缘政治格局产生了很大影响，使世界能源地缘政治格局和世界石油市场格局发生了重大变化。美国控制伊拉克，促使世界石油消费区域构成与资源区域构成进一步错位与失衡，使全球围绕油气资源的争夺更加激烈，也使美国在世界能源争夺战中处于更加有利的地位。

石油是一种战略物资，由于其具有不可再生性和短时间内的不可替代性，因而带上了特有的政治属性。美国剑桥能源研究协会主席丹尼尔·耶金曾感叹：“石油，10%是经济，90%是政治。”因此，石油的获得与其说是购买力的竞争，还不如说是大国政治与外交的博弈。

目前，对世界能源产生影响的因素很多，最主要有以下几方面：第一，国际能源市场中的大国因素，主要是美国因素。保罗·肯尼迪在《大国的兴衰》中解释“为什么真正的霸权挑战者从未成功过”时认为，霸权挑战者在挑战霸权维护者的地位时，过多地消耗了本国的资源，最后往往归于失败。作为世界超级大国的美国，拥有人口只占世界总人口的7%，却享用着世界上30%能源的天然优势，其强大的霸权体系和军事、经济力量又是其能源实力外交的坚实后盾，保障着能源供应的“绝对安全”。国际能源市场中的美国因素主要体现在美国对世界能源市场的操控上，主要表现在三方面：（1）对能源生产的渗透与控制。近年来，美国加大了对非洲石油的战略投资力度。美国头号石油企业埃克森—美孚公司耗资37亿美元铺设了一条长1000千米左右的输油管道，将乍得的石油输往喀麦隆的大西洋沿岸，并计划在10年内投资500亿美元开发非洲的油气资源。进入21世纪前后，美国政府一直大力支持其石油公司进入中亚地区的能源开发和管道建设投资领域，仅埃克森-美孚、联合加州等超级石油公司与里海各石油生产国签署的能源投资开发合同

① “美国全美能源政策发展小组报告”，http：//www.chinapower.com.cn/newsarticle/1066/new1066982.asp。

额就高达上亿美元。2004 年，哈萨克斯坦获得的 4 亿美元外国直接投资中，美国占了 1 亿。在与其他中亚国家的合作项目中，美国公司也均是绝对的大股东。据美国剑桥能源研究协会估计，2003—2010 年伊拉克战争期间国外大石油公司在伊拉克的勘探开发累计投资额达到 300 多亿美元，而资金雄厚、技术先进的美英公司控制了战后伊拉克大油田 70% 以上的权益。目前，在控制中东石油资源的世界石油巨头中，美国的埃克森—美孚、雪铁龙等公司都占据了重要位置。除了美国公司“走向世界”，直接控制各地的石油和其他能源资源的生产外，美国对世界能源更为根本的控制手段是对能源生产国的控制。美国凭借自身优势，广泛利用政治、经济、外交乃至军事等各种手段，使主要的能源生产大国形成对美国的“依赖”，从而控制了世界石油的供应。作为一个霸权主义国家，美国深谙能源对于维护其霸权的极端重要性，因此能源战略成为美国全球战略最重要的组成部分之一，并服从于美国的全球战略。（2）对能源运输通道的保护。美国对全球海上石油运输通道拥有绝对的战略控制能力，对陆上石油运输战略通道也具有强大的军事控制能力。美国政府十分清楚，要想控制中东和中亚，就必须控制巴尔干和南亚地区。南亚是世界石油主产区的侧翼和中亚的重要门户，在大国全球战略中具有举足轻重的地位。印度和巴基斯坦都是南亚大国，地缘重要性非常突出。控制了印度就扼住了亚太各国石油进口的咽喉；控制了巴基斯坦则控制了中亚石油进入波斯湾的出口。巴基斯坦是美国的传统战略盟友，美国已与土库曼斯坦签约修建土库曼斯坦经阿富汗到巴基斯坦的天然气管道。美国又与印度结成了战略伙伴关系，不仅向印度出售大量先进的军事装备，而且与印度军队开展大型联合军事演习。中东地区有美国的盟友沙特阿拉伯，美国在沙特、科威特及其他海湾国家都建有大型军事基地，并部署了数量众多的军事力量。同时，美国还在非洲东北端的吉布提部署了数千人的特种部队。近年来，五角大楼正通过演习和培训非洲部队等方式，进一步向非洲重要产油区几内亚湾渗透。可见，在世界能源富集的区域和陆上石油管线最繁复密集的地区，美国已构筑起战略控制的框架，完成了控制陆上能源运输通道的战略布局。（3）对能源价格的影响力。美国拥有影响世界石油价格的多种手段。首先，由于美元是国际石油贸易计价和结算的主要货币，美国的货币政策对石油价格可以直接发挥重大作用。美国依靠自身在全球政治、经济中的强势地位，通过向中东产油国开放金融市场来吸纳巨额石油美元资本，如接受石油美元存入美国银行、在美国购置不动产、购买美国产权和投资于美国证券市场，以及大量购进有“金边债券”之称的美国财政部债券等。这种由美元金融垄断地位形成的机制化霸权体系构建起了美国与中东产油国家的石油需求与石油供给、石油支出与石油收入、石油美元与石油物资、美元回流与美元流出等复合式相互依赖关系，并将美国经济的石油能源和石油资本需求与国家石油资源供给和石油盈余资本在美国的投资回报率捆绑在一起，进而通过这种方式保证石油美元的回笼，从而实现从美国输出的石油美元顺利回流。其次，美国是全球最大的战略石油储备国。在中东战争和阿拉伯产油国对西方国家实行石油禁运后，美国国会于 1975 年年底通过了《能源政策与储备法》，授权能源部建立 10 亿桶容量的战略石油储备。美国石油战略储备从 1976 年开始建设，1977 年第一批储备石油入库，到 1986 年战略储备量就已达到 5 亿桶，目前已增加到 7 亿桶以上。美国战略石油储备的主要目的是应对可能发生的因石油供应中断而造成的危机，可在石油进口中止后继续维持供应 158 天。美国的战略石油储备体系包括政府战略储备和民间商业储备两部分，其战略石油储备量约占经合组织国家政府战略石油储备总量的 60%。最近 20 年的事实表明，巨大的战略石油储备对美国应对世界石油市场动荡，调控国内油价进而调控国际油价以致主导世界能源事务都起到了不可估量的战略作用。此外，美国对主要欧佩克成员国在产量决策方面的影响力，以及美国的对冲基金等都对石油价格有着直接影响。

第二，突发性政治、经济事件的影响。世界范围内石油资源分布的不均衡以及产油国和石油消费大国的不一致性，使得大量石油必须由一些国家生产后再运输到另一些国家去使用。在此过程中，产油国和重要运输通道国的突发性政治或经济事件会在很大程度上影响石油输送的畅通，进而影响石油供给，并在供需平衡的变化中导致油价产生波动。1990 年 8 月伊拉克入侵科威特，致使石油期货价格从大约每桶 20 美元起涨，到 10 月已达到 40.4 美元第每桶；待美国将伊拉克赶出科威特后，石油价格又从高点回落，到1991年2月跌至18美元每桶左右。

第三，欧佩克对国际能源供给的制约。欧佩克的宗旨是：协调和统一各成员国的石油政策，并确定以最适宜的手段来维护它们各自和共同的利益。欧佩克旨在通过消除有害的、不必要的价格波动来确保国际石油市场上石油价格的稳定，保证各成员国在任何情况下都能获得稳定的石油收入，并为石油消费国提供足够、经济、长期的石油供应。欧佩克成员国由于石油产量和出口量都占世界石油总产量和出口量的40%以上，因此对国际石油市场具有很强的影响力，特别是当其决定减少或增加石油产量时。而且，一些欧佩克成员国特别是沙特和科威特拥有很强的石油剩余生产能力，可以在短时间内灵活调整生产能力，这对调节市场发挥着重要作用。

伴随着世界经济规模的不断扩大、人口数量的不断增加以及发展中国家工业化步伐的加快，即便各国对新技术能源的研究步伐加快，对传统能源的重视依旧是目前各国的重要对外战略之一。据美国能源部能源信息署（EIA）预测，2001—2025年世界能源消费将以年均1.8%的速度增长，其中发展中国家能源消费增长迅速，年均增长2.7%，远远超过发达国家1.2%的增长水平。[①] 中国和印度作为两个最大的发展中国家和能源进口大国，如何获得可靠、安全、稳定的能源供应及需求保障是其目前乃至在较长的可预见未来的一大主要能源安全问题。

① International Energy Outlook 2004，www. eia. goe. gov.

第三章

中印海外能源战略的演变

第一节 中国海外能源战略的演变

能源是人类生存的基本条件，是社会、经济发展的基础，也是影响国家安全的重要因素。改革开放以来，中国在经济增长、社会进步方面取得了举世瞩目的成就，但与此同时，能源供应短缺、能源消费结构不合理、能源供给和需求逆向分布等问题凸显，能源问题已成为制约中国经济社会发展的关键因素之一。[①] 本节将对改革开放以来中国能源战略的演变予以总结和分析。

一、20 世纪 90 年代以前的能源战略

改革开放以后中国经济开始腾飞，但在 20 世纪 90 年代以前，中国能源战略主要强调自给自足。在中国，相比于煤炭，石油的储量是很少的，所以采取了以煤代油等一系列政策，使煤炭在中国能源消费结构中占据极其重要的地位。而与此同时，中国却将石油大量出口。首先，将石油出口是为了换取技术装备，特别是对日本；其次，出于国际间的友好和相互帮助，主要是指中国与巴基斯坦和古巴的贸易；最后，出于换取外汇的目的，这种情况在 20 世纪 80 年代中后期因纺织业和轻工业的出口才有所好转。

其实，在改革开放之前，中国并没有研究能源问题，这种自给自足的能源生产、消费结构当时在全世界十分流行。这种模式可以称作“开源战略”，其后果就是出现世界石油危机。从中国的情况看，能源浪费越来越严重，运输紧张、环境污染、森林植被遭到破坏、石油资源过采、

① 陈伟、高赫、白建华、王頔：“改革开放以来我国能源供需情况的演变历程分析”，《能源技术经济》2011 年第 12 期。

能源投资负担过重等等一系列病态现象也由此而生。这种战略最终导致国内生产总值能耗越来越高，综合能源效率越来越低。在实行“开源战略”时期，中国累计浪费能源35.5亿吨标煤，损失国内生产总值5.85万亿元（1980年价），并严重污染了环境。①

二、20世纪90年代的能源战略

这一阶段是中国经济更加充分发展的时期，重化工业快速发展，在工业产值中的比例稳步提升，并占据了绝大部分。通常，重工业所消耗的能源大大多于轻工业或其他行业。由于重工业的发展，工业部门消耗能源的比重也迅速上升，致使中国从1993年开始转变为石油净进口国，此后进口量越来越大。这种情况发生后，中国开始调整其能源战略，放弃自给自足的能源战略，并依靠国际市场调节供需矛盾。中国还意识到不能仅仅依靠单一的煤炭作为主要能源来源，于是开始寻求多元化的能源供应渠道。这成了中国能源战略的主线。

在20世纪90年代初，邓小平提出中国进行“三步走”的社会经济发展目标，以及使人民生活初步达到小康的目标。邓小平指出了小康社会的三个经济建设重点，有一条就是能源建设。中国经济发展的质量和速度直接与优化能源战略的制定与实施挂钩，能源问题的解决关系到中国现代化建设的成败。在1992—2001年的10年间，中国以“煤炭为基础，电力为核心，大力发展水电，积极开发石油、天然气，适当发展核电，提高能源利用效率，合理利用资源”为能源总体发展战略，初步形成了符合中国国情的可持续的能源发展道路。在20世纪90年代，中国面临如何保证经济高速增长的能源需求，如何提高能源利用效率，如何减少环境污染，如何解决能源不能自给等诸多难题。10年间中国在转变能源发展思想上下大功夫，摒弃了之前不合理的发展思维。这期间，中国能源发展是以贯彻经济社会可持续发展目标为目标的。

---

① 徐寿波：“改革开放30年中国能源发展战略的变革”，《北京交通大学学报（社会科学版）》2008年第3期。

表 3—1　1993—2001 年间中国石油平衡表（单位：万吨）

指标	年份								
	1993	1994	1995	1996	1997	1998	1999	2000	2001
石油生产量	14517.4	14608.2	15005.0	15733.4	16074.1	16100.0	16000.0	16300.0	16395.9
石油进口量	3615.7	2903.3	3673.2	4536.9	6787.0	5738.7	6483.3	9748.5	9118.2
石油出口量	2506.5	2380.2	2454.5	2696.0	2815.2	2326.5	1643.5	2172.1	2046.7
消费量	14721.3	14956.0	16064.9	17436.2	19691.7	19817.8	21072.9	22495.9	22838.3
对外依存度	7.5%	3.5%	7.6%	10.6%	20.2%	17.2%	23.0%	33.7%	31.0%

资料来源：中华人民共和国国家统计局，http：//www.stats.gov.cn/tjsj/ndsj/。

从表 3—1 中可看出，中国从 1993 年开始成为石油净进口国，石油对外依存度总体上呈大幅递增趋势。中国自身能源利用效率相对较低，环境污染严重，加上能源不能自给，这些均促使中国政府必须考虑出台新的能源战略。石油已经成为政治、军事、外交以外新的竞争领域，它的意义已经超过一般的商业范畴，上升到战略的新高度。随着国内国际形势的日新月异，国际油价的波动、国际石油市场暂时供应短缺等问题，都将对中国的能源安全产生巨大影响。

三、21 世纪以来的能源战略

中国是世界上人口最多的发展中国家，既是能源消费大国，也是能源生产大国。改革开放以后，中国大力发展了许多能源工业，使石油、煤炭、电力等产量均居于世界前列，基本上能够满足国民经济发展的需要。但是从长远来看，能源的供需矛盾、消费结构问题将成为制约中国社会经济发展的瓶颈。

第一，中国能源总量很大，但是人均很少。中国是煤炭和水能资源大国，煤炭探明储量在 1 万亿吨以上，其中按国际标准的可采储量为 1145 亿吨，占世界总量的 11%，居世界第三位，而人均数量却不及世界平均值的 1/2。水能理论蕴量达 6.7 亿千瓦，其中技术上可开发量为 3.78 亿千瓦，后者中经济上可开发的装机容量为 2.9 亿千瓦，居世界首位，但人均却只有 200 瓦上下了。油气资源探明总量均不够大，石油预测资源量虽可达940亿吨，但累计探明储量不过200亿吨，现在剩余可采储量则只有33亿吨，仅占世界的2.4%，居第十一位；天然气勘探程度很低，已探明可采储量只有1.7万亿方，占世界的1.2%，居第十九位；二者的人均数量就更加有限了。[①] 中国从1993年开始转变为石油净进口国，原油的需求量越来越大，到2011年中国原油对外依存度达到56.5%。

第二，中国能源利用率低下，浪费严重。中国很多工厂的设备老化，工业锅炉的热效率低下，工业产品的能耗非常高。化石燃料在开采和加工中浪费严重，各种无序开采不仅浪费了很多资源，也对环境造成了不可逆转的破坏。目前，中国能源利用效率为33%，比发达国家低10个百分点；单位产值能耗比世界平均水平高出2倍多，分别高出美国、欧盟、日本和印度2.5倍、4.9倍、8.7倍和43%；中国8个高耗能行业主要产品单位能耗平均比国际先进水平高40%；燃煤工业锅炉和电力锅炉中有大量的“煤老虎”，“电老虎”平均运行效率比国际先进水平低15%—20%；中国建筑采暖、空调能耗均高于发达国家，其中单位建筑面积采暖能耗相当于气候条件相近的发达国家的2—3倍。大量设备落后的小煤窑的无序开采以牺牲资源为代价换取私人的高收入，造成了大量的浪费。能源利用效率与国外的差距表明，中国节能潜力巨大。相关单位的研究结果表明，若按照国际先进水平终端用能设备能耗和单位产品能耗来计算，目前中国每年可以节约3亿吨标准煤。[②]

第三，中国能源消费结构不合理。在世界上，能源消费是以石油为主要能源的；但中国的能源消费是以煤炭为主要能源的，中国能源消费结构不完善。据数据显示，自20世纪90年代到21世纪以来，中国能源消费结构有朝着优质化方向发展的趋势。煤炭消费占能源消费总量的比重由1990年的76.2%下降到2002年的66.3%。但近几年来，煤炭占能源消费的比重开始上升，2002年达到69.5%，而世界上发达国家这一比重平均只有21%左右。中国是世界上最大的煤炭生产国和消费国，在一次能源消费构

① 李文彦：“21世纪前期我国能源战略的若干问题”，《经济地理》2000年第1期。

② “我国资源利用的总体状况”，国家发改委，http://www.gov.cn/ztzl/2005-12/29/content_141079.htm。

成中，煤炭的份额比世界平均值高41个百分点，油气的比重低36个百分点，其他能源的比重低5个百分点。[①] 目前，中国生物能、太阳能、风能等新型能源的开发尚在起步阶段，应用面积有限，在能源消费结构中占的比例相当低，所以优化和调整能源消费结构的任务仍相当艰巨。

进入21世纪后，中国政府开始制定确保能源供应安全和可持续发展的能源战略。2003年后，中国经济开始了新一轮的高速增长，而此时国际局势也发生了深刻的变化，使中国能源供求的矛盾更加凸显。首先，能源问题越来越受到各国的重视，全球争夺能源的战争愈演愈烈。2003年美国发动伊拉克战争的目的之一就是插手中东事务，控制油气资源，增加自己在全球石油供应链上的话语权。其次，随着中国经济的发展，中国必须要保证海上能源通道的安全，因为中国绝大部分原油进口来自中东和非洲，而海上运输这些石油则必须通过印度洋和马六甲海峡。军事安全的威胁、海盗的猖獗、海上恐怖主义的威胁等都给中国的海上能源交通线造成了压力。最后，在中国经济高速增长的背景下，许多省份都曾出现过拉闸限电的尴尬情形，在中央政府的宏观调控政策下，这些情况得到缓解，但是能源缺口依然存在。中国石油对外依存度达到一半以上，未来中国能源对海外的依存度具有不可预测性，这将给中国的可持续发展带来很大压力。

进入21世纪以后，为应对能源安全和能源可持续发展问题，确保经济发展，中央多措并举。

第一，2005年，经国务院批准，国家能源领导小组办公室正式成立。组长由国务院总理温家宝担任，副组长由副总理黄菊和曾培炎担任，属于副部级单位。其工作主要包括：了解并预测中国能源安全状况；向领导小组提出意见和建议，研究能源开发与应用，组织研究国家能源战略规划；参与国际能源合作等。2008年，为加强能源战略决策和统筹协调，国务院决定成立国家能源委员会。其主要职责是：负责研究拟订国家能源发展战略；审议能源安全和能源发展中的重大问题；统筹协调国内能源开发和能源国际合作的重大项目。国家能源委员会的主任由总理担任，成员由21个

① 邓婷婷、万江、吴斌："中国21世纪能源发展趋势预测及研究"，《网络财富》2009年第10期。

国家部委领导组成，以此彰显国家对能源问题的重视。

第二，国家制定一系列与能源相关的政策。为确定中国新时期的能源战略，国务院通过了《能源中长期发展规划纲要（2004—2020年）》。该规划强调以下几点：一要坚持把节约能源放在首位，实行全面、严格的能源节约制度和措施，显著提高能源利用效率。二要大力调整和优化能源结构，坚持以煤炭为主体、电力为中心、油气和新能源全面发展的战略。三要搞好能源发展合理布局，兼顾东部地区和中西部地区、城市和农村经济社会发展的需要，并综合考虑能源生产、运输和消费合理配置，促进能源与交通协调发展。四要充分利用国内外两种资源、两个市场，立足于国内能源的勘探、开发与建设，同时积极参与世界能源资源的合作与开发。五要依靠科技进步和创新。无论是能源开发还是能源节约，都必须重视科技理论创新，广泛采用先进技术，淘汰落后设备、技术和工艺，强化科学管理。六要切实加强环境保护，充分考虑资源约束和环境的承载力，努力减轻能源生产和消费对环境的影响。七要高度重视能源安全，搞好能源供应多元化，加快石油战略储备建设，健全能源安全预警应急体系。八要制定能源发展保障措施，完善能源资源政策和能源开发政策，充分发挥市场机制作用，加大能源投入力度。深化改革，努力形成适应全面建设小康社会和社会主义市场经济发展要求的能源管理体制和能源调控体系。[①] 为了落实《规划》，国家规划了十大重点节能工程，比如节约和替代石油、燃煤工业锅炉改造等。《规划》对中国万元GDP的能耗要求也做了具体的规定。

第三，全国能源利用效率现在只有32%，比先进国家低10个百分点。要想提高能源利用效率，节能是重要途径。因此，国务院于2005年通过了《关于做好建设节约型社会近期的重点工作》和《关于加快发展循环经济的若干意见》。这两个文件提出要实现增长方式的转变，按照“减量化、再利用、资源化”的原则提高资源利用效率。

第四，中国积极做好开发核能和其他新能源的准备。中国国土面积辽阔，具有丰富的风能、太阳能等可再生能源。然而，核电在中国总装机容

① 国务院：《能源中长期发展规划纲要（2004—2020）》（草案），2004年6月。

量中所占比例还很小，为 1.43%，远低于世界平均水平。而一些发达国家，如法国达到 77.97%，美国达到 20.34%，日本达到 34.17%，所以中国在核电领域的发展潜力巨大。[①] 中国在可再生能源方面的潜力也是巨大的。众所周知，中国的水资源量居于世界首位。2006 年 1 月 1 日《可再生能源法》正式生效，中国将在可再生能源的利用上进入快车道。

第五，中国政府在 2003 年宣布在宁波镇海、舟山岱山、青岛黄岛、大连新港 4 个基地建立国家战略石油储备。建立战略石油储备制度是防范石油供应风险，应对突发事件，保障国家能源安全的重要手段。中国争取到 2020 年建成相当于 3 个月的进口量储备。与此同时，中国加快了国家战略石油储备方面的国内立法进程，并加大了此方面的国际合作交流力度。

第六，中国为了加大自己在国际能源市场的发言权，加强了国际合作。中东石油“亚洲溢价”（Asian Premium）作为中东地区一些石油输出国对出口到不同地区的相同原油采用不同的计价公式，使亚洲地区的石油进口国要比欧美国家支付较高的原油价格，且这种现象长期存在，这种定价机制损害了亚洲国家的经济利益。2005 年 9 月，在韩国汉城（今称首尔）召开了中、日、韩三国的“东北亚石油论坛”，三国的石油公司讨论了建立东北亚石油采购联合协商机制的问题，并就此达成共识。例如，为了共同应对石油危机，东北亚三国应当建立联合协商机制，以便推动亚洲石油共同市场的形成。应该减少从西亚进口石油而增加俄罗斯石油进口量，以减少对中东石油的依赖。

总之，中国的能源问题虽然严峻，但归根到底能源问题的解决还是政策和科学技术的问题。中国政府已经深刻地认识到这一点，其对宣传和科技的重视将给能源问题的解决提供保障。

四、2008 年金融危机与中国能源战略

2007 年下半年美国发生的次贷危机拉开了全球金融危机的序幕。在其影响下，国际油价大跌，国际能源市场也出现了萎缩，原油从每桶

① 王军：“全球化背景下的中国能源战略”，《鄱阳湖学刊》2012 年第 4 期。

147 美元的最高点一度跌至 33 美元每桶。中国作为世界主要经济体，不可避免地受到全球金融危机的影响，其中以工业部门最为严重，部分地区出现经济效益低下的现象。虽然在中国政府宏观调控政策的影响下，通过扩大内需，经济增长逐步恢复，并达到危机前的水平，但这次危机还是给中国的能源安全问题敲响了警钟。正确认识能源工业存在的不稳定因素及问题，制定切实可行的政策，对于中国能源工业克服困难，抓住机遇，推动整个国民经济的发展具有重要意义。

在金融危机的影响下，虽然供需总量仍然持续增长，但是中国能源供需出现较大的波动。中国的能源消费主要是生产性消费，2008 年以后工业部门的发展速度放缓，至 2009 年的第一季度触底后反弹。首先，能源生产与消费的波动幅度大于经济增长的波动。这一方面说明能源生产与消费对市场的变化更为敏感，反应也更加强烈；另一方面也说明行业特点和存在的问题：一是发电量增速率先下降，最后回升。从 2008 年 10 月开始，发电量首先出现负增长，到 2009 年 5 月才转负为正，持续了 7 个月，这在各类能源的负增长中持续时间最长，其运行轨迹类似于“U”字型而不是“V”字型。二是原油产量的波动幅度最小，煤炭产量、原油加工量只在 2009 年前两个月出现负增长，随后快速反弹。三是天然气的生产与消费均始终保持正的增长速度。[①] 其次，金融危机发生后，受国际能源市场环境变化的影响，中国能源进出口也发生了变化：一是从煤炭净出口国转变为煤炭净进口国，其原因是国际国内市场上煤炭价格倒挂，国内煤炭受到政策和天气的影响价格居高不下，而国际上煤炭价格却相对低廉。二是成品油由净进口转变为净出口。由于国内在原油加工上投资过快，2009 年中国成为仅次于美国的第二大炼油国，产能过剩，供大于求。这样必然会导致中国原油进口量提升和成品油出口。中国煤炭和石油进出口在短期内出现的变化，值得我们思考。这些变化除去政治因素外，价格可以调节能源产品的流向，能源贸易也可以通过价格来调整。所以，能源价格机制不仅会对中国能源工业产生巨大影响，而且对能源安全也会产生影响。现在判断

---

① 史丹：“国际金融危机以来中国能源的发展趋势、问题及对策”，《中外能源》2010 年第 6 期。

中国的能源安全问题不能仅从中国能源对外依存度高这一单一的方向，中国炼油能力提升造成的出口依存度问题也应该纳入考虑之中，因此中国能源安全问题既涉及能源供应的安全，也涉及能源出口的安全，能源安全问题更加复杂化。最后，在金融危机的影响下，清洁能源的投资研发成为热点。中央政府加大对燃气、电力、热力的投资力度，电网建设速度明显加快。其实能源投资不仅可以减轻金融危机带来的负面影响，同时也可以减少温室气体的排放，从而实现能源的可持续发展。在国家政策的推动下，清洁能源的投资成为热点。

国际能源格局的调整给中国带来了巨大的挑战，也给中国带来了前所未有的机遇。第一，受金融危机的影响，中国能源企业走向外国并参与国际能源合作，推动了中国能源“走出去”和“多元化”战略的实施。国际油价的下跌使产油国的企业出台了很多优惠政策以吸引国际资金，而中国能源企业在政府的支持下资金充足，在参与国外并购与合作中具有优势。能源消费是刚性的，它不受一国资源禀赋的影响，对比世界上的发达国家，中国在实现工业化的阶段，其消耗的能源与工业化发展的速度基本是成正比的。认识到需求的刚性问题和能源安全的日益脆弱后，中国能源战略的选择就很清楚，金融危机下的机会也就更多。就安全性来说，把石油放在自己的后院，比放在别人家里一定要安全得多。第二，石油不是一般的商品，它具有战略属性，往往与一国的国家安全相联系。在这种情况下，中国的海外并购困难重重。但是在金融危机的背景下，外国能源企业急需资金支持，对中国能源企业的态度由开始的疑虑变为积极谋求合作，希望在合作中摆脱困境，从而为中国实施“新能源安全观”创造了条件。第三，金融危机发生后，油价大落，为中国建立石油战略储备工作创造了有利的条件。在中国，能源储备有两种策略：一种是保护现有已经探明的石油、煤炭、天然气等矿藏，禁止开采；一种是通过国际市场进口原油等进行战略储备。在金融危机的影响下，国际油价大跌，中国石油战略储备的最佳时机已经来临。此时进行储备，一方面可以大幅降低储备成本，国际上的能源大宗合作和交易也相对容易；另一方面当国际油价下行趋势明显之时，中国进行战略石油储备可以减少关于中国进行国际石油投机的负面炒作。金融危机的背景下，美元贬值的危险性大增，中国拥有世界上最庞大的外汇储备，通过购进石油，可以降低巨额外汇储备损失巨大的风险。

金融危机之时，中央4万亿财政刺激计划彰显了中国政府与危机斗争的决心。伴随金融危机爆发而来的是全球油价的大幅回落，这使得中国能源供需矛盾大大缓解，同时也让国内有实力的油气公司可以更好地把握国内外两个油气市场，为石油公司发展油气勘探技术服务市场提供机遇。中国应利用在石油开发方面的先进技术、充足资金和丰富人力资源优势，积极开展国际油气合作与并购，扩大国家和商业石油储备，理顺国际石油价格形成机制，推动油气勘探开发技术服务于市场发展。中国应立足长远，抓住当前机遇，尽管中国石油公司取得的成绩突出，但还是不能完全保证国家油气资源供给安全。从长远角度考虑投资的重点和方向，有助于增强中国能源行业的核心竞争力，使之能更好地应对突发危机。

虽然能源生产和消费具有很强的外部特性，但是市场并不能解决所有问题，完全依靠市场的调节不能有效地减少能源生产安全和环境污染等问题，必须要通过一些辅助手段，例如行政和法律手段。要制止乱采乱挖，对于破坏能源和生态环境可持续发展的企业要综合利用经济、法律和行政手段进行严惩。虽然中国在2006年实施了《可再生能源法》，给了能源事业的发展以很大的支持，但中国能源问题的突出存在仍与能源法律法规的不完善密切相关。一方面，中国能源法律体系的改革方向与WTO能源体系还有很多不相适应之处；另一方面，国内的法律法规之间，以及能源法与其他相关法规之间仍存在不一致甚至冲突等问题。因此，建立健全中国能源相关法律法规体系的任务十分紧迫。

五、后危机时代的能源战略

金融危机导致的全球经济衰退，使得全球能源格局发生了深刻变化，经济发展方式不平衡的问题显现出来。虽然短期内的能源生产消费减少，温室气体排放随之减少，但是从长远来看，世界能源供需矛盾正在凸显，能源发展面临新的挑战和机遇。

后金融危机时代，中国能源安全问题包括：第一，中国的工业化、城市化、国际化进程在改革开放的30多年时间里得到空前的发展，其主要原因是中国以市场和出口为导向的经济模式促使经济快速发展。在中央要求在2020年全面建成小康社会的总目标下，中国能源需求必然会持续增长。2009年中国的能源消费增量占世界的一半以上，而且能源利用率低下，能耗过高。中国科学院的研究报告运用多地区投入产出的能源需求情景分析模型，在考虑了中国影响能源需求的各种主要因素的基础上，预测了中国2020年的能源需求。结果表明，2020年中国能源需求量将达到28.88亿—38.80亿吨标准煤，届时原煤缺口约为3.21亿—11.74亿吨，石油和天然气均存在巨大的缺口。因此，能源是中国当前和今后相当长一个时期内制约经济社会发展的突出瓶颈，直接关系到全面建设小康社会的目标能否顺利实现。[①] 第二，中国石油的对外依存度高，且其进口的主要来源是政治社会不稳定的中东和非洲，绝大部分石油的海上运输还需通过马六甲海峡，这直接增加了中国石油运输的不稳定性，能源供给安全受到威胁。第三，中国能源消费结构以煤炭为主，清洁能源的开发与利用比例又低于世界主要大国。技术上的缺陷使中国煤炭的利用效率很低，不仅浪费了大量的自然资源，又使环境遭到破坏。第四，中国对新能源的开发利用受到技术上的制约，可再生能源在中国消费结构中的比例相比发达国家差距很大。可再生能源在中国未得到高效充分的利用。根据中电联快报的数据和初步分析：截至2011年底，全国并网可再生能源发电装机容量达到5159万千瓦，占总装机容量的4.89%。其中并网风电4505.11万千瓦，约占并网可再生能源发电装机的87.33%；并网太阳能光伏装机214.30万千瓦，约占4.15%；并网生物质发电装机436.39万千瓦，约占8.46%；地热能发电装机2.42万千瓦，海洋能发电装机0.6万千瓦。2011年，中国并网可再生能源发电量933.55亿千瓦时，约占总发电量的2%，节约标煤2885万吨。[②] 相比美国，中国对可再生能源的使用仍然不够乐观。美国劳伦斯·利弗莫尔国家实验室根据美国能源信息管理局的数据，于近日公布了

① 徐冬青："后金融危机时代中国能源安全战略体系的构建"，《世界经济与政治论坛》2010年第6期。

② 史文倩、张晓玉："我国可再生能源基本情况"，北京大学能源安全与国家发展研究中心，2012年第6期。

反映美国能源生产和消耗走向的2011年美国能流图。该图数据显示，2011年美国能源消耗总量比2010年略有减少，但可再生能源消耗却显著增加。2011年，美国可再生能源（如风能、太阳能、生物质能、地热能）的消耗量比2010年有所增加。美国风能消耗量由0.92千万亿英热单位（1英热单位相当于1.055千焦耳）增加到1.17千万亿英热单位，增长了27%。太阳能由0.11千万亿英热单位增加到0.158千万亿英热单位，增长了43.6%。生物质能由4.29千万亿英热单位增加到4.41千万亿英热单位，增长了2.7%。地热能由0.21千万亿英热单位增加到0.226千万亿英热单位，增长了7.6%。2011年，美国一次能源消耗总量为97.3千万亿英热单位，稍低于2010年的98千万亿英热单位。2011年美国可再生能源占能源消耗总量的9.4%，而2010年只占8.2%。考虑到能源消费结构转变的复杂性，可再生能源占能源消耗总量的比例在一年中能上升1.2%，可以说是一项非常巨大的成就。[①] 美国可再生能源在2011年的消耗量大幅增加，主要得益于政府能源政策的引导。美国通过加大科研投入，同时给予投资者以优惠的国内税收政策，使最近几年太阳能和风能等可再生能源在总能源消耗中的比例大幅提升。美国希望通过提高可再生能源的使用来确保美国的能源安全，使之在未来能成为美国经济发展的动力。

通过以上分析可知，在后金融危机时代，中国能源安全的形势不容乐观，中国应该积极构建能源安全体系。首先，中国政府应该利用外交手段，寻求国际上的油气来源，加强海上运输线的建设，积极同周边国家建立能源合作关系。与中国接壤的俄罗斯及中亚国家的能源矿产资源非常丰富，特别是油气资源。俄罗斯是油气资源大国，石油探明储量为65亿吨，占世界探明储量的12%—13%；天然气蕴藏量为48万亿立方米，占世界探明储量的1/3，居世界之首。[②] 中国可通过国际合作，实现能源进口的多元化，降低过分依赖中东石油的不利局面。其次，在金融危机的有利背景下，加快建立石油战略储备体系。这方面中国应该借鉴欧美发达国家和诸如巴西、印度等新兴经济体的经验，提高中国应对国际油价大幅波动或石

---

① 王心见："美国可再生能源消耗显著增加"，《科技日报》2012年11月2日，http://www.sgcc.com.cn/xwzx/nyzx/2012/11/282862.shtml。

② 王军："全球化背景下的中国能源战略"，《鄱阳湖学刊》2012年第4期。

油供应中断的能力。中国石油储备下一步的发展计划应是进一步完善石油储备制度，合理石油储备布局，丰富石油储备方式，降低石油储备成本，逐步形成符合中国国情的石油储备体系。① 在后金融危机时代，中国既要着眼于应对当前的危机，又要着眼于从战略角度抢占未来经济发展制高点，在能源和气候上争夺主导权和发言权。后金融危机时代，许多发达国家把发展新能源作为应对金融危机危害的重要手段。2008 年奥巴马政府提出 7000 亿美元的经济刺激计划，将发展新能源作为摆脱经济衰退、抢占未来发展制高点的战略产业。欧盟、日本等经济体也都把发展新能源作为应对经济危机、扩大就业、防止气候变暖的重要手段。欧盟推进可再生能源计划，将新增投资 300 亿欧元，创造 35 万个就业机会。德国计划在 2020 年之前，使可再生能源领域的就业规模超过汽车产业的就业规模。英国政府在 2020 年前将提供 1000 亿美元新建 7000 座风力发电机组，新增就业 16 万人。②

能源是一国发展的基础和先行条件，关系到经济建设和国家安全的大局。中国是人口大国，同时也是能源消费大国，确保中国能源供应安全是关系到社会主义建设成败的关键。中国必须科学合理地建设本国的能源战略体系，保障好本国的能源供应安全，从而维护本国的社会稳定与经济安全。

第二节　印度海外能源战略的演变

一、印度国内能源安全状况

（一）国内严峻的能源供需状况

印度是世界第五大、亚洲第三大能源消费国，但是从能源资源的状况

---

① 赵芳：“中国能源政策：演进、评析与选择”，《现代经济探讨》2008 年第 12 期。

② 王浦、朱虹、沙淑清：“金融危机下的中国能源消费政策与发展”，中国科技论文在线，http：//www. paper. edu. cn。

来看，印度却是一个能源贫乏国家。除了煤炭储量相对丰富外，印度的战略能源石油和天然气储量都非常有限。[①] 根据英国石油公司的统计显示，印度 2008 年的石油探明储量只有 80 亿吨，只占世界已探明储量的 0.5%。[②] 虽然印度国内有两个比较重要的石油储备地，分布在远离孟买的深海区以及阿萨姆邦的海岸，但是国内并没有大的油田。经过 56 年的努力，近些年来印度在拉贾斯坦邦发现了新的油区，但仍不能满足国内的需求。而且近年来，印度国内的石油生产能力也有所停滞，每天的生产量仅为 64.2 万桶（不及尼日利亚日产量的 1/3）。根据印度地质专家的判断，尽管在印度深海区发现了天然气，但在印度开采出石油的可能性很小。[③] 专家预测，如不能及时发现新的油田，印度现在的探明储量只能用到 2016 年。[④] 目前印度天然气已探明储量为 3.18 万亿立方米，仅占世界已探明储量的 1.7%，最多也只能开采 21 年。[⑤]

石油和天然气储量的不足，直接导致产量的不足和增长速度的缓慢。据印度政府的统计数据显示，2000—2001 年度印度的原油产量是 3242.6 万吨，2006—2007 年度的原油产量为 3398.8 万吨，5 年时间仅增长了 4.8%，2007—2008 年度的原油产量仅增至 3411.7 万吨（见表 3—2）。印度 2008 年的原油产量仅占世界产量的 0.9%。[⑥] 天然气方面，2000 年印度的天然气产量为 264 亿万立方米，2001 仍年保持这一产量。2005 年的产量为 296 亿万立方米，相比 2000 年，5 年的时间增幅也仅为 12%。2008 年的天然气产量为 306 亿万立方米（见表 3—3），仅占世界的 0.6%。

随着印度经济的快速发展，印度对石油和天然气的需求也与日俱增，供需矛盾日渐突出。就原油来说，2000—2001 年度印度的原油供需缺口为 7409.7 万吨，而 2006—2007 年度增长到 11150.2 万吨，增加了一半之多

---

① 陈利君等主编：《孟中印缅能源合作与中国能源安全》，中国书籍出版社 2008 年版，第 83 页。

② British Petroleum, Statistical Review of World Energy, June 2009, p. 6，转引自时宏远：“论印度实施能源外交的条件”，《南亚研究》2010 年第 1 期。

③ Ruchita Beri, “Africa's Energy Potential: Prospects for India”, *Strategic Analysis*, Vol. 29, No. 3, Jul - Sep 2005, p. 379.

④ 崔中亚：“印度加强全球石油布局”，《全球财经观察》2005 年 1 月 31 日。

⑤ British Petroleum, Statistical Review of World Energy, June 2009, p. 22.

⑥ Ibid., p. 6.

（见表3—2），远远高于原油产量的增幅。天然气方面，2003年之前印度国内产量基本能满足其需求，但是从2004年开始其需求量急剧增加。2004年印度天然气的供需缺口达到27亿万立方米，2008年更是达到108亿万立方米，比2004年增长了3倍（见表3—3）。为了弥补国内日益扩大的能源供求缺口，印度只能从国外进口石油和天然气。目前印度石油需求的70%需要进口。天然气需求的17%需要进口。根据印度2006年8月发布的综合能源政策来看，如果印度经济保持8%的增长率，那么到2030年印度石油、天然气和煤炭的对外依存度将分别达到90%、50%和45%。[①]

表3—2 印度的原油产量、消费量和净进口量（单位：千吨）

年度	1990—1991	2000—2001	2006—2007	2007—2008
产量	33302	32426	33988	34117
消费量	51772	103444	146550	156100
净进口量	20699	74097	111502	121670

资料来源：Ministry of Indian Statistics，Energy Statistics 2007，第3、9页；2007—2008年度的数据是根据印度石油和天然气部的数据整理而得的。

表3—3 印度的天然气产量、消费量和净进口量（单位：百万立方米）

年份	2002	2003	2004	2005	2006	2007	2008
产量	27600	29500	29200	29600	29300	30100	30600
消费量	27600	29500	31900	35700	37300	40100	41400
净进口量	0	0	2700	6100	8000	10000	10800

资料来源：British Petroleum，Statistical Review of World Energy，June 2009，pp. 24，27.

（二）能源进口渠道的安全堪忧

印度能源安全状况不但受到国内供需矛盾的困扰，而且能源运输进口也暴露在复杂的地缘政治格局中。对外依存度日渐提高对印度能源安全是一大挑战，但更值得印度警惕的是印度石油进口过于依赖中东地区。印度

① Devika Sharma，Swati Ganeshan，“Before and beyond Energy：Contextualising the India－Africa Partnership”，*Emerging Powers and Global Challenges Programme*，February 2011，p. 5.

石油进口量的65%以上来自海湾国家。[①] 海湾国家石油和天然气储量丰富，而且海湾地区与印度地理上临近，历史联系深远。从经济上来讲，从该地区进口石油是印度的最优选择。但是该地区国家政局不稳，伊拉克战争后美国对该地区石油资源的控制程度进一步加深，加之伊拉克局势和伊朗核问题持续升级等，这些因素均严重影响了海湾国家对印度的能源供应。

对于石油严重依赖进口的能源消费大国来说，铺设能源运输管道至关重要，正如俄罗斯能源问题专家马特维耶夫所说，能源工业长期发展的关键所在不是资源问题本身，而是能源出口的交通运输问题。[②] 但印度的能源运输管道形势堪忧。印度目前计划铺设的4条能源运输管道，[③] 尤其是伊—巴—印能源运输管道，被搁置多年，这里除了美国因素的制约外，还与南亚地区复杂的地缘政治格局有着密切关系。印巴长期不和直接影响着印度能源运输管道线路的铺设。

国内能源供需矛盾的日益突出以及能源进口来源地的单一，给印度的能源安全带来了严峻的现实挑战，因此确保能源供应稳定日益成为印度优先考虑的重点。为了解决能源短缺带来的负面影响，印度从20世纪开始实行能源多元化战略，大力开展能源外交。

二、印度的全球能源资源战略

作为亚洲第四大经济实体，印度70%的能源必须依赖进口，随着其经济快速发展，能源安全成为印度迫切需要解决的问题。于是，印度政府积极开展能源外交，在全世界范围内寻找和开发油气资源。总结起来，其战略主要有三个。

---

① 陈利君等主编：《孟中印缅能源合作与中国能源安全》，中国书籍出版社2008年版，第48页。

② ［俄］B. A. 马特维耶夫：《上海合作组织成员国：以发展的名义互动——中亚国家经济发展的状况和前景》，俄罗斯科学院远东所，2006年，第24页。

③ 印度的4条能源运输管道分别为：伊朗—巴基斯坦—印度；哈萨克斯坦、土库曼斯坦—阿富汗—巴基斯坦—印度；缅甸—孟加拉国—印度；俄罗斯—中国—印度。

（一）加强政府对能源工作的资源整合，积极开展能源外交

印度在石油部内专门设置外交部分支机构，为印度所属各石油和天然气公司在海外开展活动提供便利和政策性指导。政府决定停止国营大型石油和天然气公司的私有化进程，对其进行重组和扩容，提高其参与在国际市场上的竞争力，鼓励其参与海外油气投资与开发。曼莫汉·辛格总理提出要强化和壮大国内的石油公司，使其成为全球性的大公司。印度目前拥有印度石油天然气公司、印度石油有限公司、印度石油公司、印度斯坦石油公司、印度天然气管理局等14家大型国有石油天然气公司。为了避免内部竞争和内耗，提高其参与国际竞争与进军海外市场的能力，政府准备将它们合并成为1到2家超大型石油巨头，或者组成石油联盟。印度政府已经专门成立工作小组研究此事。由印度两大国有石油公司——印度石油天然气公司和印度石油有限公司牵头，负责具体贯彻海外能源战略，争取以合资或独资的方式获得开发海外油气资源的项目。

为了顺利推进海外能源战略，印度大力推行能源外交，并取得成效。印度能源外交采取的是“丁”字型战略，又可分为内环战略和外环战略。内环战略是指向北获取俄罗斯油田开采权，向西建立伊朗到印度的能源安全通道，向东则占有缅甸天然气的大部分出口市场。外环战略则扩展到非洲和拉丁美洲，形成全球能源网络。

就内环战略而言，向北战略是铺设俄罗斯—中国—印度油气管道。为此印度正在全方位发展与俄罗斯的能源合作，2005年印度石油天然气公司宣布已与一家“俄罗斯实体”探讨购买俄罗斯石油巨子尤科斯财团。根据印度石油天然气公司总裁拉哈的说法，未来印度原油进口的1/5将来自俄罗斯，也就是说，每天进口的500万桶原油中，从俄罗斯进口的应当有100万桶。向西战略是铺设伊朗—巴基斯坦—印度油气管道。印度尤其重视与伊朗的能源合作，希望把从伊朗进口石油的水平从目前的500万吨提高到850万吨。20世纪90年代以来，印度拟铺设伊朗—巴基斯坦—印度天然气输送管道，拟建管道全长2600公里，预计耗资35亿美元。2008年8月29日伊朗总统内贾德访问印度时表示，三国将尽快解决和完成与此条天然气管道项目有关的所有悬而未决的问题和协议。印巴双方于2008年8

月25日达成一致，同意2009年启动天然气管道建设。[①] 向东战略是铺设缅甸—孟加拉国—印度燃气管道。20世纪90年代孟加拉国拒绝向印度输送天然气。近年来，印孟、印缅关系发展良好。印度外长辛格2005年3月对缅甸进行了友好访问，与军政府主要领导人举行会晤，并在此之前就修建从缅甸经过孟加拉国到印度的天然气管线问题分别与缅、孟两国进行了接触。印度主要打算从孟加拉国和缅甸进口液化天然气（LNG）或压缩天然气（CNG），主要线路从缅甸的实兑港出发，转而北上，通过印度米佐拉姆和特里普拉地区，过境孟加拉国，最后经由印度加尔各答到达比哈尔邦。塔塔电力公司在孟加拉国开始建造天然气发电厂。为了这条管线，印度已经承诺每年给孟加拉国提供1亿美元左右的过境费用，并准备在水资源问题上作出更大让步，以换取孟加拉国支持其跨国天然气管道建设计划。[②]

而就外环战略的非洲和拉丁美洲而言，无论是非洲还是拉丁美洲传统上都不是印度的外交重点，印度历史上很少有邀请两洲领导人访问印度的记录，印度领导人也几乎很少光顾美国、加拿大以外的西半球国家。但是为了石油，为了印度未来经济高速起飞的长远大计，印度必须把自己的能源战略扩展到中东大油田以外的区域。近年来，印度大力推进与非洲国家的关系。2005年3月委内瑞拉总统查韦斯访问印度，受到印度超规格的接待，且与印度签订了6项协议，使印度获得了委内瑞拉圣克里斯托瓦尔油田49%的开采权。尤其是进入2008年以来，辛格政府更是以前所未有的积极态度推动印非关系的发展。4月主办了首届“印非论坛”峰会，通过了《德里宣言》和《印度非洲合作框架协议》，背后主要原因之一就在于非洲在世界能源地缘政治中的地位越来越重要。

在核能外交方面，印度表现得非常活跃。2006年2月19日法国前总统希拉克访问印度，法印两国签署了关于发展民用核能合作的联合宣言，同意“共同和平开发核能”；2006年3月初美国前总统布什访印，表示愿

---

① 印度驻华大使馆：《今日印度》2006年第1期，第9页，转引自杨思灵、高会平：“印度能源形势与发展趋势分析”，《南亚研究》2009年第3期，第89页。

② 杨思灵、高会平：“印度能源形势与发展趋势分析”，《南亚研究》2009年第3期，第77页。

与印度签署民用核合作协议，2008 年两国正式签署；然后是澳大利亚总理霍华德表示愿意考虑向印度出售铀燃料；俄罗斯也直接抛出向印度提供 60 吨浓缩铀的大合同。

（二）加强与周边国家的能源合作，构建全球能源网络

印度为能将在周边地区获得的油气资源直接、便利地运回本土，拟建三条油气输送管道。第一条是向北修建土库曼斯坦—阿富汗—巴基斯坦—印度天然气输送管线（TPI）；第二条是向西连接伊朗—巴基斯坦—印度天然气管线（IPI）；第三条是向东建设缅甸—孟加拉国—印度天然气管线（MBI）。TPI 是土库曼斯坦—阿富汗—巴基斯坦天然气管道（TAP）的延长线。印度已与土库曼斯坦和阿富汗就该问题进行过几次会晤与磋商。这两国已经接受印度成为 TAP 观察员。印度石油和天然气部长参加了 2005 年 10 月在土库曼斯坦首都阿什哈巴德举行的有关 TAP 第九次会议。2005 年 1 月，IPI 正式启动。该管线长 2775 公里，总投资为 41.6 亿美元，计划于 2009 年完工。同时，印度与伊朗签订了一项为期 25 年的液化天然气贸易协议。根据协议，通过 IPI 管线，印度每年将从伊朗进口 500 万吨液化天然气，总价值达 400 亿美元。该协议于印度 2007—2008 财年开始生效。印度专家认为，通过该管道运送天然气，成本比从海上运输和海底管道运输节约 3/4 以上，且比从海上运输要安全可靠得多。印度已经与缅甸、孟加拉国就启动 MBI 达成初步协议。2004 年，在印度石油公司的帮助下，缅甸在其安达曼海附近发现了天然气，储量高达 14 万亿立方英尺。2005 年 2 月，印、缅、孟三国能源部长在仰光就将缅甸的天然气经孟加拉国直接输送到印度东部的加尔各答达成一致。该管道全长 290 公里，预计总耗资 10 亿美元。管道建成后，缅甸每年向印度供应 600 亿立方米天然气。①

从传统和地理格局上看，中东和海湾地区的石油对印度来说极为重要，该地区拥有世界石油储量的 2/3 和天然气储量的 1/3，而印度 65% 的石油进口量来自该地区。由于中东地区长期处于半战争状态，能源供应安

---

① 秦永红、张伟："印度经济增长与能源消耗的现状与对策"，《南亚研究季刊》2012 年第 1 期。

全系数低，一旦地区冲突升级，印度经济将遭受重大打击。因此，不断增长的能源需求迫使印度开始在全球范围内寻求能源来源渠道的多元化。为此，印度的策略是，稳定中东和非洲两大主要供油区，开辟拉美和俄罗斯新市场。如在俄罗斯竞争油田开采权，在伊朗建能源安全通道，在缅甸大幅占领天然气市场，同时不断向非洲、拉丁美洲拓展能源前线。早在2000年，印度争夺国际能源的序幕就已拉开。迄今为止，印度规模最大的能源公司已投资35亿美元用于海外油气勘探与开发，包括在苏丹、利比亚、缅甸、越南等地获得油气开采或勘探项目的股权。在近东和中东地区，印度与伊朗于2004年1月签署一项400亿美元的协议，规定伊朗每年向印度出口液态天然气500万吨；印度获得伊朗最大陆上油田亚达瓦兰油田20%的股权及日产30万桶原油的朱菲尔油田100%的开采权。在中亚和里海地区，印度已投资15亿美元与俄罗斯共同开发由俄罗斯与哈萨克斯坦合资建设、位于里海的库尔曼加芝油田，该油田蕴藏量约为10亿吨。印度石油天然气公司和印度石油公司投资11亿美元，获得在哈萨克斯坦两个油田进行石油勘探的权利，并购得其中一个油田50%的股份。印度又顺利购买到阿塞拜疆境内一处油田10%的开发股权。在美洲地区，印度与世界第五大石油出口国委内瑞拉积极磋商能源合作及勘探石油和天然气的可能性。委总统查韦斯在出访印期间与印度签署6项协议，其中大部分是能源交易，印度获得委内瑞拉圣克里斯托瓦尔油田49%的开采权；委内瑞拉国营石油公司则将投资印度的一家炼油厂。预计在2015年以前，印度每年还将投资10亿美元于中东、中亚、北非、东南亚和拉丁美洲等地区的油气项目。2007年12月26日印度石油与天然气公司董事会主席R. S. 沙尔马对媒体记者说，该公司正处在最后完成在土库曼斯坦、伊朗、拉丁美洲和西非购买石油和天然气资产协议的过程中，为投资海外油气资产，在6个月内筹集到200亿美元，其中40亿—50亿美元将用于收购伊朗的油气资产。

（三）力图主导促进国际油气价格正常化发展

亚洲各国在购买中东石油时恶性竞争，出现“亚洲溢价”状况。中东国家卖给亚洲国家的油价比卖给美欧国家的油价平均要高出1—2美元/桶，亚洲国家为此每年要多支付100亿美元左右。印度倡议有关油气生产与消费国建立区域性油气市场，确保油气稳定供应与合理供销。印度曾在2005年初举办亚洲石油经济合作部长圆桌会议，中国、日本、韩国、科威特、沙特阿拉伯、伊朗、卡塔尔、阿联酋等亚洲主要石油生产和消费国以及国际能源机构、欧佩克组织、国际能源论坛的代表与会，探讨建立亚洲国家能源对话与合作机制。与会的印度、中国、日本、韩国以及南亚各国同意采取一致立场，共同应对“亚洲溢价”和石油安全问题。

第三节 中印能源的合作与竞争

自20世纪90年代以来，中国和印度两国的经济均获得了显著发展，2010年两国的经济增长率分别达到11.9%和8.6%，被称为继“四小龙”之后亚洲经济的“双引擎”。在世界经济危机导致各国经济不景气的情况下，中国和印度的经济增长速度令世人惊叹。但是伴随着经济的快速增长，国内石油供应不足使得两国寻找石油的压力也越来越大。[①] 为了解决能源短缺和不安全问题，[②] 中印两国采取若干措施，开展积极的能源外交，并取得显著成效。但是在世界能源“僧多粥少”的格局下，两国一度在能源领域陷入恶性竞争的泥潭，两国的能源合作非常有限。在过去，印度普遍认为中印间不能开展能源合作，[③] 但是随着近年来国家间相互依赖的增强，两国开始日益强调从国家战略的高度来看待能源供求的重要性，都意识到在能源领域开展合作是必要的，并且都已开始转变“零和博弈”的海外能源战略。事实上，中印两国已经展开了能源合作，并取得了初步成效。

---

① Toufiq Siddiqi, “China and India: More Cooperation than Competition in Energy and Climate Change”, *Journal of International Affairs*, Spring/Summer 2011, Vol. 64, No. 2.

② 由于石油是保障国民经济发展的重要能源，从长远和全球观点来看，能源问题确切地说是“石油问题”。因此本文所说的能源问题主要是石油问题。

③ 陈利君等主编：《孟中印缅能源合作与中国能源安全》，中国书籍出版社2008年版，第51页。

一、新自由制度主义的国家合作观

随着全球相互依赖增强而兴起的新自由制度主义的最大亮点就是它的合作理论。新自由制度主义者认为，虽然国际体系处于无政府状态，但是国家是统一的理性主体，在理性的指导下，国际社会的成员认识到彼此的合作是实现自身利益的最佳途径，因此他们会努力创设条件达成合作；新自由制度主义撇开了相对收益对合作的限制作用，认为在相互依存和全球化日益发展的今天，诸如金融危机、环境问题、能源问题、国际反恐等问题使得人类“共同利益”（即绝对收益）的领域不断扩大，靠单个国家来解决这些问题是不可能的，因此从这个角度来说，国际合作才是国际关系的实质；另外新自由制度主义尤其重视制度在促进国家间合作方面的作用，认为制度的存在是为了增进共同利益，减少交易成本，使行为者通过协定合作获得各自收益。正如罗伯特·基欧汉曾指出的，“国际制度赋予国家之间进行合作的能力，从而降低交易成本，得到共同利益”。[①] 尽管新自由制度主义也承认国际社会的无政府状态制约国家间的合作，但是各国在“国际制度”的安排下是可以实现合作的。新自由制度主义从各国利益的相互性、互惠战略和制度的意义等角度出发，论证了“即使在缺少中央权威的情况下，追求自身利益的个体（国家）行为也会导致合作局面的出现”。[②] 国家之间的冲突是很有可能的，但如果双方认识到合作能使双方都得到实惠，并且是在国际制度的协调下，国家之间的合作就不仅是可能的，而且是稳定的。中印两个正在崛起的发展中大国在能源领域的竞争与合作是这种国家合作观在国际关系实践中的现实体现。

---

① Robert Keohane, “International Institutions: Can Interdependence Work?” *Foreign Policy*, Spring 1998, p. 82.

② David Baldwin, *Neorealism and Neoliberalism: the Contemporary Debate*, Columbia University Press, 1993, p. 85.

二、中印两国的能源竞争与合作

中印两国都面临着严峻的能源形势。为了缓解能源紧缺，两国都进行了积极的能源外交，在向世界各地寻油的过程中，中印两国既有竞争也有合作。

（一）中印两国的能源竞争

国际社会是无政府状态的，为追求自身利益，民族国家间发生冲突是很有可能的，新自由制度主义承认国家间的冲突在国际社会中是常态。随着中印两国近年来对能源需求的激增，两国都强调能源安全对本国经济发展的重要作用，并且为本国的能源安全作出了积极的外交努力。据彭博社（Bloomberg）报道，印度总理曼莫汉·辛格在新德里举行的2005年石油会议上发表讲话时表示，印度政府将对国有的石油公司进行重组，从而使它们可以在国际市场上更好地与中国公司竞争。[①] 为确保能源来源多元化，印度除了加强与其石油主要来源国——海湾国家的能源关系外，还加大在安哥拉、苏丹、尼日利亚等非洲国家的投资，而这些地区也是中国石油公司开展合作的重点。据西方学者说，中国寻找石油储备的足迹已经遍布全球。[②] 中印两国都把中东、沙特阿拉伯、伊朗以及俄罗斯作为本国主要的石油来源国。随着近年来两国寻油活动的展开，中印两国在能源领域的竞争也屡被报道。

首先是对海外上市公司的竞购。突出表现在2005年中印两国对哈萨克斯坦石油公司的争夺。2005年中国最大的石油集团出价32亿美元竞购中亚石油生产商哈萨克斯坦石油公司，而印度石油天然气公司也投标竞购该石油公司，最后是印度石油公司输给了中国石油公司。

其次是中印两国在寻求海外能源开采权上的竞争。突出表现在西非安

---

① 胡庆亮：“‘能源三角地区’与中印能源竞争和合作”，《国际论坛》2005年第5期，第40页。

② Matthew Hulbert, “Chindia: Asia's Energy Challenge”, *Public Policy Research*, September－November, 2010, p. 152.

哥拉和厄瓜多尔石油开采权上，中印两国的石油公司展开了激烈较量。[①] 2011年9月中印两国再次卷入南海石油问题争端。尽管中国一再警告印度国有石油公司（ONGC），其与越南的联合勘探计划是侵犯中国主权的行为，但印度态度强硬，声称印度将继续它在南中国海的油气勘探。[②]

第三是经济、政治外交手段的运用。中印两国在寻求海外能源的过程中竞争异常激烈，两国充分运用了各自的经济、政治外交手段。中国利用其经济优势，不断加大与能源大国的经贸关系，向发展中国家提供巨额贷款，甚至考虑以油气易货的方式来保证中国油气来源的多元化。典型的例子是，在中印两国竞争缅甸的天然气开发过程中，中国利用中缅友好关系的政治优势，向缅甸提供8400万美元援助，使得中国成功进军缅甸的天然气市场。同样，印度也充分利用与能源三角地区的地缘优势，加强其与这些国家的政治军事关系。同时从2007年起，印度也加大了向非洲国家的进军力度，大力发展与非洲国家的贸易关系，加大在非洲国家的投资力度。截至2009年3月，印度对非洲国家的投资将近23亿美元。同时，印度还承诺对非洲34个国家实行免关税计划。[③]

（二）中印两国在能源领域的合作

1. 两国能源合作的必要性

面临着日益紧张的能源需求，中印两国在能源领域开展竞争是在所难免的，但是在一个高度依存的世界，国与国之间完全竞争的“零和博弈”规则显然是无法维持的，在新自由制度主义指导下，国家理性的选择是进行合作。尤其是在能源这一特殊领域，参与者之间的竞争异常激烈，这种“你死我活”的竞争现象是不符合两国利益的，中印两国在能源领域开展

---

① 陈继东、周任：“中国和印度在石油供给新来源上的竞争”，《南亚研究季刊》2005年第3期，第16—17页。

② Jayanth Jacob, “Assertive India firm on its South China Sea stand”, Hindustan Times, November, 2011, http://www.hindustantimes.com/world-news/RestOfAsia/Assertive-India-firm-on-its-South-China-Sea-stand/Article1-771123.aspx.

③ Fantu Cheru, Cyril Obi, “Chinese and India Engagement in Africa: Competitive or Mutually Reinforcing Strategies?” *Journal of International Affairs*, Spring / Summer 2011, Vol. 64, No. 2, p. 99.

合作很有必要。

首先，两国恶性的能源竞争让双方付出了高昂的经济代价，这是中印两国能源合作的最根本原因。确保能源安全的策略之一就是获得海外的能源资产。中印两国石油公司在海外竞标，无论哪一方取得胜利，中印两国都付出了高昂的经济成本，而最终获益的总是卖家。例如，在中印竞购安哥拉油田上，中国最终以 20 亿美元的高价才从印度手中夺得安哥拉油田。[①]

其次，石油价格的上涨对两国经济造成的负面影响以及“亚洲溢价”的存在也使两国加强能源合作成为现实选择。近年来，进口石油的激增以及国际油价的猛涨，消耗了印度大量宝贵的外汇资产，给印度外贸平衡造成了沉重负担。据亚洲发展银行统计，油价短暂上升到每桶 50 美元，印度的 GDP 将下降 1.1%，贸易平衡（占 GDP 比率）将下降 0.1%。[②] 同样，中国也是如此。国际著名的金融顾问公司摩根斯坦利的研究表明，国际原油价格每上涨 1 美元/桶，中国的 GDP 将损失 0.06%。[③] 而且，长期以来在能源领域存在着“亚洲溢价”，亚洲国家石油进口价格要远远高于欧美国家的石油进口价格，这给两国带来巨大经济损失。如果两国进行能源合作，或许会如加拿大阿尔伯塔大学研究亚洲能源的学者姜闻然所说，“如果这些亚洲国家联合起来来影响阿拉伯国家的能源政策，那么这将是一个令人生畏的新的能源集团”。如此，或许会如印度石油部长艾亚尔所说，“中国、印度、韩国和日本通过联合可以更好地与石油输出国组织议价”。[④]

再次，中印两国联手进行能源合作可以减轻来自发达国家的竞争压力。油源地相近使得两国都很重视发展同“能源三角地区”[⑤] 的外交关系。

---

① Toufiq Siddiqi, “China and India: More Cooperation Than Competition in Energy and Climate Change”, *Journal of International Affairs*, Spring/Summer, Vol. 64, No. 2.

② Federation of Indian Chambers of Commerce and Industry, Impact of High Oil Price on Indian Economy, 2005, pp. 25 – 27, 转引自柳树：“国际油价上涨对印度经济的影响”，《当代亚太》2007 年第 9 期，第 62 页。

③ 张芃：“国际石油价格上涨对中国经济的影响”，《国是论衡》2005 年第 1 期，第 20 页。

④ Manjeet Kripalani, “India and China: Oil – Patch partner?” International Outlook, February 7, 2005, p. 53.

⑤ “能源三角地区”是指海湾、里海和西西伯利亚地区，这一地区又被称为“能源椭圆形地区”，是世界能源供应的心脏地带，其石油和天然气储量占到了世界的 70%。

两国与中东、里海以及俄罗斯远东地区进行了积极互动，在拓宽能源来源方面取得了丰硕成果。但与国际大石油公司相比，中印两国的国有石油公司在资本、技术和管理经验等方面都存在较大差距，因此如果两国在“能源三角地区”联手，则可以增加与发达国家进行竞争的筹码。

最后，两国的能源战略也要求两国加强合作。目前印度为实现能源进口的多元化，计划构建以下 4 条管道路线：伊朗—巴基斯坦—印度；哈萨克斯坦、土库曼斯坦—阿富汗—巴基斯坦—印度；缅甸—孟加拉国—印度；俄罗斯—中国—印度。前三个方案虽然和中国没有直接关系，却有着间接联系。三个方案被搁置多年，除了美国的牵制因素外，还与印巴、印孟之间的互不信任有关。中国与巴、缅、孟以及中亚的哈萨克斯坦都有着良好关系，因此在规划这些路线时，印度对中国因素予以重视是必要的。而对中国来说，陆上能源通道计划中的“西线”和“西南线”[①] 均涉及南亚国家，可以说南亚在中国能源外交版图中是一颗重要的棋子。作为南亚最大和最具影响力的国家，印度对中国的能源战略意义非同一般：一方面，在马六甲海峡东口的要冲新加坡，美国建有军事基地，日本对南海的觊觎之心日益显现，海峡东端的境况显然对中国不利。与印度加强合作虽不足以从根本上摆脱“马六甲困境”，但至少可以使海峡西端的境况稍稍得以改善。另一方面，外媒所宣称的所谓中国的“珍珠链战略”已引起印度的关注和警惕。由于印度洋在中国的海运中占有重要地位，因此中国有必要消除印度的猜忌心理，加强与印度的能源合作，从而为中国的印度洋航道创设一个相对安全稳定的环境。可以说，印度在陆路上依靠中国，而中国在海陆上有求于印度，因此从这方面来说，中印两国在能源领域可以打破权力政治规则而以一种新的方式进行合作。[②]

权衡利弊后，中印两国开始意识到在能源领域开展合作是很有必要的。2006 年 1 月，印度石油天然气部长艾亚尔率领印度主要石油公司负责

---

① 所谓“西线”即中哈输油管道，涉及南亚的印度、巴基斯坦和中亚的阿富汗、土库曼斯坦等国家；“西南线”即通过印度洋，从缅甸进入云南，涉及印度、孟加拉国、斯里兰卡和东南亚的缅甸等国。参见戴永红、秦永红：“中国与南亚能源合作中的地缘政治战略考量”，《四川大学学报》2010 年第 2 期，第 78 页。

② Manjeet Kripalani, “India and China: Oil – Patch Partners?” International Outlook, February 7, 2005, p. 53.

人对中国进行了访问。其间，两国签署了《能源合作谅解备忘录》。根据该备忘录，两国将鼓励双方企业联合进行勘探与生产、参与开发第三国油气资源、参与对方现有油气田的生产。2006 年胡锦涛主席访问印度期间，高度强调两国在能源领域要积极开展合作，双方同意要更好地贯彻执行 2006 年 1 月签订的备忘录。[①] 政府间的支持为中印能源合作奠定了坚实基础。

2. 两国能源合作的方式

目前两国在能源领域的合作主要表现在以下三个方面：首先是联合竞购和联合开发。目前中印两国在一些石油联合竞购方面已经取得了实质进展。两国的国有石油公司都把向海外投资看作是确保本国能源安全的重要方式，两国越来越多地对同一国家进行投资，而对这些国家上游的投资风险较大，因此通过联合竞购获得股份对两国都有吸引力。[②] 印度石油部长高度强调两国联合竞购海外能源的重要性，“我们两国都是石油进口国，我们必须联合竞购以便节约资金”。[③] 中印合作的首个例子是两国在 2004 年 12 月联合中标，中国石油天然气集团与印度石油天然气公司（ONGC）联手以 5.73 亿美元的价格购得加拿大石油公司在叙利亚的阿富拉特油田（al - furat oil）37% 的股份，这意味着中印两国每天可以获得 7 万桶石油，相当于叙利亚每日石油产量的一半。2006 年 8 月，中印两国石油公司再度联手以 8 亿多美元买下哥伦比亚一油田 50% 的股份。

在联合开发方面，第一个例子是两国在苏丹石油领域的合作。西方石油公司从苏丹撤退后，苏丹达尔富尔地区陷入内乱，这给中印两国联合在这一地区开发石油资源提供了机遇。由于中印两国联手，中国国有石油公司（CNPC）最终获得了尼尔石油项目（Nile Oil Project）40% 的股份，印度石油天然气公司（ONGC）获得了 25% 的股份。在伊朗亚达瓦兰油田（Yadavaran oil）开发方面，中印两国于 2004 年 10 月达成一个初步协定，

---

① P. R. Kumaraswamy, “India's Energy Cooperation with China: The Slippery Side”, *China Report* 43, 3 (2007), p. 349.

② Bhupendra Kumar Singh, “Energy Security and India - China Cooperation, International Association for Energy Economics,” First Quarter 2010, p. 18.

③ P. R. Kumaraswamy, “India's Energy Cooperation with China: The Slippery Side”, *China Report* 43, 3 (2007), p. 350.

根据该协定，中石化获得该油田51%的股份，印度石油天然气公司（ONGC）最终拥有20%的股份。2010年2月，维德什和印度天然气管理局宣布分别向中缅天然气管道投资1.68亿美元和8388万美元，从而拥有了该管道8.35%和4.17%的股份，中石油占该项目50.9%的股份。在俄罗斯的油气资源方面，中、俄、印三国开展了切实的合作。[①]

其次是中印两国谋求在更大范围的能源框架下进行合作。由于过去亚洲能源合作程度很低，中东地区在同一时间出口到亚洲国家原油的价格要普遍高于出口到欧美国家的价格，这给亚洲国家购买原油带来了一定压力。近年来，亚洲国家开始寻求在更大范围内的能源合作框架下开展合作，以消除“亚洲溢价”对本国经济的负面影响。例如，2004年11月印度邀请中国、日本和韩国的代表到新德里参加会议，希望集体与中东石油供应商谈判，以便降低油价。2005年初，印度举办首届亚洲石油经济合作部长圆桌会议，邀请亚洲较大的能源消费国如中国、日本、韩国和马来西亚参加，希望制定一项能源战略以减轻国际能源市场的变幻莫测给本国造成的影响。2006年12月16日，中、美、日、韩、印5个能源消费大国的能源部长在北京开会，共同探讨如何维护国际能源市场的稳定和能源安全问题。[②] 虽然这都是在亚洲范围内举行的会议，但它却是印度与中国进行能源合作战略的明显信号。[③] 在2009年12月召开的哥本哈根气候变化大会上，中国、印度、巴西以及南非金砖国家共同致力于维护发展中国家的利益，试图打破西方国家在能源领域占绝对支配地位的格局。

另外值得一提的是，2005年7月5日上合组织在哈萨克斯坦首都阿斯塔那峰会上接纳了印度、巴基斯坦、伊朗为观察员国，扩大后的上合组织是世界能源供应的心脏地带。而且，在上合组织框架下建立的区域能源合作机制提出了新的能源合作议题，例如协调体系内各成员国的能源政策与投资方向、构建区域内能源信息沟通的平台、共同推动油气网体系的建设

---

① 陈利君等主编：《孟中印缅能源合作与中国能源安全》，中国书籍出版社2008年版，第92页。

② 同上书。

③ P. R. Kumaraswamy, “India's Energy Cooperation with China: The Slippery Side”, *China Report* 43, 3 (2007), p. 350.

等。在南盟框架内，中国于2006年成为南盟观察员国，这将会推动中印两国在能源领域的合作与交流。

再次是在能源运输和能源上、中、下游市场也有了合作的迹象。其一，在管道建设方面，印度开始意识到中国对印度管道建设的重要意义和作用。在印度天然气建设的“三线计划”中，其中有两条必须经过巴基斯坦，但印巴对峙致使印度与伊朗筹划的天然气管道已被搁置10多年。近年来印度开始希望中国加入该管道的建设中，并提出将天然气管道修至中国的建议。由于中国与巴基斯坦的全天候关系，印度认为中国的加入将会为管道建设增加安全系数。对此，中国也表现得比较积极。2008年，中国外交部长杨洁篪还公开宣布中国的立场，“中国正在认真研究巴基斯坦关于伊—巴—印能源管道建设计划的提议”。[①] 不管这愿望能否实现，它至少表明印度已经开始把中国拉入其管道建设的计划中来。其二，在能源上、中、下游市场方面，印度石油燃气公司同中国石油燃气集团公司于2006年签署了一份包括勘探和生产的谅解备忘录；印度斯坦石油有限公司和中国石油化工股份有限公司在国际贸易、开发与生产、精炼与石油化学制品以及顾问服务等方面签署了一份协定；2007年初，印度天然气管理局与中国燃气控股有限公司联手在百慕大注册成立了分别持股50%的合资公司“中印能源公司”。该公司主要致力于压缩天然气业务，如在中国或印度市场承接建设城市天然气供应网络，采购、进口或销售液化石油气、液化天然气和压缩天然气以及其他有关的燃料。新公司也有意进一步开拓中国天然气下游市场的商机。此外，中印能源公司还计划涉足勘探、开采和生产项目，比如在中国、印度或其他国家投资煤层甲烷生产项目。[②]

三、中印能源合作面临的制约因素

新自由制度主义虽然认为合作是国际关系的实质，但其关于合作的理

---

① Stephen Blank, “Will China join the Iran - Pakistan - India Pipeline”, *China Brief*, *Vol.* 10, *Issue* 5, *March* 5, 2010.

② 张立：“浅论中印能源合作”，《国际问题研究》2008年第1期，第27页，转引自时宏远：“竞争、合作、独立发展——基于中印能源发展模式的比较研究”，《贵州财经学院学报》2011年第4期，第71页。

论框架是有前提条件的，“其核心部分是利益趋同，即国际关系中国家利益趋同的情形构成了国际合作的基础”。[①] 目前新自由制度主义指导下的中印在能源领域的合作是相当有限的，这主要是受到以下因素的影响：

首先是中印两国政治互信程度不高。这是制约两国能源合作的深层次因素。历来具有浓厚大国思想和追求与中国平起平坐思想的印度在心理上视中国的崛起为最大威胁。[②] 新自由制度主义认为，欺骗是阻碍理性的国家间进行合作的最大障碍。虽然国际制度有助于克服这一障碍，但是中印间的机制化建设还不够完善，两国的双边高层战略性磋商并未真正形成一种固定的机制。[③] 在美国、俄罗斯有意拉拢印度制衡中国的背景下，中印之间的战略对话不足以阻止中印在能源领域进行竞争。而且两国的利益关切也存在差异，印度联合其他国家共同开发南中国海油气，而中国把南中国海看作是自己的核心利益，开发南中国海涉及中国的领土领海问题。对南中国海的不同认识也制约着中印两国在南中国海油气资源上的合作开发。

其次是美国等外部因素的制约。美国把印度看作是对己威胁较少的国家，但一直以来就把中国作为最大的竞争对手进行制衡和防范。在伊—巴—印能源管道建设上，美国对印度施压，阻止印度加入该能源管道。同时，美又发展与印度的民用核合作，阻止其与中国的能源合作。如西方所说，中国与印度的能源合作不会如印度领导人所希望的那样，而是会深受美国因素的影响。[④]

最后是安全问题和运输成本因素。例如，2005 年印度计划把伊—巴—印输气管道通到中国，该项目预计耗资 41 亿美元，中国对此建议给予了积极响应，但是从运输安全和运输成本来看，却存在着不能不考虑的现实问

---

① ［美］罗伯特·O. 基欧汉著，郭树勇译：《新现实主义及其批判》，北京大学出版社 2002 年版，第 2—3 页。

② 蔡定昆、骆华松：“论中印地缘政治关系下云南与印度区域经济合作”，《世界地理研究》2006 年第 6 期，第 19 页。

③ 张力：“中印战略对话：探索中印战略互动机制及其制约”，《南亚研究季刊》2009 年第 3 期，第 7 页。

④ P. R. Kumaraswamy, “India’s Energy Cooperation with China: The Slippery Side”, *China Report* 43, 3 (2007), p. 352.

题。首先，该输气管道经过巴基斯坦俾路支省，该省恐怖主义活动泛滥，这一点使得印度很是担心该管道的安全性。[①] 其次，在运输成本上，中国主要的能源消费市场多位于东南沿海，而该运输管道从中东经南亚进入云南后，距离中国的能源消费市场还有很长的一段距离。有专家称，铺设这样的管道要比海上运输的成本还要高出许多。因此从这两方面来说，目前该项目很难取得进展。

四、结语

上述理论和实践表明，中印能源领域的竞争和合作符合新自由制度主义的基本观点。虽然中印之间的能源合作仍有一些制约因素，但是中印两国意识到，在相互依赖的国际社会中，开展能源合作是大势所趋，国家必须致力于能源领域的双赢。而事实上，中印两国的能源合作不仅有利于缓解两国的能源短缺问题，更为重要的是对两国长期的能源战略极为有利。中印两国不仅要加强上游领域的开发和开采，也要加强下游诸如原油精炼、石油化学产品、石油产品的销售以及城市天然气的运输等方面的合作。[②] 在合作的过程中，中国一方面要借鉴印度的做法，如召开亚洲能源部长圆桌会议等，积极提出自己的倡议和议题，为建立亚洲能源合作机制建言献策，争取在严峻的能源形势下实现本国的利益诉求；另一方面，要加强与印度的政治互信，减轻印度的猜疑，避免印度联合美国、日本等国家来防范中国而使得中国与南亚、海湾国家的能源管道建设受到外界因素的制约。

---

① Stephen Blank, "Will China Join the Iran - Pakistan - India Pipeline", China Brief, Vol. 10, Issue 5, March 5, 2010.

② Bhupendra Kumar Singh, "Energy Security and India - China Cooperation", *International Association for Energy Economica*, First Quarter, 2010, p. 19.

第四章

中印在中东地区的能源战略

中国和印度是两个能源消费大国，而中东是一个能源产量最大的地区，这就为中国、印度和中东地区的海外能源合作提供了契机。本章从地缘政治经济的视角来探索中国、印度与中东地区的能源关系，首先从地理位置和政治环境、丰富的能源三方面分析了中东的地缘政治经济特征及中东的能源政策，继而在中国和印度能源极度缺乏的背景下提出了中印对于中东地区的能源战略选择。

第一节　中东地区的地缘政治经济特征

一、重要的地理位置

“中东”是20世纪才开始出现的一个政治地理区域名词。狭义的中东仅指伊朗和阿富汗，广义的中东则包括埃及、巴勒斯坦、叙利亚、伊拉克、约旦、黎巴嫩、也门、沙特阿拉伯、阿拉伯联合酋长国、阿曼、科威特、卡塔尔、巴林、土耳其、塞浦路斯等国家和地区。中东连接欧、亚、非三洲，对直布罗陀海峡、西西里海峡、苏伊士运河、曼德海峡、霍尔木兹海峡都有着重要的影响，是国际上海陆空的交通要道。由于其地理位置，中东被称为“三大洲交接处”、大陆“交叉路口”和“五海三洲之地”等。中东不仅是世界上重要的交通枢纽，也是东西方文化交流、经济往来的重要桥梁，因此中东具有极其重要的商业和战略地位。中东也因其丰富的石油资源而被称为“世界石油金库”。中东的地理位置和丰富的资源决定了其在中国和印度海外战略占据重要地位。

二、动荡不安的环境

第二次世界大战结束后，中东地区没有一个地缘重心国支撑着稳定的国际关系结构，中东地区长期处于动荡不安中。1948 年、1956 年、1967 年分别爆发了三次中东战争，1990 年爆发了海湾战争。除了这种大规模战争外，还不时发生局部地区冲突。造成中东地区动荡不安的主要原因如下：

（一）美国的中东政策

中东由于拥有丰富的石油、天然气资源，不仅中东国家内部会因争夺石油财富而发生冲突，还会引致地区外部大国干涉中东事务。美国历届总统都非常重视和中东产油国的关系，美国的中东政策与该地区的油气资源有着直接的关系。[①] 1990 年的海湾战争和 2003 年的伊拉克战争，美国的主要目的都是为了保证中东地区稳定的石油生产和供应。美国 21 世纪的中东战略是：通过实施“大中东计划”，在促使中东地区政治民主化、经济自由化、思想多元化的同时，使中东变成类似今东欧那样易于掌控的地区，并逐步向美国靠拢，从而使美国牢牢控制中东这一重要的地缘战略要地及其丰富的石油资源和价格，最终达到巩固美国全球霸主地位的目的。[②] 据 BP 统计，2011 年中东是美国的第三大石油供应源，仅次于加拿大和中南美洲。所以美国不会放松对中东尤其是中东主要产油国，如沙特阿拉伯、科威特以及伊拉克等国石油资源的控制。

（二）地区问题多

巴以冲突持续了快一个世纪，两个国家围绕领土、边界、宗教等展

---

① Jan H. Kalicki, “Rx for ‘oil Addition’: The Middle East and Energy Security”, *Middle East Policy*, Vol 14, No. 1, 2007, pp. 76 - 83.

② 魏圆圆：《美国 21 世纪中东战略的地缘政治学分析》，苏州大学 2005 年硕士学位论文，第 28 页。

开了持久激烈的斗争，先后经历了5次大规模的中东战争。其实，宗教矛盾和民族矛盾是中东政治冲突发生的原因之一。“无论是巴以冲突，还是两伊战争，或者是战后涌现出的政教分离倾向和伊斯兰教复兴运动，以及黎巴嫩，追根溯源无不维系着宗教矛盾和民族矛盾这组关键因素。”[①] 中东地区许多边界是殖民国为了满足自身的利益而划分的，所以导致了中东国家现在的边界争端。这些问题都致使中东地理单元出现裂痕。中国开始在中东采取重要的外交行动，加大对中东问题的参与力度，如向中东地区派遣特使，向黎巴嫩派遣维和部队，这些都表明中东对中国具有重要的战略利益。印度在中东也开展了重要的外交活动。

（三）活跃的恐怖主义活动

中东是伊斯兰极端势力的基地，也一直是当代恐怖主义活动最活跃、国际反恐斗争最激烈的地区之一。[②] 国际恐怖主义的重要组成部分的东突组织，其大本营大多在中东地区。以“东突”为代表的新疆分裂势力和恐怖主义势力已然成为中国国家安全的一大隐患。因此，从地缘政治的角度来看，中东对于中国的安全利益有着重大影响。除此之外，中东地区还扩散着大规模毁灭性武器，这对该地区和全世界都会带来严重的后果，会增加中东地区能源投资的风险，进而影响中东能源的开发和运输。

三、丰富的能源

地缘经济学是在全球化和经济一体化不断深化的国际背景下产生的。地缘经济学研究的范围是经济战场。[③] 中东的地缘经济最为突出的特征则是其丰富的油气资源。中东地区石油的显著特点是大油田多、油井产

---

① 冯怀信：《中东区域合作的地缘政治分析》，南开大学周恩来政府管理学院2005年博士学位论文，第65页。

② 薛力：《中国的能源外交与国际能源合作（1949—2009）》，中国社会科学出版社2011年版，第145页。

③ 倪世雄等：《当代西方国际关系理论》，复旦大学出版社2009年版，第402页。

量高、油质好、油气层浅、钻井深度浅、地质条件简单、开采成本低。①

表4—1 2011年底世界石油探明储量（单位：亿桶）

	中东地区	中南美洲	北美洲	欧洲及欧亚大陆	非洲	亚太地区
石油探明储量	7950	3254	2175	1411	1324	413
占总量比例	48.1%	19.7%	13.2%	8.5%	8%	2.5%

资料来源：BP Statistical Review of World Energy, June 2012.

表4—2 2011年底世界天然气探明储量（单位：万亿立方米）

	中东地区	中南美洲	北美洲	欧洲及欧亚大陆	非洲	亚太地区
天然气探明储量	80	7.6	10.8	78.7	14.5	16.8
占总量比例	38.4%	3.6%	5.2%	37.8%	7%	8%

资料来源：BP Statistical Review of World Energy, June 2012.

表4—3 2011年底中东国家石油探明储量（单位：亿桶）

	沙特阿拉伯	伊朗	伊拉克	科威特	阿联酋	卡塔尔
石油探明储量	2654	1512	1431	1015	978	247
占总量比例	16.1%	9.1%	8.7%	6.1%	5.91%	1.5%

资料来源：BP Statistical Review of World Energy, June 2012.

表4—4 2011年底中东国家天然气探明储量（单位：万亿立方米）

	伊朗	卡塔尔	沙特阿拉伯	阿联酋	伊拉克	科威特
天然气探明储量	33.1	25	8.2	6.1	3.6	1.8
占总量比例	15.9%	12%	3.9%	2.9%	1.7%	0.9%

资料来源：BP Statistical Review of World Energy, June 2012.

根据2012年BP世界能源统计年鉴的数据，可以清楚地看到中东地区丰富的石油和天然气探明储量。

---

① 北京师范大学编：《全球格局下的中国油气资源安全》，社会科学文献出版社2012年版，第22页。

2011年底世界石油探明储量为16526亿桶，中东地区石油探明储量为7950亿桶，占世界石油探明储量的48.1%。中东国家的石油探明储量主要分布在以下几个国家：沙特阿拉伯石油探明储量为2654亿桶，占世界总量的16.1%；伊朗石油探明储量为1512亿桶，占世界总量的9.1%；伊拉克石油探明储量为1431亿桶，占世界总量的8.7%；科威特石油探明储量为1015亿桶，占世界总量的6.1%；阿联酋石油探明储量为978亿桶，占世界总量的5.91%；卡塔尔石油探明储量为247亿桶，占世界总量的1.5%。

2011年底世界天然气探明储量为208.4万亿立方米，中东地区天然气探明储量为80万亿立方米，占世界天然气探明储量的38.4%。其中伊朗天然气探明储量为33.1万亿立方米，占世界总量的15.9%；卡塔尔天然气探明储量为25万亿立方米，占世界总量的12%；沙特阿拉伯天然气探明储量为8.2万亿立方米，占世界总量的3.9%；阿联酋天然气探明储量为6.1万亿立方米，占世界总量的2.9%；伊拉克天然气探明储量为3.6万亿立方米，占世界总量的1.7%；科威特天然气探明储量为1.8万亿立方米，占世界总量的0.9%。

中东的天然气和石油的储量均居世界第一位，在世界能源供应中占有强势地位，其油气供应的增减对国际能源市场具有重大影响。中东丰富的油气资源正是中国和印度经济快速发展所需，因此中东在中印的海外战略选择中占有最重要的一席地位。

第二节　中东国家的能源资源政策

随着经济全球化的发展，中东石油对国际政治的影响力开始下降。全球化带动了科技的迅猛发展，使得节能产品层出不穷，能源利用率也得到提高，从而使得石油在能源消耗结构中的比重逐步下降。中东产油国对于全球化所带来的挑战是有一定认识的，所以许多产油国从能源安全出发，开始制定新的能源资源政策，以求在国际油气市场上获得良好的商机和地位。

中东产油国的油气战略总目标是：以经济的长期发展为目标，开发和利用丰富的石油资源，提高石油生产能力，扩大石油出口和增加石油收入，建立强大的油气工业，以带动整个国民经济的发展，实现工业化和现代化，改善和提高人民生活水平，推动全社会进步。在稳定、繁荣民族的基础上，努力把巨大的石油资源变为国家长久的财富。①

一、实施价格战略

价格战略是中东国家油气资源政策中一个非常重要的组成部分。“中东产油国的价格战略核心就是，追求产量与价格的最佳配置，即收入最大化与市场配额的最大化。”②

在价格战略中，欧佩克价格战略具有代表性。欧佩克的成立有着复杂的政治、经济背景，其诞生的直接诱因是大国际石油公司在 1959 年和 1960 年连续两次压低原油标价。为了稳定油价，扩大市场份额，欧佩克在中东国家能源战略方面日益发挥着重要的作用。中东国家中有伊拉克、沙特阿拉伯、阿拉伯联合酋长国、科威特、卡塔尔、伊朗为欧佩克成员。欧佩克的作用主要表现在：成为成员国与其他国家加强联系、开展国际合作的工具；开展与石油进口国之间的对话，实现共同利益；协调与其他石油生产国之间的关系，根据欧佩克制定的油气生产和价格战略，采取统一行动；地区内的非欧佩克国家，也积极配合欧佩克政策，以达到石油利益最大化。下面简要介绍一下两个中东国家的欧佩克成员国——沙特阿拉伯和伊朗的价格战略。

沙特阿拉伯是世界上石油储量最大的国家，也是世界上最大的产油国和石油输出国。沙特阿拉伯的君主制对石油政策的制定产生了深刻的影响。沙特阿拉伯实行的是温和的油价政策，是一种低速稳定提价的政

① 钱学文等：《中东、里海油气与中国能源安全战略》，时事出版社 2007 年版，第 290 页。

② 安维华、钱雪梅：《海湾石油新论》，社会科学文献出版社 2000 年版，第 75 页。

策。这项政策考虑了当前的和长远的民族石油权益，维护了欧佩克成员国的利益和团结，兼顾了石油消费国的利益。沙特阿拉伯的石油政策是以国际石油供应和油价的变化为转移的，当国际石油供应的变化导致国家油价的变化超出沙特阿拉伯所规定的油价轨道时，沙特阿拉伯就要通过调整其石油政策，利用市场供需情况，把油价拉回到沙特阿拉伯设计的轨道上来，使欧佩克的石油政策和国际油价的演变沿着沙特阿拉伯的油价方向发展。[①]

中东地区的伊朗也是重要的欧佩克成员国，是欧佩克5个创始成员国之一。伊朗是欧佩克第二大产油国和重要的出口国。伊朗主张的是高油价石油政策，因为支撑伊朗政权长期不垮以及经济发展的是石油。伊朗认为低油价政策既不符合产油国的利益，也不符合西方工业国的长远利益。伊朗所主张的高价石油政策也为欧佩克适时提价提供了支撑。[②]

二、实行国际合作战略

中东国家为了提高和扩大石油生产能力，开始采取对外国石油公司开放的政策，积极引进外资和国外的先进技术，实行国际合作战略，其中包括各国石油政策的协调、国际石油竞争中寻求“双赢”的经济利益、实施石油合作开发项目、引进和运用先进技术等。中东产油国自20世纪90年代开始就在这方面做了很多努力，“各国相继颁布新的外商投资法，降低对外国资本的要求，加大优惠力度，以更优厚的条件来吸引国外资本进入。同时各国还积极提高政府的工作效率，加大基础设施建设投入，部分国家还建立了诸多自由区”，[③] 从而吸收了大量的外资和先进的石油生产加工技术。

沙特阿拉伯石油政策中重要的一项就是与石油生产国和石油消费国建立密切的合作关系。沙特阿拉伯通过官方访问、贸易、投资信息和观点交流、政策协调等方式与世界其他国家建立密切关系。2000年4月沙特颁布

① 王安建、王高尚等著：《能源与国家经济发展》，地质出版社2008年版，第368页。
② 同上书，第370页。
③ 马惠新等：“中东国家能源战略与应对思考”，《中国矿业》2011年第1期，第24页。

了新的外国投资法，宣布了石油、天然气领域的对外开放政策。在沙特阿拉伯采取对外开放政策后，美国、加拿大、意大利、法国、荷兰、俄罗斯、西班牙、英国、中国的12家公司相继参与了沙特天然气区块的投资开发。外国公司可参与投资的天然气领域有两类：一类是全国的大型综合类项目，包括天然气的勘探、开采、加工、运输、销售。第二类是配套项目，如为石油、天然气开采、加工服务的电站、淡化水站以及为石化工厂供气的项目。[①] 在石油领域，沙美石油公司垄断着石油勘探和石油开采领域，不允许外国公司在石油勘探和生产领域投资，并按照投资比例获取份额油。但是如果外国公司通过沙美石油公司的资格预审后，可参加以阿美公司为业主的石油勘探、设计和生产项目的投标。在石油加工领域，沙特向外资开放，允许外商合资或独资建立石油加工厂。[②]

伊拉克石油公司于1972年国有化后，伊拉克对外能源合作的重心转向俄罗斯、日本、印度尼西亚和美国的石油公司。埃克森—美孚、谢夫隆、康菲和壳牌已被伊拉克石油部选中提供服务合同，这些外国公司将在此后竞标油田开发合同中获得优先权。伊拉克与外国石油公司的合作方式多种多样，主要是与外国石油公司签订合同，合同的形式主要有4种，即产量分成合同、服务合同、合资经营合同和回购合同；合作范围也比较广泛，重点是油田重建和开发。

相比沙特阿拉伯和伊拉克，伊朗的能源政策更具有吸引力。伊朗宪法禁止将石油开采权以转让或直接参股方式授予外国公司。但1987年的石油法允许伊朗石油部和国家公司与当地和外国的个人、合法团体签订合同。“BUY－BACK”（回购）合同就是目前采用的一种合同方式，合同承担方出资投资，然后从伊朗国家石油公司（NIOC）接受一定比例的产品作为回报，合同完成后将油田的运营交给NIOC。[③] 伊朗油气吸引着许多欧洲国家的石油公司，其对外合作也获得了较大成功。伊朗先后与BP、道达尔、挪

---

① 钱学文等：《中东、里海油气与中国能源安全战略》，时事出版社2007年版，第161页。

② “沙特的能源情况”，2005年6月13日，http：//sa. mofcom. gov. cn/aarticle/ztdy/200506/20050600116989. html。

③ “伊朗的石油和天然气”，2002年8月27日，http：//ir. mofcom. gov. cn/article/ztdy/200906/20090606345055. shtml。

威国家石油公司、挪威水电海德鲁公司、马来西亚国家石油公司、俄罗斯鞑靼石油公司等十几家外国公司签订了16项合作项目。①

2013年3月，韩国SK工程建设公司（SK Engineering & Construction）赢得位于科沙边境瓦夫拉油田的集油中心设施更新改造项目合同，合同金额为1.6亿美元。合同由该韩国公司科威特石油公司下属海湾石油公司和沙特雪佛龙公司组成的“瓦夫拉联合作业集团”与韩国公司签署。② 科威特科学研究院（Kuwait Institude for Scoence and Reaearch，KISR）与日本石油合作中心（Japan Cooperation Center，Petroleum，JCCP）签署了技术合作协议。协议涉及两个方面：一是在石油生产过程中的浓缩盐水处理，旨在保护环境；二是金属防腐处理，旨在延长石油设备使用年限。③

三、实施全球化经营

从20世纪80年代开始，中东产油国就开始在石油产业方面进行海外投资与经营，在90年代得到较大发展，在全球五大洲展开。

沙特阿拉伯在这方面做得特别突出。沙特阿拉伯进行石油跨国经营，采取购买股份、建立新合资企业、合营或租用等多种方式，重点集中在石油的下游工业部门。1997年7月，沙特阿美石油公司同壳牌石油公司、德士古石油公司签订协议，建立了联合石油工业集团。这个工业集团共同经营美国东部地区的炼油厂及其销售业务，还共同经营美国西部地区一家日加工能力为94.8万桶的炼油厂及数以万计的加油站。④ 沙特阿拉伯还和韩国、菲律宾、印度、中国合建炼油厂。沙特投资总局局长奥瑟曼在中东油气会上鼓励在下游炼化、制造、工程、建筑等领域建立

① 钱学文等：《中东、里海油气与中国能源安全战略》，时事出版社2007年版，第167页。

② “韩国公司在科威特赢得石油设施更新项目合同”，2013年3月21日，http://kw.mofcom.gov.cn/article/jmxw/201303/20130300063271.shtml。

③ “科威特将与日本加强石油领域的技术合作”，2012年5月16日，http://kw.mofcom.gov.cn/article/jmxw/201205/20120508128217.shtml。

④ 钱学文等：《中东、里海油气与中国能源安全战略》，时事出版社2007年版，第297页。

相关产业和配套服务业。[①] 沙特阿拉伯跨国经营成果显著，已经在海外油气勘探、开发、加工、销售、贮运等各方面，与美国、日本、法国、西班牙、意大利、比利时、韩国、泰国、中国等国的石油公司建立了石油经营关系。

伊朗也积极制定优惠的外资政策来实现跨国经营。2010 年 5 月，伊朗帕尔斯石化公司和委内瑞拉国家石油公司在西班牙注册成立合资公司，双方各占 50% 的股份。合资公司的第一个合作项目是在叙利亚投资建设炼油厂，炼油厂设计提炼原油 12 万桶/日，所需原油主要由伊朗和委内瑞拉供应。[②] 2011 年 7 月伊朗石油部代理部长阿拉巴迪说：伊朗愿意以预售天然气的方式获取欧洲国家对伊朗天然气、石油管道项目的融资。[③]

此外，科威特、阿联酋、阿曼等中东国家也在世界各地开展了石油跨国投资经营。科威特在亚洲、非洲和澳洲的 12 个国家参与油气勘探，在欧洲建立了一个分布很广的石油炼制和销售网络。2013 年 1 月科威特国际石油公司（KPI）在越南签署了合作协议，科威特、越南和日本共同投资建设总额达 90 亿美元的炼油石化项目。[④] 阿布扎比"国际石油投资公司"（IPIC）1999 年购买了韩国现代石油提炼公司 50% 的股份，金额达 5 亿美元，并由此成为中东在东南亚油气领域最大的投资商之一。2004 年，现代石油公司自 20 世纪 90 年代成立以来第一次盈利 3.85 亿美元。这是 IPIC 在东亚地区的第一次投资。[⑤] 阿联酋购买了欧洲最大的聚烯烃生产企业波雷利斯厂 25% 的股权和巴基斯坦木尔坦炼油厂 40% 的股权。阿曼同英国石油公司合作兴建石化厂，在哈萨克斯坦参与了石油勘探，在里海修建了输油管道。阿曼同韩国 LG 公司达成合作协议，在

---

① "沙特鼓励开发石油深加工领域"，2013 年 3 月 14 日，http：//sa. mofcom. gov. cn/article/ddfg/tzzhch/201303/20130300053333. shtml。

② "伊朗委内瑞拉成立合资公司"，2010 年 5 月 3 日，http：//ir. mofcom. gov. cn/article/c/m/201005/201005068。

③ "伊朗积极争取欧洲融资"，2011 年 7 月 28 日，http：//ir. mofcom. gov. cn/article/jmxw/201107/20110707668491. shtml。

④ "科威特石油公司批准科越炼油石化项目"，2013 年 5 月 29 日，http：//kw. mofcom. gov. cn/article/jmxw/201305/20130500144487. shtml。

⑤ "阿布扎比国际石油投资公司简介"，2008 年 1 月 25 日，http：//ae. mofcom. gov. cn/article/ztdy/200801/20080105337772. shtml。

卡塔尔首都多哈新建两家石化厂（一家是聚丙烯厂，另一家是炼油厂），阿曼石油公司占股20%，生产能力为日炼油7.5万桶。

四、重视天然气的开发和利用

虽然全球能源仍以石油为主，但天然气的利用已显著增加。石油在世界能源消费中所占的比例已相对减少，天然气利用的绝对数量和相对份额都在增长。而且为了保护环境，人们日益强调使用清洁和绿色燃料，相比石油和煤，天然气燃烧后所排放出的二氧化碳要少很多，有利于减缓地球的温室化。许多能源消费国开始减少对石油进口的依赖转而寻求能源多样化。中东地区的天然气探明储量为世界的38.4%，随着天然气运输、利用技术的进步及消费市场的逐步扩大，天然气的勘探也越来越受到中东国家的重视。

伊朗国家天然气公司负责人穆什塔法·卡西库禾在马来西亚的世界天然气大会上表示，伊朗将继续在天然气生产领域不断突破，扩大同周边国家的天然气交易，在2025年前使伊朗在世界天然气交易的份额提高到10%。[①] 为此，伊朗政府制定了一系列政策和花重金来保障伊朗天然气的勘探、储存和运输。伊朗通过铺设管线、使用液化天然气和天然气凝析液体新技术，将天然气输送到国际市场上。2010年1月，伊朗与巴基斯坦正式签署天然气管道建设协议。该项目建成后，伊朗将在接下来的25年时间里向巴基斯坦每日提供7.5亿立方的天然气。[②] 2011年6月，伊朗石油部副部长说：伊朗政府内阁已经批准新建两条天然气输送管道，其中一条全长1600公里，计划从南帕尔斯气田开始铺设，通过土耳其到欧洲地区。[③] 2011年7月，伊朗、伊拉克和叙利亚三国石油部长代表各自政府正式签署合作铺设天然气输气管道协议。协议内容包括三

---

① "伊朗拟成为第二大天然气生产者"，2012年6月12日，http：//ir. mofcom. gov. cn/article/jmxw/201206/20120608175253. shtml。

② "巴基斯坦将继续推进伊—巴天然气管线建设"，2012年6月13日，http：//ir. mofcom. gov. cn/article/jmxw/201206/20120608177071. shtml。

③ "伊朗计划新建两条天然气管道"，2011年6月22日，http：//ir. mofcom. gov. cn/article/jmxw/201106/20110607612638. shtml。

国合作铺设全长达5600公里、输气量达1.1亿立方米/日的天然气输送管道，预计需投资50亿—60亿美元。该天然气管道将通过伊拉克、叙利亚向地中海地区国家输送天然气。① 2013年3月，伊朗天然气储存公司（NGSC）总经理马苏德·萨米万德透露，伊朗将通过兴建更多的天然储存设施来进一步提高国内的天然气存储量，伊朗现有的也是第一座国内天然气存储站设在萨拉杰村。萨拉杰一期设计存储量12亿立方米，二期设计存储量33亿立方米，目前已使用的存储量超过7.5亿立方米。下一步伊朗计划在中部的KASHAN省和东北部KHORASAN省修建另外两座大型天然气存储设施。②

卡塔尔的天然气储存量位居中东国家第二位，天然气的利用对于卡塔尔经济发展有着重要的作用，因此卡塔尔非常重视对天然气的利用、开发和运输。2012年8月，卡塔尔进一步加强能源运输能力，卡QMAX是大型液化天然气运输船，单船载量为26.6万立方米液化天然气，为一般该类运输船的两倍，是世界上目前最大的液化天然气运输船，卡液化天然气公司共有13艘该类运输船。③ 卡塔尔也非常重视在天然气领域与其他国家进行合作。2011年5月，卡塔尔石油公司（QP）与日本GX石油天然气勘探卡塔尔有限公司签署了《A区块胡夫以下地层勘探及生产分成协议》。④ 同年5月29日，卡塔尔石油公司（QP）与中海油中东（卡塔尔）有限公司及法国道达尔（卡塔尔）公司签署了《卡塔尔BC区块胡夫以下地层天然气勘探及生产分成协议》。⑤

沙特阿拉伯的天然气探明储量也非常丰富，故而也很重视天然气的勘探和开发。2012年4月，沙特阿美公司的一份报告显示，该公司正在

---

① "两伊和叙利亚三国正式签署天然气管道铺设协议"，2011年7月28日，http://ir.mofcom.gov.cn/article/jmxw/201107/20110707668493.shtml。

② "伊朗计划提高天然气存储量"，2013年3月18日，http://ir.mofcom.gov.cn/article/jmxw/201303/20130300057227.shtml。

③ "卡加强运输能力"，2012年8月15日，http://qa.mofcom.gov.cn/article/jmxw/201208/20120808269564.shtml。

④ "QP与日本GX公司签署天然气勘探生产协议"，2011年5月10日，http://qa.mofcom.gov.cn/article/jmxw/201105/20110507540732.shtml。

⑤ "中海油接受道达尔加盟卡天然气勘探生产项目"，2011年5月30日，http://qa.mofcom.gov.cn/article/jmxw/201105/20110507577278.shtml。

执行一份旨在增加在天然气领域投资，同时减少在原油生产领域投资的计划，主要目的是为了满足工业领域对天然气的需求和减少发电用的原油消耗。[①] 沙特阿美公司的勘探也取得了显著成果，2012 年 8 月在红海沿岸距离杜巴港 26 公里处海域发现新天然气田，初测出气量达 1000 万立方英尺/日。[②] 沙特也开始了与其他国家在天然气领域的合作。沙特阿美公司与一些世界大公司签署了发展油气项目的合同：意大利公司是建设油气分离中心，包括日处理 50 万桶阿拉伯轻油的配套设施、天然气加压及配套服务；日本公司是液化天然气管道处理设施，包括三座液化天然气提炼站、技术保障和产品罐装，还包括其他配套的辅助设施；西班牙公司是天然气分离项目的扩建。[③] 2011 年 3 月 16 日，沙特石油巨头阿美石油公司（Aramco）发布消息称已与韩国三星工程（Sumsung Engineering）公司签订开发沙特东部价值数十亿美元的谢巴天然气液化（NGL）项目的合同。三星工程公司将承担谢巴天然气全部 4 个建设项目的工程咨询、设备采购和建设施工（EPC）。[④]

第三节　中国在中东地区的能源战略

伴随着改革开放以来经济的飞速发展和综合国力的不断提升，中国能源对外依存度继续攀升。根据《BP 世界能源统计年鉴》提供的数据，中国约 42% 的石油、约 27% 的液化天然气都是从中东地区国家进口的。

---

① “沙特将增加在天然气领域的投资”，2012 年 4 月 29 日，http：//sa. mofcom. gov. cn/article/jmxw/201204/20120408097384. shtml。

② “沙特在红海发现新气田”，2012 年 10 月 11 日，http：//sa. mofcom. gov. cn/article/jmxw/201210/20121008379501. shtml。

③ “沙特拟建世界上最大的液化气项目”，http：//finance. sina. com. cn/roll/20050323/18481454717. shtml。

④ “韩国三星工程公司获得建设沙特天然气液项目”，2011 年 3 月 19 日，http：//sa. mofcom. gov. cn/article/sqfb/f/201103/20110307455645. shtml。

随着中国与中东国家合作的增加，中东的战略地位日益凸显。为了确保中国石油供应的安全，中国的战略选择显得尤为重要。

一、继续保持良好的政治关系

中国和中东地区的所有国家都长期保持着良好的政治关系，中东国家对中国普遍友好。过去，中东地区许多国家都曾为恢复中国在联合国的合法席位作出了重要贡献。双方还在一些重大国际问题上互相支持。近年来，许多中东国家在人权问题、台湾问题、西藏问题和中国加入世界贸易组织等问题方面都给以中国积极支持。2006 年 4 月 23 日，胡锦涛主席在沙特阿拉伯王国协商会议发表了题为《促进中东和平，建设和谐世界》的重要演讲。他说道，中东是具有世界影响的重要地区。没有中东的稳定和发展，就没有世界的和平与繁荣。一个和谐的中东符合本地区各国和各国人民的长远利益，也是世界的共同期盼。这一目标的实现需要做到三点：第一，大力实现地区和平稳定；第二，大力倡导相互尊重；第三，积极鼓励发展合作。①

当前阿拉伯世界处于困难的转型时期，面临巨大的改革压力。特别是伊拉克战争后，阿拉伯国家对美国特别失望，双方矛盾加深。他们日益不满美国和西方国家造成的政治、经济、军事和外交压力，对中国的认同感和期望值增加，同时希望中国利用自己同中东地区各国都保持良好关系的优势，积极维护中东地区的和平稳定。

中东地区作为中国周边战略的重要组成部分，以及主要的石油供应地，对中国对外战略和石油安全的意义越来越明显。中国面临着维护中东政治稳定与鼓励民主改革的双重选择，政治稳定可以保障中国的能源利益，而中东国家内部遭受挫折的政治改革往往会引发地区冲突，但不干涉别国内政原则将不允许中国在政治上过多参与中东国家内部事务。除此，美国推进的中东民主化进程可能促进激进民族主义或原教旨主义的发展，

---

① “胡锦涛：促进中东和平，建设和谐世界”，2006 年 4 月 23 日，http：//news. xinhuanet. com/politics/2006 -04/23/content_ 4465092. htm。

这对中国能源利益也是一种威胁。[①] 以前，当面临保持中东能源供应国的稳定和美国在当地推行的民主计划这一选择时，中国总是选择中东国家政府这一边，但这种政策却引来了一些争议，甚至包括中东传统友好国家的民众对中国在中东地区应有作用的发挥也有微词。随着中国国家利益和战略空间的扩大，这样的战略已经不适合于现在的国际环境，中国未来需要付出更大努力来协调中东国家与美国之间的关系。

二、加强与中东能源供应国的相互依存关系

中国早已开始了与中东国家在能源领域的合作，并且取得了显著的成果。

中国是沙特最大的石油购买国。中国和沙特在石油领域合作多年，在中沙两国政府的有力推动下，石油合作取得了可喜的成果，石油、石化产品的贸易额已占进出口总额的70%，且每年以30%的速度增长。在石油贸易的带动下，双边石油合作全面展开，中石化、中石油两家公司已涉足沙特气田勘探、开采、油井钻探服务等业务，并获得良好的信誉。沙特阿美公司已与中石化集团合资在福建建厂，并签署协议共同开发沙特延布红海炼油项目；与中国石油天然气集团签署备忘录，合作建设位于云南的大型炼油厂。[②] 2005 年沙特阿美石油公司、埃克森—美孚公司和亚洲最大的石油提炼公司中石化签订35 亿美元合同，合资在中国南部扩大石油炼厂，从而使中国最大的石油炼厂开始建设。这次合资建立石油炼厂使世界顶级的石油公司埃克森—美孚公司和沙特阿美石油公司通过中石化进入在中国难以涉足的石油提炼领域。[③]

伊朗地处西亚，地理位置上同中国较近。中伊两国有着传统的友好关系和经贸往来，而且中国石油天然气集团公司在伊朗的设备销售测井和钻

---

① 孙霞、潘光：“中东能源地缘政治与中国能源安全”，《阿拉伯世界研究》2009 年第 4 期，第 38 页。

② “沙特阿美石油公司总裁谈中沙能源合作”，2011 年 3 月 24 日，http：//sa. mofcom. gov. cn/article/jmxw/201103/20110307462758. shtml。

③ “沙特媒体评论中沙合资炼厂项目”，2005 年 7 月 10 日，http：//sa. mofcom. gov. cn/article/jmxw/200507/20050700157308. shtml。

井等服务项目已初具规模，因此中伊油气合作的条件较好。2003 年，中国石油化工集团公司胜利油田卡山项目组，在伊朗卡山区块进行的风险勘探获得重大油气发现。中国石油化工集团公司投资 20 亿美元的雅达瓦兰油田项目已于 2008 年 9 月正式启动。中国海洋石油总公司投资 160 亿美元开发的北帕尔斯天然气项目和建设液化天然气项目已达成协议。①

中国企业实施“走出去”战略，在阿联酋取得了显著的成果，使阿联酋成为中国通向中东地区获得丰富油气资源的桥梁。中阿间的一个重要合作项目是“中国商品（迪拜）分拨中心”，旨在利用迪拜的优惠政策及转口渠道多、辐射面广的优势，在迪拜建立一个以庞大的“国际城”为背景的超大型经贸平台。这进一步推动了中阿油气贸易，扩大了中国商品的出口，打造了中国商品的良好形象，为两国经贸发展奠定了坚实的基础。②2005 年 6 月 13 日中国石油天然气集团总公司与阿布扎比国家石油公司（ADNOC）在阿联酋首都阿布扎比签订了一项在石油领域合作的谅解备忘录。③ 2008 年，中国石油天然气集团公司 11 月 30 日在阿布扎比同阿联酋国际石油投资公司（IPIC）签订了阿布扎比原油管线项目设计采购施工（EPC）总承包合同，项目总金额为 32.9 亿美元。④

中国与中东地区一些国家在能源方面开始了一定的合作，但是合作的力度、深度、广度都需要加强。中国不仅要和一些产油大国进行合作，还要和其他一些产油国进行合作，以全面保障中国的油气安全；但同时也要量力而行，切实考虑到资金、技术、人力资源、地缘政治等各方面问题。例如，中石油、中石化等集团虽然已经挤进 500 强，但在卡塔尔的竞争力还是小于壳牌、埃克森—美孚等国际大公司，所以在与其他国家竞争时，要做到客观面对，选择合适项目，不能盲目竞争，最后因背负过大压力而

---

① “伊朗与外国油气贸易及投资合作情况介绍”，2009 年 2 月 11 日，http：//ir. mofcom. gov. cn/article/c/zwrenkou/200902/20090206038408. shtml。

② “中国商品迪拜分拨中心”，2003 年 10 月 15 日，http：//ae. mofcom. gov. cn/aarticle/zxhz/zzjg/200310/20031000135722. html。

③ “中国与阿联酋签订石油合作谅解备忘录”，2005 年 6 月 16 日，http：//ae. mofcom. gov. cn/article/jmxw/200506/20050600120758. shtml。

④ “中国石油天然气集团公司获得阿联酋原油管线项目总包合同”，2008 年 12 月 1 日，http：//ae. mofcom. gov. cn/article/jmxw/200812/20081205924560. shtml。

不能进行良好的合作。再者，中国进行中东能源外交时应注意平衡自身政治利益和经济利益。中国在中东的能源外交要以不干涉内政原则为前提，且外交行动应不致引起美国等西方国家的警惕与恐慌。中国与中东除了双边贸易外，投资也成为进入中东能源领域的重要途径，中国为此会与中东国家产生更多的商业经济联系，这就离不开政府间的协商与支持。中国还应该适时抓住机会，利用好产油国的政策加强合作。

中国应利用国际、国内资源，开辟国际、国内两个市场。中国的石油公司应走出国门，多参与中东的石油勘探。这样不仅可以有效利用国际石油资源，保护国内石油资源，还可以实现渠道、方式和品种的多元化，减少单一石油供应所面临的风险。除了在勘探方面实现合作外，还可以与中东国家在石油炼制和销售方面展开合作。在寻求能源合作时，中国政府和企业要创造一切可能的条件去参与竞争与合作。国内三大石油公司应加强沟通和协调，整合内部资源，形成合力，合作对外，以增强在国际石油领域的竞争力。[①] 除了中国继续在中东能源生产国大量投资外，还可鼓励中东国家到中国投资油气产业。从上游的油气田开发、提炼和运输，到下游的市场开发，整个产业链都可以形成你中有我、我中有你的相互依赖局面。[②]

中国还应提高运油能力。中国从中东进口的石油大多要经过马六甲海峡完成海上运输，所以应尽快建立必要的石油天然气运输船队和远洋力量，为中国在国际市场上通过正常的贸易手段合法地获取不断增长的油气利益做准备。如此看来，建立石油运输船队和远洋力量也成为中国战略的重要组成部分。[③]

三、加强中美能源合作，增强互信

能源安全问题已经关乎国家安全问题。中国和美国是当今世界上最大

---

① 王松德："我国的石油安全与外交政策取向"，《华北水利水电学院学报（社会科学版）》2007年第6期，第94页。

② 薛力：《中国的能源外交与国际能源合作（1949—2009）》，中国社会科学出版社2011年版，第158页。

③ 钱学文等：《中东、里海油气与中国能源安全战略》，时事出版社2007年版，第671页。

的能源消费国家，两国需要在解决与能源安全有关的，特别是中东地区冲突、削减核武器、反恐、气候变化等全球性问题上加强合作。但是二者由于国家利益问题，缺乏信任。中国为了扩大石油进口来源，挺进苏丹、安哥拉和伊朗，这让西方竞争者、智库学者和决策者感到不安。美国对中国海外能源开发战略的疑虑，在很大程度上体现了美国对中国崛起的警惕心理。① 而中国又认为，美国占领伊拉克和阿富汗及对伊朗政策是对中国能源安全的直接威胁。中美双方因为都在中东地区有极其重要的利益，所以对对方都缺乏信任，互相猜忌、警惕。中美两国应该避免以民族主义方式来对待能源安全问题，避免把能源问题政治化，而应进行能源技术方面的合作，共同稳定石油价格，打击跨国恐怖主义，稳定中东局势。② 短期来看，中美有必要建立技术合作和稳定油价的多边制度框架；长期来看，中美有必要建立一个以能源问题为核心的中美新型联盟关系。所以，中国应该提高在中东的经济、政治影响力，但要注意避免形成与美国在中东能源利益竞争的局面。

第四节　印度在中东地区的能源战略

伴随着经济的飞速发展和综合国力的不断提升，印度能源对外依存度继续攀升。根据《BP 世界能源统计年鉴》提供的数据，2011 年印度约 62% 的石油、82.46% 的液化天然气都是从中东地区进口的。这足以显示中东能源战略地位之于印度的重要性，印度针对中东也采取了相应的能源战略选择。

① 杨洁勉：《大磨合：中美相互战略和政策》，天津人民出版社 2007 年版，第 131 页。

② 薛力：《中国的能源外交与国际能源合作（1949—2009）》，中国社会科学出版社 2011 年版，第 159 页。

一、积极开展能源外交

印度政府在石油部内专门设置了外交部的分支机构，为印度所属各大石油和天然气公司在海外开展活动提供便利和进行政策性指导。[①] 为提高印度在国际市场上的竞争力和加大对海外油气的投资与开发，印度政府开始了重组国营大型石油和天然气公司的私有化进程。为了顺利推进其海外战略，印度大力推行能源外交，并取得了显著的成果。

2005 年印度与沙特阿拉伯合资建立炼油厂。这家合资公司进口沙特石油，提炼的石油产品在印度销售。[②] 印度与沙特阿拉伯建立多家石油合资公司，每年向印度出口 2400 万吨原油。

印度与伊朗关系不错，其合作也早有时日。2004 年，印度与伊朗签署一项 400 亿美元的协议，每年向印度出口天然气 500 万吨，并获得伊朗最大的陆上油田 20% 的股份。2005 年 2 月修建伊朗通过巴基斯坦至印度的天然气管道，这条管线长 2775 公里，总投资 41.6 亿美元。同时，印度与伊朗签订了一项为期 25 年的液化天然气贸易协议。根据协议，通过 IPI 管线，印度每年将从伊朗进口 500 万吨液化天然气，总价值达 400 亿美元。此线从 1994 年就开始讨论，但是由于经济、政治、安全等问题一直延迟着。2013 年 5 月，[③] 印度内政部部长萨尔曼称，印度有意与伊朗重新探讨合作开展 IPI。2013 年，伊朗石油部长罗斯塔姆·卡什米称德黑兰与新德里已经就印度以合伙人身份参与波斯湾 Farzad – B 油气田。[④] 2013 年 5 月，伊朗石油公司负责人马赫穆德·齐拉克钦·扎德仍然宣称，伊朗正在与印度公司谈判开发波斯湾天然气和油田的事宜。[⑤]

---

① 夏义善编：《中国国际能源发展战略》，世界知识出版社 2009 年版，第 89 页。

② “沙特印度合资建立石油炼厂”，2005 年 4 月 14 日，http：//sa.mofcom.gov.cn/article/jmxw/200504/20050400033173.shtml。

③ “印度有意重谈伊—巴—印天然气管道项目”，2013 年 5 月 19 日，http：//ir.mofcom.gov.cn/article/jmxw/201305/20130500119735.shtml。

④ “伊朗将与印度联合开发 Farzad – B 油气田”，2013 年 6 月 4 日，http：//ir.mofcom.gov.cn/article/jmxw/201306/20130600151323.shtml。

⑤ “印度取代欧洲公司参与伊朗波斯湾油田开发”，2013 年 5 月 9 日，http：//ir.mofcom.gov.cn/article/activities/201305/20130500120463.shtml。

印度石油公司（OIL）拥有阿曼一区块20%的股份，与道达尔菲纳埃尔夫公司共同经营该区块。[①] 2004年3月12日，阿曼油气大臣鲁姆希博士与印度信实工业有限公司（RIL）总裁普拉萨德在马斯喀特签署了18区块（海上区块）勘探生产分成协议（EPSA）。18区块位于阿曼巴提纳区的阿曼湾海域，面积超过1.8万平方公里，水深最深1000米。阿曼18区块是该印度公司在海湾地区的第一个石油勘探项目。[②]

二、重视中东天然气的开发

天然气在印度的工业领域扮演着越来越重要的角色，印度对天然气的依赖也在逐步加强，而印度82%的液化天然气是从中东进口的。这就需要印度重视中东产气国。中东地区的天然气储量十分丰富，但运输和消费基础设施都不完善。卡塔尔、埃及和阿曼都加大向液化天然气和管道项目的投资，并向外国公司开放了上游本部门。对于印度这个天然气消费大国来说，大规模的天然气合作项目是可以实现的。卡塔尔目前正在开发和计划开发若干个天然气加工项目，要把富含甲烷的伴生气加工成煤油、石脑油、粗柴油和其他产品。[③]

三、加强与消费国和生产国的对话

印度不但应加强与油气生产国的合作，还应加强与油气消费国的对话，这样可以促进国际油气价格合理化。2004年1月，印度石油天然气部与国际能源机构在新德里召开联合小组会议，确定了双方今后的合作方向，包括定期交换信息、建立热线联系、商讨合适的能源安全措施、分享危机处理经验。[④] 2005年初，印度举办亚洲石油经济合作部长圆桌会议。

---

① 王安建、王高尚等著：《能源与国家经济发展》，地质出版社2008年版，第333页。

② “印度 RELIANCE 公司将在阿曼进行海上油气勘探”，2005年3月28日，http://om.mofcom.gov.cn/article/jmxw/200503/20050300030129.shtml。

③ 徐博：“印度全方位渗透中东油气”，《中国石油石化》2005年第18期，第41页。

④ 中国现代国际关系研究院经济安全研究中心：《全球能源大棋局》，时事出版社2005年版，第272页。

中国、日本、韩国、科威特、沙特阿拉伯、伊朗、卡塔尔、阿联酋等亚洲主要石油生产国和消费国以及国际能源机构、欧佩克组织、国际能源论坛的代表与会，共同探讨了建立亚洲国家能源对话与合作机制。这可以使得能源消费国合作起来保障自己的能源安全和应对“亚洲溢价”。

四、加强与中国的合作

中印两国对外能源依存度都很高，而对海外能源高度依赖就意味着两国的经济发展都要受到国际石油市场价格波动的强烈影响。在这种情况下，中印两国如果在能源领域进行恶性竞争必将两败俱伤，只有加强能源合作才是唯一的出路。

2005 年 4 月 12 日，中印两国总理签署《中印联合声明》，“双方同意在能源安全和节能领域开展合作”，两个消费大国之间的合作由此正式开始。中印两国在中东地区已经有了合作案例。在伊朗，印度石油天然气公司与中国石油化工集团公司一道开采亚达瓦兰油田，中国控股该油田 50% 的份额，印方的份额为 20%，而伊朗拥有其余的 30%。① 在确保能源供应安全上，印度需要与中国合作。在印度的 IPI 上，印度也需要中国的参与和支持，建议将管道通过缅甸延伸到中国。

从 1992 年起，亚洲从中东国家进口石油价格要比欧美高出 1—1.5 美元，而且已扩展到液化天然气和液化石油气等领域，这使得亚洲消费国每年向石油生产国多支付 100 亿美元。② 中印合作也可以有效地对抗“亚洲溢价”。

---

① 王多云、张秀英：《中国油气资源国际合作：现实与路径》，社会科学文献出版社 2011 年版，第 315 页。

② 张利军：“预防亚洲能源冲突的新思路”，《北京周报》2007 年 1 月 8 日。

第五章

中印在中亚地区的能源战略

第一节　中亚地区的地缘政治经济特征

一、地缘政治特征

（一）身居亚欧大陆腹地，长期以来海洋势力难以企及

中亚地区是一个具有高度内陆性的地缘政治空间，地理学家把它描述为“一个远离世界各大洋，在地球最大一块大陆中心的岛形地区”。早在100多年前，现代地缘政治学的鼻祖麦金德就提出了“心脏地带”（Theory Heartland）、“世界岛”（World Island）之类的概念，认为谁统治了这一地带，谁就能主宰世界。在此基础上，麦金德进一步指出，“中亚细亚位于横贯亚欧大陆的‘大低地’中，中亚的山地是制海权难以达到的地区，而这里的水系却大部分通向海洋，因此大陆国家更容易控制中亚地区，并且以此为中心进一步向西移动控制东欧，从而可以排斥海权国家进入亚欧大陆腹地”。[①] 历史经验似乎也证实了麦金德的观点。在殖民主义时代，大英帝国就和俄罗斯帝国在此展开了角逐，双方的争斗以1907年达成的协议而宣告结束。协议规定，沙皇俄国对中亚享有完全的控制权，英帝国的势力范围为印度，两国不得向对方的势力范围渗透。协议中还规定，位于中亚地区和印度交界处的阿富汗为两国新划分势力范围的缓冲带。至此，大英帝国想将触角伸向中亚地区的企图完全破灭，其势力范围被挡在阿富汗之南。冷战时期，欧亚大陆内部铁板一块，中亚各共和国作为苏联的一部分与以美国为首的西方集团进行了长达半个世纪的对峙。在这一背景下，海洋势力更是难以进入中亚地区。但苏联解体后，“心脏地带”发生裂变和松动，出现了所谓的“权力真空”（Power vacuum），海洋势力开始趁机寻找进军中亚的机会。

---

① 王素娟：“中亚：中国的地缘政治战略”，《内蒙古民族大学学报》2007年第6期，第52页。

（二）大国利益相互交织，错综复杂

众所周知，俄罗斯在中亚地区有着传统的政治和经济影响力，具有一定的优势地位，但这种主导优势已一再受到来自北约、欧盟东扩和其他地区力量的挑战。[①] 为了确保其在中亚的独特地缘政治优势和利益，俄罗斯制定了在中亚的全方位政策。军事上，它通过建立安全合作双边或多边机制来保持俄罗斯的军事存在，而与亚美尼亚、吉尔吉斯斯坦、塔吉克斯坦、哈萨克斯坦签订的集体安全条约就是一个明显例证；经济上，它力图恢复传统经济影响。当前哈萨克斯坦全部的天然气出口及90%的石油出口都要过境俄罗斯。俄与土库曼斯坦签有25年期的天然气供应协议，与吉尔吉斯斯坦和塔吉克斯坦签署了25年的能源合作协议，从而控制了两国能源从生产到销售的全部环节。

但是，“9·11”事件后，作为世界上唯一超级大国的美国借反恐的名义实现了其在中亚的军事存在，制定了旨在主导中亚的“新中亚战略”。[②] 政治上，美国通过培养亲西方的“民主革命”派来策动“颜色革命”；经济上，美国加大了对中亚国家的援助力度。美国这样做不仅可以挤压俄罗斯的战略空间，对中国西部边界的安全构成压力，还能牵制伊朗和阿富汗的塔利班势力。此外，欧盟、日本、印度、中国等近些年来也积极拓展对中亚的影响力，土耳其、伊朗、沙特等伊斯兰国家则以宗教信仰为基础不断对中亚五国进行渗透。难怪视中亚、高加索和里海为大中亚地区的布热津斯基认为，各大国在中亚的竞争态势使得这一地区有可能成为欧亚大陆的“巴尔干”。[③]

（三）伊斯兰教势力强大，威胁政局稳定

早在中世纪阿拉伯哈里发王朝时代，中亚地区的居民就信奉伊斯兰

---

① Z. Brzezinski, “Russian Roulette”, *The Wall Street Journal*, March 29, 2005.

② Richard A Boucher, “U. S. Policy in Central Asia: Balancing Priorities”, Statement to the House International Relations Committee Subcommittee on the Middle East and Central Asin, Aplil 26, 2006, http: // www. state. gov/ p/ sca/ rls/ rm/ 2006/65292. html.

③ ［美］兹比格纽·布热津斯基著，中国国际问题研究所译：《大棋局——美国的首要地位及其地缘战略》，上海人民出版社1998年版，第162页。

教。在苏联政权对中亚地区近70年的治理中，无神论在这一地区占据着绝对的统治地位，但伊斯兰教的信徒们从心里并未放弃自己的信仰。苏联解体后，在建立世俗国家且不允许宗教参政的前提下，中亚各国对居民的宗教习俗给予了充分的理解，于是伊斯兰教在中亚大地迅速复兴。

与此相伴的则是伊斯兰原教旨主义运动在各地迅速发展。原教旨主义在中亚勃兴的标志有二：其一，它有自己的政党——伊斯兰复兴党和伊斯兰党，二者已成为中亚国家（特别是乌兹别克斯坦和塔吉克斯坦）现政权最强劲的反对党；在1991年举行的塔吉克斯坦首次自由选举中，被取缔的伊斯兰复兴党所支持的候选人就获得了34%的选票；1992年5、6月在塔吉克斯坦发生的政治暴力事件，又进一步显示了原教旨主义的凶猛势头。其二，联盟解体前，原教旨主义者就已在中亚和北高加索掀起了宗教政治运动，其中声势最大的是“瓦哈比信徒运动”。瓦哈比主义是18世纪在沙特阿拉伯出现的宗教政治流派，其奠基人瓦哈比主张伊斯兰教保持本原的纯洁性，号召取缔异端，摒弃一切后来形成的文化质层，亦即反对伊斯兰教的现代化。不少瓦哈比主义团体还号召用武力夺取政权，对异教徒进行“圣战”。① 由此可见，原教旨主义已然成为威胁中亚诸国政治稳定的重要因素。

二、地缘经济特征

（一）自然资源极为丰富

从油气资源储量来看，中亚石油资源量为154.61亿吨，占世界石油资源量的3.06%；石油探明储量为41亿吨，占世界探明储量2343亿吨的1.75%。天然气资源量为35.76万亿立方米，占世界天然气资源量的7.28%；天然气探明储量为27.8万亿立方米，占世界探明储量208.4万亿立方米的13.34%。② 再从其分布来看，该地区的能源主要集中于哈萨克斯

① 高惠群：“伊斯兰化运动中的中亚五国”，《东欧中亚研究》1993年第6期，http://euroasia.cass.cn/news/60442.htm。

② 薄启亮、刘桂洲：“中亚地缘政治与中国石油企业的机遇”，《国际石油经济》2012年第11期，第36页。

坦、土库曼斯坦和乌兹别克斯坦三国。据不完全估计，哈萨克斯坦的天然气储量约3.2万亿立方米，石油储量约230亿吨，单里海地区远景储量就达130亿吨；土库曼斯坦石油储量约120亿吨，已探明储量约11亿吨，天然气储量约22万亿立方米；乌兹别克斯坦的石油储量约53亿吨，天然气约5万多亿立方米。[①] 中亚地区也因此被誉为“第二个波斯湾”，在世界能源格局中地位显著。

除油气资源外，中亚的有色金属、煤、铁、磷灰石等资源也比较丰富。苏联时期，在各加盟共和国中，哈萨克斯坦在生产铜、铅、锌方面占领先地位，这些产品主要供应俄罗斯，现今哈萨克斯坦的铁矿石、二氧化锰、钼、铬以及稀有金属和稀土金属等工业产品仍是俄罗斯有色冶金工业的基本原料；吉尔吉斯斯坦在生产锑方面占有垄断地位；土库曼斯坦的天青石矿是提炼稀有金属锶的主要来源；乌兹别克斯坦的优势产品为棉花和黄金，其棉纤维年产量居世界第四，黄金产量居世界第八。由此可见，中亚的资源特别是能源在世界能源资源格局中占有相当大的分量，这就增强了它对大国的战略价值，从而使中亚成为大国角逐的新地缘政治战场。

（二）对外交往不便

按照现代经济学原理，交通同经济运行中的其他要素一样，是经济发展必不可少的资源。而中亚国家没有海岸线和出海口，距海洋往往很遥远，或者需要经过多个国家才能入海，这就严重限制了中亚国家的对外经济交往，造成对沿海国和其他国家的地缘政治依赖。

中亚五国现有的基础设施大多继承于苏联时期，因此其道路交通设施建设基本上都以俄罗斯为中心。中亚无论是公路、铁路还是航空和管道运输大都呈盲肠状，只有俄罗斯一个出口。而独立之后的俄罗斯经济也发展缓慢，国内需求萎缩，这就十分不利于中亚国家经济的发展。再者，中亚内部之间几乎没有交通网络，这就严重限制了中亚各国内部的

---

① 徐冬青：“中国与俄罗斯及中亚国家的能源合作——基于中国能源安全视角”，《世界经济与政治论坛》2008年第6期，第76页。

经贸往来，在经济全球化和区域集团化迅猛发展的背景下，中亚国家的经济一体化进程显得非常滞后。虽然中亚现有三个区域合作组织，分别是中亚经济共同体、中西亚经济合作组织和独立国家联合体，但只要将其同欧盟、东盟、北美自由贸易区和亚太经合组织进行对比，立马可知这三个区域合作组织不仅在经济上欠缺活力，而且结构上也存在重大缺陷。

第二节　中亚国家的能源资源政策

中亚各国政府所采取的能源资源政策是由其独特的地缘政治经济特征所决定的。为了最大限度地增进自身的国家利益，中亚各国的能源资源政策也从独立之初的“一边倒”政策演变为“多元平衡”政策，即积极利用结构性的力量在大国之间搞平衡，而且这些政策近年来越来越完善、越来越独立自主。下面将以国别为界，分别加以论述。

一、哈萨克斯坦的能源资源政策

哈萨克斯坦是中亚国家中油气资源最丰富的国家，也是中亚地区最早实施“资源立国”战略的国家。自 1991 年独立以来，哈石油化工业积极向外部世界特别是西方国家开放，被认为是独联体国家中投资环境较好的国家。根据哈政府的计划，到 2020 年其国内石油产量将达到 1.5 亿—1.8 亿吨，其中 1 亿吨来自海域。为了实现这一发展目标，哈萨克斯坦将继续引进外部资金，充分利用国外先进技术和工艺发展本国石油工业；加大油气勘探开发步伐，同时与国际大资本和周边国家合作，加快建设多元化的石油出口管线，防止依赖一个国家。为此，近年来哈萨克斯坦政府颁布了一系列关于发展经济、保护投资者利益的法律法规和优惠政策。哈萨克斯坦现行的《地下资源和地下资源利用法》（以下称

《资源法》）于1996年1月27日正式生效后已进行过多次修改和补充。2004年12月8日修改和补充后的《资源法》中涉及到了国家优先权问题，其中规定："为保持和加强国家经济的原料能源基础，在新签及已签的合同中，国家相对于合同的其他方或拥有地下资源利用权的法人的股东、相对于购买所转让的地下资源利用权和/或拥有地下资源利用权的法人股份的其他方，在不低于其他购买者提出的购买条件的情况下，拥有优先购买权。"① 2005年9月8日，哈政府再次对《资源法》进行修改和补充，在资源类资产的收购和转让方面赋予了国家主管机关更大的权力，并通过引入"集权"的概念加大了对外国公司并购哈境内资源类资产的限制，其中规定："如果地下资源利用权的转让（包括发生'集权'的情况下）不符合保障国家民族安全的要求，国家权威机关有权拒绝签发资源利用权转让许可。"②

二、乌兹别克斯坦的能源资源政策

乌兹别克斯坦位于中亚的中心，是中亚地区的另一个重要产油国。2004年4月，乌兹别克斯坦总统卡里莫夫颁布了《乌兹别克斯坦共和国第2598号总统令》，确定了"吸引外资勘探开发及开采石油、天然气的措施"。该措施打开了外资方便进入乌能源市场的大门。

2005年乌对外资油气开采企业的现行优惠政策有：在进行地质勘探工作期间免除一切税收，并实行利润税优惠、增值税优惠、消费税优惠以及财产税优惠等。2006年底，乌政府公布了新的"矿产资源税"，从2007年1月1日起生效，其中引人注目的是大幅降低了油气资源使用税和石油制品的消费税。对于外国油气开采企业，乌政府还特别给予了更加优惠的政策：在指定地区进行找油和勘探工作的外资企业享有自行处置在该地区发现的任何资源的特别权利；外国公司可以以组建合资企业

---

① 哈萨克斯坦《地下资源和地下资源利用法》，2006年8月23日，中国商务部，http://www.mofcom.gov.cn/i/jyjl/m/2006.08.html。

② "能源政策：中亚三大产油国能源政策"，2012年2月29日，http://info.1688.com/detail/1023987209.html。

和直接租赁油田的方式获得油田开采权；如外资企业未能在合同指定的地区发现有工业价值的资源，则享有选择另一新的勘探地区的优先权；独资或合资企业有权按照公司章程或租赁合同中的约定，将开采到的部分油气产品和原料加工制成品运出境。乌国还制定了一系列对石油天然气领域外国投资的法律。

在石油、天然气出口方面，乌兹别克斯坦制定了能源出口多元化战略。乌拥有一个较为完备和发达的天然气运输干线和支线网，它与苏联时期修建的跨越欧亚大陆的“布哈拉—乌拉尔”、“中亚—中心”输气干线网连接在一起，构成一个四通八达的天然气运输网络，可以将乌产天然气出口到邻国。

三、土库曼斯坦的能源资源政策

土库曼斯坦拥有丰富的天然气和石油资源，也是中亚国家中经济发展最为平稳的国家。近年来，随着里海油气资源的不断发现，其资源量还有望进一步增加。为了不断将本国的资源优势转化为经济优势，土库曼斯坦政府接连出台了一系列政策措施。

2005 年 8 月 22 日，土库曼斯坦总统尼亚佐夫签署总统令，批准对 1996 年 12 月 30 日土议会通过的《油气资源法》进行修订。此次修订强化了总统对资源开发的绝对控制权，提升了油气工业与矿产资源部在对外经济合作中的地位；根据修订后的《油气资源法》，该部除负责制定政策外，还将负责吸引外资、大型项目招投标、对外签订油气区块开发协议等工作。同时，该法削弱了油气生产和贸易企业（各康采恩、国家公司）的权力，通过撤换这些企业的领导，土总统希望抑制腐败滋生，为对外经济合作创造公平、透明的环境。2005 年 9 月 2 日，土总统尼亚佐夫签署命令：为进一步完善油气行业组织机构，依据土《油气资源法》规定，撤销直属总统的油气资源利用主管机构（油气资源委员会），其职能划归油气工业与矿产资源部。此次油气资源利用主管机构被撤销后，油气工业与矿产资源部的职能得到进一步增强，除负责监督和管理“土库曼天然气”与“土库曼石油”国家康采恩的业务外，还将负责制定行业法规。

四、塔吉克斯坦和吉尔吉斯斯坦的能源资源政策

塔吉克斯坦和吉尔吉斯斯坦均属于高山国家，煤炭资源丰富，但油气资源相对贫乏，所需油气及其制品几乎完全依赖国际市场。多年来，两国基本上都是依靠进口邻国的油气资源维持国内需求。

为了克服严重的经济困难，两国都采取了加速引进外资、争取外援的能源资源政策，强调同世界建立和发展富有成效的双边和多边能源合作，但出于历史传统、经济联系等原因，其对外能源合作的重点首先是俄罗斯。吉尔吉斯斯坦总统阿坦巴耶夫2012年曾表示，将向俄罗斯天然气工业股份公司出售其国有天然气公司大部分股份。

总之，不断吸引外资及促进能源出口渠道的多元化是中亚五国制定能源资源政策的出发点和落脚点。中亚各国虽然有着丰富的油气资源，但均受自身开发技术能力的限制而发展缓慢，因此都比较欢迎外国投资者前来开发，以此提高油气开发的水平和拉动经济的发展。与此同时，为了减少对俄罗斯的依赖，中亚国家希望欧美各大石油公司都来参与开发，其中美国雪佛龙、英国BP、土耳其等石油公司，以及中石油、中石化等都在该地区通过各种形式从事开发利用。在谈到中亚国家的能源政策时，哈萨克斯坦投资利润率研究署高级分析师阿布加津认为，“在1991年获得独立之后，中亚国家开始考虑本国的出口线路以及未来的政治、经济和意识形态发展方向。决定因素有三方面：第一，从过去以俄罗斯为中心发展到经济和政治独立；第二，寻找新的经济和政治支持者，也就是寻找新的市场伙伴；第三，利用自身地缘位置以及原料资源获得利益”。①

① “中亚国家拟推能源出口多元化，俄‘后院’尚无法摆脱其影响”，国际在线，2013年5月13日，http：//gb. cri. cn/42071/2013/05/13/6611s4113156. htm。

第三节 中国在中亚地区的能源战略

一、增加从中亚国家的能源进口数量

目前，中国原油进口来源地主要是中东地区和非洲地区。按能源进口数量排序，居前五位的国家分别是伊朗、沙特阿拉伯、阿联酋、安哥拉和俄罗斯，其中三个国家地处中东海湾地区，一个在非洲地区，一个是欧亚大陆邻国。[①] 众所周知，中东和非洲地区向来局势不稳、各种冲突频繁爆发。尤其是中东地区，不仅其内部充斥着复杂的种族、宗教和教派冲突，还是各大国明争暗斗、较量争夺的竞技场，发端于2010年底的阿拉伯世界的持续性动荡就是一个有力佐证。因此，中国在这一地区的能源权益很容易受到威胁和损害，中东一旦爆发战事，必将影响油价和中国石油进口，从而对中国的能源安全造成重大冲击。为了减少能源进口来源单一化的消极影响，中国必须提高能源来源地多元化的程度。

近些年来，随着中亚地区油气勘探成果的扩大和它在国际能源市场地位的不断提升，其成为中国关注的一个新焦点。从油气资源的分布看，该地区能源储量巨大，且主要集中于哈萨克斯坦、土库曼斯坦和乌兹别克斯坦三国。在世界能源危机日益迫近的情况下，中亚所拥有的丰富自然资源自然成为最具有战略意义的地缘要素。此外，与中东和非洲相比，作为中国后院的中亚各国政局相对稳定，除吉尔吉斯斯坦于2005年爆发了“颜色革命”外，再没有发生较大规模的民族动乱事件及其他政治事件。庞大的资源储备和较为稳定的政治局势要求中国必须在现有能源进口来源的基础上，积极利用地缘优势，大力开拓中亚能源市场，努力开

① 张耀：“中国与中亚国家的能源合作及中国的能源安全——地缘政治视角的分析”，《俄罗斯研究》2009年第6期，第125页。

展与中亚国家的能源合作，增加从周边这些国家的能源进口量，以保证中国稳定的能源供应来源。

二、加强贯通中国与中亚国家的油气管道建设

中国能源安全面临的主要挑战之一就是能源的供应链暴露在错综复杂的国际地缘政治格局中，能源运输通道安全堪忧。[①] 由于中国当前的能源供应国主要分布在中东和非洲地区，因此能源运输严重依赖于海运，陆上通道十分有限。海上运输通道需经过红海、阿拉伯海、好望角、霍尔木兹海峡、马六甲海峡等世界重要水域或海洋咽喉之地，而这些地区常常处于美国或地区性大国的控制之下，再加上近年来日渐猖獗的海盗活动，中国的海上运输安全面临着巨大考验。例如，针对当前美国及其西方盟友的制裁甚至打击，伊朗很可能采取连锁性报复措施进行反制，在极端情况下，伊朗可能会封锁霍尔木兹海峡进行报复。伊朗如果真的采取行动封锁霍尔木兹海峡，全球将陷入“多输局面”。虽然各大石油进口国都会受此消极影响，但相比于欧美国家，中国在该地区缺少战略存在，因而缺乏对其局势施加影响的能力，能源运输安全也将遭受更大冲击。

首先，中亚国家作为中国的陆上邻国，中国从该地区进口能源可全部通过陆地管道运输或者铁路与公路运输，不经过第三国，且所经区域政治稳定、社会安宁，因而合作风险小，更可避免海上运输的种种风险。以中哈石油管线为例，从里海沿岸城市阿特劳到新疆的独山子，整个输油管道都在中哈两国国境之内，安全系数高，这就大大降低了运输过程中外部势力的威胁。其次，这些陆上运输通道大都深居亚欧大陆腹地，即便该地区处于战争或冲突局面，相比较而言，中国在该地区具有“天时、地利、人和”方面的优势，保护这些中国周边陆上运输通道的可行性也就大得多。再次，如果中国能在开采哈萨克斯坦石油和铺设输油管

---

① 戴永红、秦永红：“中国与南亚能源合作中的地缘政治战略考量”，《四川大学学报（哲学社会科学版）》2010 年第 2 期，第 78 页。

道的基础上，与中亚地区现有和正在计划修建的石油输送管道网络接轨，即建立一个通向中东和里海地区石油的陆上输送线路，就可以使中国处于“泛亚全球能源桥梁”枢纽的战略位置上，把现有的和将来的石油供应国（中东、中亚、俄罗斯）和亚洲的主要石油消费国（中国、日本、韩国）连接起来，从而掌握一定的主动权。可以说，中亚地区是中国能源安全保障的关键所在。①

三、扩大在中亚地区的政治影响力

中亚地区历史上曾作为苏联的一部分，在两极格局的背景下其重要性并不突出。但随着冷战的结束，苏联各加盟共和国纷纷走向独立，中亚各国也一跃成为新的国际法主体和国际政治行为体，这就意味着该地区已经成为一个充满变数的新的战略空间。由于“权力真空”的存在，该地区引来了大国的竞相角逐，其重要地位开始凸显。特别是“9·11”事件以后，美国以反恐为名进驻中亚，中亚因此成为美国反恐战略的重要一环，更加剧了该地区的政治风险和前景的不确定性。

中亚作为中国的近邻，其局势的发展和走向必然牵扯到中国的西部安全和周边形势的稳定，因此对中国来说具有重要的地缘战略意义。正如江泽民同志指出的：“从地缘政治经济考虑，离我国远的重大国际问题和地区冲突，对我们影响有限，可以相对超脱，但应该坚持伸张正义，而发生在家门口的重大问题，直接涉及我国安全和经济利益，我们应该认真对付，充分而巧妙地发挥我国的影响和作用，最大限度地确保我国的根本利益，维护各有关方面合理的共同利益。”②

中国与中亚有着3000多公里的共同边界，这个广阔的地带构成了中国生存和发展外部空间的主要部分，它既是中国向世界进一步扩展利益的战略依托，更是中国维护国家安全的战略屏障。综观中国的周边安全形势，东北部有美日、美韩同盟的掣肘，东南部有尚未解决的台湾问题和美菲准

---

① ［俄］IB. 库里克、M. 基拉连科：《俄罗斯—中国 2050：小亚细亚战略》，莫斯科：2006年版，第179—185页。

② 《江泽民文选》第一卷，人民出版社2006年版，第314页。

军事同盟的牵制，南部有美国支持的一些东盟国家同中国日渐升温的南海摩擦，西南部面临来自印度的战略敌视，在阿富汗还存在着大量的美国驻军。由此可见，中国的周边安全形势极为严峻，总的来说美国已建立起一条“遏制”中国的弧型包围圈，以求不断挤压中国的战略空间。而中国当前的主要任务是实现和平崛起，在国际上争取更大的话语权。要实现国际层面上的崛起，首先要实现地区上的崛起，即成为地区性大国。但就当前地区形势而言，中国实现和平崛起面临诸多障碍，但其中最主要的障碍来自于美日军事同盟的存在和两岸尚未实现统一的客观现实，这就需要中国在西部建立起稳定的战略依托。中国与中亚各国无历史恩怨，也没有主权上的争议，因此扩展对中亚的政治影响力具有得天独厚的优势，且有利于平衡美国在该地区的影响力并突破美国的战略包围圈，为中国崛起奠定强有力的后方基础。

四、以上海合作组织为平台，构筑中亚区域多边合作机制

中国与中亚国家在《上海公报》基础上建立起的集体安全体制，为营造一个相对稳定的地区环境创造了良好条件，也为各国社会经济发展奠定了基础，它承担了促进中国与俄罗斯、中亚国家在政治、经济、安全、文化、科技等多领域合作的重要职能。可以说，上海合作组织是一种建立在安全、经济两个轮子上的合作机制。

安全方面，上海合作组织将打击三股势力明确为安全领域最受重视的合作内容。1999 年 7 月，上海合作组织在比什凯克会晤中首次明确指出：三股恶势力（民族分裂主义、宗教极端主义和国际恐怖势力）以及毒品走私和武器贩毒是影响本地区国家安全与稳定的严重威胁，决定就反对三股恶势力和其他领域的跨国犯罪采取联合实际行动。2001 年，上合五国组织执法部门领导人决定在比什凯克成立“上海合作组织反恐中心”。2003 年上海合作组织下属的反恐中心在比什凯克宣布成立，并开始就应对恐怖主义、非法移民等非传统安全问题展开更多的实质性合作。众所周知，中亚与中国西部在历史、民族、宗教、文化上存在比较密切的关系，是“东突”分子的重要藏身之地，因此

在上海合作组织框架内开展中国与中亚国家的反恐联合行动是中国必然的战略选择。

经济方面，鉴于中国与其他成员国的互补优势，能源领域的合作应该成为发展彼此间经济合作的一个突破口，况且能源合作本身也具有强烈的安全内涵。2003 年上海合作组织通过了《上海合作组织成员国多边经贸合作纲要》，2004 年制定了该纲要的落实措施计划，确定了包括能源在内的优先合作领域，为发展彼此在能源领域的合作提供了良好的政治空间。在 2006 年 6 月 15 日上合组织成员国元首第六次峰会上，普京总统还提出建立上合组织“能源俱乐部”的设想，中国也希望通过建立“上合组织能源共同体”，将中国稳定增长的油气市场与俄罗斯及中亚的丰富资源实现互利结合，借此提高西方国家与中国竞争的成本。在同年 9 月 15 日结束的上合组织成员国总理第五次会议上，各国总理对俄罗斯总统普京提出的“成立上合组织能源俱乐部，将能源供应者、消费者以及运输者三方联合在一起”的倡议给予了一致响应。

与其他组织成员不同的是，上海合作组织是中国参与的在中亚唯一可以依靠的多边合作机制，也是中国推进与中亚国家双边与多边合作的主要战略支柱。因此，中国要充分利用其在上合组织中的特殊影响力和控制力，增进与各国之间的相互了解，探讨和解决合作中所面临的各种问题，逐步完善组织框架内的各种多边合作机制，从而将上海合作组织打造成中国与周边国家合作的成功典范，并使其发展成为具有重要地区和全球影响力的国际组织。

五、协调好与该地区其他大国，主要是美俄之间的关系

冷战结束之后，中亚五国获得了独立，但由于自身力量孱弱，因而只能奉行与各大国都保持接触的“平衡外交”政策。“9·11”事件后，美国政治、经济、军事力量全面进入中亚地区，希望通过对中亚、南亚、西亚等更广泛地区的“民主化”改造，把该区域转变为美国主导的地缘战略空间；俄罗斯同中亚国家在政治、经济、军事和文化等领域都有着千丝万缕的联系，并借助区域内一体化机制——欧亚经济共同体和集体

安全条约组织不断加强对中亚的战略影响力；中国奉行“睦邻、富邻、安邻”的周边外交政策，积极发展同中亚各国的友好关系，近些年来在中亚的政治影响力稳步提升。在此背景下，中国必须要处理好与美俄在该地区的竞争态势。

具体而言，中国在当前应加强与俄罗斯的战略合作。虽然中俄战略伙伴关系具有不结盟、不针对第三国的性质，但两国在国际事务特别是中亚地区事务上具有相似的立场，都对美国在阿富汗战争之后继续留在中亚持谨慎与怀疑态度。因此，在阿富汗战争结束后，中国需与俄罗斯协调政策，共同抵御美国势力的渗透。以 2005 年为例，当年俄罗斯联合中国在中亚地区抵制“颜色革命”问题上与美国展开了一轮激烈的地缘政治斗争。这场外交斗争突出地揭示了以俄罗斯与中国为一方，以美国为另一方，在建立中亚地区稳定与安全秩序、政治发展道路方面的理念与政策差异，也暴露了中俄两国与美国在中亚地区地缘政治利益上的严重对立。同年 7 月 1 日，胡锦涛和普京在莫斯科签署的《中俄关于 21 世纪国际秩序的联合声明》针对美国的“民主改造”战略阐明了两国的共同立场：“应充分保障各国根据本国国情选择发展道路的权利”，“各国的事情应由各国人民自主决定”，“任何旨在分裂主权国家和煽动民族仇恨的行为都是不能接受的，不能无视主权国家社会发展的客观过程，不能从外部强加社会政治制度模式”。[①]

总之，在当前和今后一个时期内，由美俄主导中亚格局的态势不会发生转变，因此中国作为中亚地区的第三方力量，在推动与中亚国家政治经济合作的过程中，必须从实际出发，坚持稳妥推进的原则，掌握好节奏和力度，从而保持中亚地缘战略的灵活性，为“和平崛起”最大限度地争取战略空间。

---

① 张林：“中俄关于 21 世纪国际秩序的联合声明”，《人民日报》2005 年 7 月 2 日。

第四节　印度在中亚地区的能源战略

一、扩大在中亚的政治、经济存在，为“世界大国”地位的实现奠定基础

印度作为南亚的地区大国，一直把中亚视为自己“紧接的和战略上的邻国”（immediate and strategic neighborhood），[①] 并把它看作通向俄罗斯和欧洲的重要通道。近些年来，随着综合国力的不断提升，印度加快了迈向世界大国的步伐，在世界大国竞相角逐中亚的大背景下，印度自然不能袖手旁观。此外，成为联合国常任理事国也是新德里长期追求的目标，如果印度能得到中亚五国的支持，其“入常”的机会就会增加。正如印度一位研究中亚问题的专家指出，“如果我们不想在第一个公交车站提前下车的话，我们就不可以错过这趟班车，现在该是我们寻找抓住这个机遇的时候了，如果印度想要扮演亚洲大国的角色，它不得不加深它在这一地区的影响力”。[②]

政治上，印度利用其与苏联的特殊关系，大力推进印度与新独立的中亚五国之间的政治互信。1993 年 5 月，印度总理拉奥访问哈萨克斯坦和乌兹别克斯坦，这是印度加速发展与中亚关系的重要举措。拉奥与纳扎尔巴耶夫举行会谈，双方在对待世俗主义和各种宗教一律平等的问题上观点基本一致，强调加强合作，以摆脱宗教极端主义和恐怖主义的影响。印度还宣布将在阿拉木图建立一个文化中心。1995 年 9 月，印度总

---

① Yashwant Sinha, “India and Central Asia in theEmerging Security Environment”, in K. Santhanam and Ramakant Dwivedi, eds. , *India and Central Asia*: *Advancing the Common Interest*, New Delhi: Anamaya Publishers, 2004, p. 7.

② Manish Chand, “Central Asia: New Focus of India’s Oil Diplomacy”, April 6, 2005, http: //www. hindustantimes. com/ news/ 181 - 130878. 002. htm.

理拉奥访问了土库曼斯坦，并与尼亚佐夫总统在首都阿什哈巴德签署了三个有关建立两国经贸合作委员会，促进文化、教育、体育和大众传媒合作的协议。同年10月，拉奥访问了吉尔吉斯斯坦，这次访问成了两国关系深入发展“新的动力”，促进了双方在更多的领域开展合作。访问期间，两国签署了三个协议：第一个是加强文化、艺术、教育、广播电视领域交流与合作的协议；第二个是推进科技合作的协议；第三个是促进两国间旅游业发展的协议。

经济上，印度十分重视与中亚国家开展双边经贸合作。中亚领土400多万平方公里，人口5000多万，是一个巨大而又有潜力的市场，而印度经济与中亚经济互补性较强，开展经贸合作有利可图。印度的软件业、农业、金融、保险、空间技术等具有较强实力，在资金、技术和管理经验上也具有较强优势，而这些都是中亚国家比较薄弱的领域，且印度的这些经验比发达国家的经验对中亚各国更具有借鉴性。另外，印度中小企业所提供的大量廉价商品，如食品、药品、茶叶等对于轻工业不发达、人民生活水平还不高的中亚各国来说是非常急需的。当前印度正利用这些优势积极发展与中亚国家的贸易往来，双方签订了许多经贸合作协议，并已取得较大的成绩。①

二、加强与中亚国家在打击恐怖主义和伊斯兰原教旨主义方面的合作

由于历史、宗教等原因，中亚地区是宗教极端势力、恐怖主义、民族分裂主义“三股势力”的重要汇集区，它们不仅给中亚地区的政治和社会稳定造成严重冲击，而且给包括印度在内的中亚周边区域构成重大威胁。近年来，中亚地区的费尔干纳盆地、奥什地区所滋生的恐怖主义已超出中亚国家的领土范围，同克什米尔问题交织在一起。② 对印度而

① Manish Chand, “Central Asia: New Focus of India’s Oil Diplomacy”, April 6, 2005, http: //www. hindustantimes. com/ news/ 181 -130878. 002. htm.

② 徐慧、杨恕：“中亚与印度的大国战略”，《俄罗斯中亚东欧研究》2004年第4期，第72页。

言，克什米尔问题直接关系到印度的国家安全，因此克什米尔地区发生的任何事件都会牵动印度敏感的神经。正如一位印度学者所说："为了保护自己的安全利益，印度仍然不得不将焦点集中于阿富汗和中亚……，印度需要采取必要的步骤以保证自己不被从中亚的局势进程中排挤出去，并保证不使自己在一个对自身安全至关重要的地区成为一个无助的旁观者。"① 因此，出于地区安全和政局稳定的现实需要，印度必须同中亚国家在反对恐怖主义和伊斯兰原教旨主义方面加强合作。而对于主张世俗化的中亚各国来说，也有必要同印度一道抵制伊斯兰原教旨主义的冲击。

2002 年 4 月，印度国防部长访问塔吉克斯坦，双方签署了双边协议。根据协议，印度在法科尔建立了军事基地，为向阿富汗运送人道主义救援物资的印度飞机提供地勤服务。根据对等原则，印度将负责塔吉克斯坦陆军和空军人员的培训，更新塔方的一些装备。2003 年 8 月初，印度与塔吉克斯坦举行了联合反恐军事演习，这是印度首次与中亚国家举行军演。同年 11 月，印度国防部长费尔南德斯前往哈萨克斯坦和吉尔吉斯斯坦访问，承诺将帮助哈萨克斯坦建立一支能保护里海石油设施的海军，并帮助吉尔吉斯斯坦培训军方人员。此外，印度还与哈萨克斯坦签署了政府间反恐协定，并不断密切与乌兹别克斯坦的军工关系。2007 年 2 月，印度根据与俄罗斯和塔吉克斯坦签署的一项三边共同防御协议，在共同出资整修塔吉克斯坦首都杜尚别近郊一座空军基地后，三国共同拥有基地的使用和指挥权。

三、挤压巴基斯坦在中亚的战略空间

从地理位置上看，巴基斯坦与阿富汗和中亚地区相邻，因此在印巴两国长期对峙的背景下，巴基斯坦就在阿富汗积极培植自己的势力，营造对抗印度的战略纵深地带。"苏联解体后中亚地区出现的权力真空以及阿富汗掌权的圣战游击队之间的纷争，为巴基斯坦获得最大限度对印

① ［印］阿加亚·巴特尼克："中亚与印度：后塔利班时代展望"，转引自杨恕译：《中亚和南亚的恐怖主义和宗教极端主义》，兰州大学出版社 2003 年版，第 189—204 页。

度的战略纵深提供了绝佳的机会。”① 从外交政策上看，“9·11”事件后，巴基斯坦立即调整其对外政策，加入了美国领导的反恐同盟。为了积极配合美国在该地区的反恐战事，巴基斯坦也一改过去对中亚国家的冷淡态度，通过不断推进区域经济合作，提升巴的地缘战略价值。巴近年来一直努力推动的土库曼—阿富汗—巴基斯坦油气管道建设即是其“西进”外交的具体表现。② 面对巴基斯坦在中亚地区积极主动的外交攻势，印度自然会坐立不安，它必须防止中亚国家与巴基斯坦过分接近，以削弱巴基斯坦利用宗教因素在中亚地区所产生的影响，极力阻止中亚地区再次出现对印度不友好的政权。

因此，印度加强与中亚国家的联系，可以从侧面牵制宿敌巴基斯坦，从战略上压缩巴方的安全空间，由外围对其实施南北夹击，从而彻底解决长期困扰印度的克什米尔问题。《印度快报》曾载文指出，印度曾计划在艾尼空军基地部署米格-29战斗机，该基地“还有可能成为印度远程侦察机新的起降点，有助于印度空军对中国新疆、吉尔吉斯斯坦、阿富汗乃至老对手巴基斯坦的腹地进行精确侦察”。必要时，印度空军甚至能够由此前出中国西部，切断中国通向巴基斯坦的补给线。此外，印度长期以来一直保持与阿富汗北方联盟的合作关系，现阶段又不断通过政治军事援助培训阿警察、外交官等，以加强对阿富汗政府的影响力。

四、争取中亚的能源

印度属于石油和天然气极度匮乏的国家，能源70%依靠进口。随着经济的发展，印度能源缺口将逐步加大，对外依赖程度也将不断增加。曾有专家指出，印度如果继续维持目前的经济发展速度，到2020年能源消耗要比现在增加一倍。据估计，如果不能及早发现新油田，

---

① ［印］阿加亚·巴特尼克：“中亚与印度：后塔利班时代的展望”，转引自杨恕译：《中亚和南亚的恐怖主义和宗教极端主义》，兰州大学出版社2003年版，第192页。

② 胡仕胜：“印度悄悄走进中国后院”，《国际先驱导报》2003年8月29日。

印度目前国内的石油探明储量只能使用到2016年。[①] 为此，印度政府近年来一直把能源外交作为外交的重点，积极谋求海外能源资源，以确保稳定的能源供应来源。目前印度的石油进口主要还是依靠中东地区，但是由于中东地区持续动荡，印度逐渐认识到了中东石油的威胁性，因此从保障能源安全的角度看，中亚对印度而言非常重要。自20世纪90年代后期起，印度政府曾多次组织由政府高官和企业界人士组成的代表团出访阿塞拜疆、格鲁吉亚、土库曼斯坦、哈萨克斯坦等国家，为印度与该地区之间建立更紧密的经济、政治和外交联系铺平了道路。2000年4月，印度邀请土库曼斯坦外长访印，双方达成由土向印提供天然气的谅解备忘录。2002年2月哈萨克斯坦总统纳扎尔巴耶夫访问新德里期间，印度的国营石油天然气公司海外分公司被邀请参与卡尔赞巴斯油田和位于阿梅尔卡尔迪的里海盆地北部的一个天然气储藏地的开发。2003年印度总理瓦杰帕伊的中亚三国之行，也给印度带来了巨大的能源合作机会。

此外，中亚国家不但能给印度提供既稳定又便宜的石油和天然气，还是中国的能源来源地之一。印度如能与中亚各国达成牢固的能源合作关系，就既能满足本国发展工业的需求，又能挑战中国在该地区的战略利益，可谓一箭双雕。例如，中国在收购哈萨克斯坦石油PK公司时就遇到印度的激烈竞争。据《纽约时报》2005年8月16日的报道，中石油最初提出的是32亿美元的收购建议，但印度国有石油天然气与钢铁生产商联手提出36亿美元的标书。最后，中石油以41.8亿美元的出价胜出，高出最初报价10亿美元。[②]

需要指出的是，在进军中亚能源的路途中，印度的声势虽大，但其具体方案在落实过程中还必须处理好同巴基斯坦和中国的关系。由于印度本身并不与中亚接壤，要获得中亚的能源供给，最经济、最便利的输送方式便是经陆路铺设管道。目前可选择的路线有中亚—阿富汗—巴基斯坦—印度、中亚—伊朗—巴基斯坦—印度和中亚—中国—印度三条，

① 刘显著："试析印度的中亚外交战略"，《理论观察》2008年第2期，第45页。

② 张诚："印度的中亚战略及其对中国的影响"，《新疆社会科学》2007年第6期，第67页。

其中前两条都要经过巴基斯坦，这就使得印度的能源运输安全不得不受巴基斯坦的制约。此前，伊斯兰堡已明确拒绝通过“巴基斯坦—伊朗”管道向印度提供天然气。另外，经中国的路线不仅路途遥远，而且同样会受中印关系牵制。

第六章

中印在东南亚地区的能源战略

第一节 东南亚地区的地缘政治经济特征

一、东南亚的概况

东南亚是指亚洲的东南地区，范围广阔。中国的古籍中常常把东南亚叫作“南海”或者“南洋”。日本则称它为“外南洋”或“南方”。战后，“东南亚”这个名称才被广泛使用。[①] 在地理上，东南亚分为大陆和岛屿两部分。越南、老挝、柬埔寨、泰国、缅甸和马来西亚半岛，都位于亚洲东南部向南伸出的半岛上，而这个半岛又处在印度和中国之间，所以人们称它为中印半岛。这是大陆东南亚的部分。在中印半岛的南面和东面，在印度洋和太平洋之间，分布着1.2万多个大小岛屿，范围北起菲律宾的吕宋岛北，南至帝汶岛以南，西起苏门答腊岛，东至伊里安岛，我们把这部分岛屿叫东南亚。东南亚陆地面积约为448万平方公里，其中中南半岛部分200万平方公里。印度尼西亚是世界上最大的群岛国家，一共有1.3万多个岛屿，面积为190万平方公里。目前，东南亚地区一共有10个独立国家，分别是：马来西亚、新加坡、泰国、缅甸、越南、柬埔寨、老挝、菲律宾、印度尼西亚和文莱。[②]

二、东南亚的地缘政治经济特征

在地缘政治学看来，由于地理因素不可否认的影响力的存在，人们在研究国际政治发展的过程中，无论怎样回避和使用什么样的概念，仍然在不自觉地运用着地缘政治的观点、方法，在对外政策的制定上，仍然要考虑到政策实施的地理基础。战略的核心是对目标的认识和判定，

---

① 曹云华：《东南亚国家可持续发展研究》，经济出版社2000年版，第31页。

② 同上书，第32页。

没有了目标，也就没有了战略。因此，如果能够正确把握和评估中国在东南亚的战略目标，就能更好地把握中国在东南亚的地缘战略和能源战略。中国在东南亚的地缘战略利益主要体现在以下几方面：首先，争取一个稳定和平的周边环境。周边既是中国安全疆界的延伸，也是中国安全的屏障，这就需要突破安全困境。中国的周边环境最为复杂，因此中国最需要稳定和平的周边环境，要为中国改革开放深入推进、经济政治发展转型提供一个和平的周边环境。其次，着重加强与东南亚国家的经济合作关系，创造一个有利于中国经济高速增长的良好地区环境，以促进改革开放和现代化建设。打造一个良好的地缘经济环境，维护地缘经济安全，是中国在东南亚地区的主要任务。[①] 中国应积极开展经济外交，与周边国家发展紧密的经济关系；还应依托于东盟的自然资源，积极发展双边或多边的经济关系，建设一个最近的、最直接的区域市场，使中国经济有一个发展的一体化的稳定区域圈。最后，地缘文化是在特定的自然环境和社会经济环境中孕育成长的，具有地域性。从地缘文化上看，中国需要在东南亚消除“中国威胁论”的负面影响。这种遏制中国的国际地缘文化氛围对中国的发展必然会产生不利的影响。中国应积极发展同东南亚国家的合作，培育“软实力”，在东南亚树立起良好的国际形象。

三、南中国海的能源资源状况及其地缘政治经济作用

（一）南中国海的能源资源状况

目前探明的南中国海的油气储量已超过630亿吨，被称为“第二个中东”。南海是中国四大海域中最大、最深、自然资源最为丰富的海区。国土资源部地质普查数据显示，南海大陆架已知的主要含油盆地有10余个，面积约85.24万平方公里，几乎占到南海大陆架总面积的一半。南海石油储量至少达230亿—300亿吨，乐观估计达550亿吨，天然气20万亿立方米，堪称第二个“波斯湾”。仅在南海近海海域，就分布着北

---

① 何火萍：《冷战后中日两国东南亚地缘战略比较研究》，华中师范大学2007年硕士学位论文，第7页。

部湾、莺歌海和琼东南盆地三个新生代沉积盆地，面积达16万平方公里，是油气资源勘探远景区，已勘探出55.2亿吨石油、12万亿立方米天然气。① 随着经济的发展，加之东南亚地区具有丰富的资源，南中国海领土、领海争端将愈演愈烈。

（二）南中国海的地缘政治经济作用

南中国海作为东南亚地区的一个半封闭性海域，处于东南亚的中心地带。由于其周围存在多个具有战略意义的海峡，东南亚的地缘政治意义显得倍加重要。它是世界海运量第二大的海上航道，仅次于欧洲的地中海，全世界一半以上的大型油轮及货轮航行经过此水域，每年有总计4万艘以上大小船舶在此航行。经过马六甲海峡进入南中国海的邮轮是经过苏伊士运河的3倍，巴拿马运河的5倍；经过南中国海运输的液化天然气是全世界液化天然气总贸易量的2/3。这条能源供应线对日本、韩国、中国最为重要，可以说是东亚各国的“海上生命线”，同时也是东南亚各国对外贸易的主航道。② 同时，南中国海地形极其复杂且海水极深，西方媒体曾有文章指出，如果在斯普拉特利（即中国的南沙群岛）有一艘核潜艇潜伏在深水中，就能抵消在菲律宾苏比克湾基地的美国第七舰队部署的大部分实力，并且能够控制半径4000公里、包括全世界1/3人口的地区，因为这个地区的水深得几乎不可能侦查到潜艇，因此也就无法采取反击行动。③ 因此，也可以说美国在亚太驻军的主要原因之一是南海。除了海上航道，南中国海还有空中航道，其以东经114°为界分东、西两区，东区为马尼拉飞航情报区，西区为胡志明市飞航情报区，所有在南中国海上空飞行的飞行器都要接受这两个区的导航服务，如果没有这两个区的允许，就不能通过或者要绕道行走。

---

① 李铁兵：“南海油气资源丰富　堪称第二个‘波斯湾’”，《海南日报》2012年7月11日。

② 郑泽民：“东南亚：位置所决定的命运”，《世界知识》2003年第9期，第33页。

③ 同上。

第二节　东南亚国家的能源资源政策

东南亚地区由于地质构造非常复杂，地层有新旧之分，所以矿产资源相当丰富。在目前已发现的众多矿产资源中，以石油和天然气最为重要。由于西方国家大石油公司的介入，目前整个东南亚东起菲律宾，西至缅甸，正在出现一场方兴未艾的勘探和开采陆上和海上石油的热潮。根据地质专家的估计，沿着南中国海，经暹罗湾、安达曼海、马六甲海峡直到印度尼西亚群岛的亚洲大陆架地带，都蕴藏有丰富的石油以及天然气。目前以印度尼西亚石油最为丰富，主要分布在苏门答腊岛北部、爪哇岛东北部以及加里曼丹东南部；其次是马来西亚，主要分布在沙巴、沙捞越以及南中国海浅海区；文莱石油产量也非常丰富，是该国的经济支柱；越南、缅甸、泰国和菲律宾也有数量不小的石油生产。①

一、东南亚各国能源资源状况

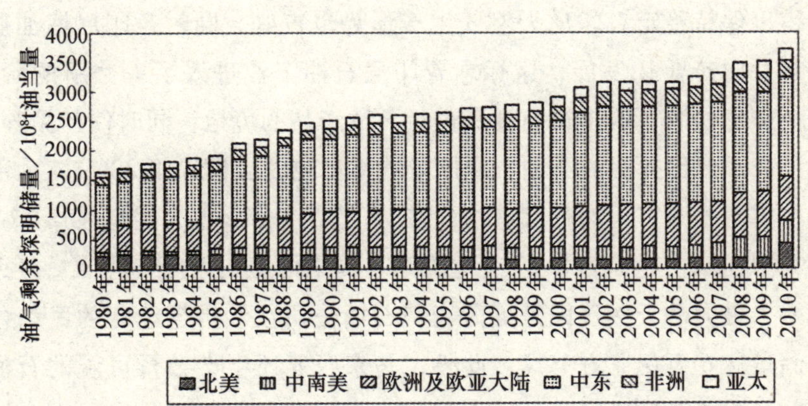

图6—1　全球历年油气剩余探明储量增长和地区构成情况

资料来源：2010年以前数据源自《BP世界能源统计年鉴2010年版》，2010年数据源自美国《油气杂志》。

---

① 曹云华：《东南亚国家可持续发展研究》，经济出版社2000年版，第34页。

20 世纪 90 年代，东南亚地区已经探明的石油储量约为 21. 9122 亿吨，已探明的天然气储量约为 50006 亿立方米。

在东南亚国家中，油气资源储量最为丰富的是印度尼西亚。20 世纪 80 年代中期，印尼地质工作协会和矿产能源部部长曾公开宣布，印尼的石油储量估计为 500 亿桶，可开采的天然气储量超过 110 万亿—216. 79 万亿立方英尺。这些数字可能估计过高，但也反映出印尼油气资源丰富。美国马克萨斯石油公司在爪哇海发现储量为 2. 25 亿桶的杜里油田，是超大型油田。至于天然气，印尼正在开采的三个天然气田规模巨大，同时还在南中国海沿岸发现了超大型气田，其储量估计为 45 万亿立方英尺。[①] 印尼作为东南亚第一石油生产大国，石油工业为印尼提供 18. 42% 的国内预算收入以及约 25% 的出口外汇收入。印尼的原油生产经历了一个从大起大落到平稳发展的过程，20 世纪 70 年代至 80 年代是印尼原油生产的黄金时期，直到 1984 年其产量都保持在 160 桶/日的水平。到 1985 年 6 月，日均产量大幅度下降，国家采取有效措施稳定了石油产量，具体包括规定弹性较大的原油价格，保持好销路，刺激原油生产；进行技术改革，提高石油产量，使得石油在生产形势不利的国际经济条件下得以保持稳定。印尼天然气生产形势也较好。同时，印尼炼油业迅速崛起并向产业化发展，这标志着印尼石油工业进入了一个新的阶段，不但使印尼摆脱了既出口石油又进口石油产品的境地，同时使产品升值。

马来西亚已探明的石油资源储量约 4 亿吨，居世界第 23 位，大部分集中在雪兰莪州；天然气储量估计在 16 亿立方米以上，居世界第 17 位，主要集中在沙捞越，为 8. 27 亿立方米。马来西亚的天然气总储量接近印尼水平，最大的天然气田是英荷壳牌石油公司在沙捞越经营的民都鲁气田，储量达 6 万亿立方英尺。此外，马来西亚还生产数量可观的石油液化气。马来西亚的原油除供国内消费外，其余完全用于出口，出口对象是日本和新加坡，两国约占其出口总量的 60% 以上，其次是美国和泰国。[②]

---

① ［英］《经济季评：印度尼西亚》，1992—1993，第 42 页。

② 马来西亚财政部：《经济报告》，1990—1991 年。

文莱是东南亚地区仅次于印尼和马来西亚的第三个主要油气生产国，石油给文莱人带来了巨大财富。文莱的石油和天然气资源主要集中在白拉奕地区，已探明的石油蕴藏量约1.8亿吨，已探明的天然气储量为130亿桶石油当量约3170亿立方米。据专家估计，文莱发现新油田的可能性不太大，而发现新天然气田的可能性则更小。文莱经济结构单一，经济严重依赖石油、天然气工业。石油部门在国内生产总值中所占的比重，在低的年份为71%，在高的年份达到88%，其石油、天然气出口额占国家出口总额的99%。石油的出口对象及所比例为：日本46%，美国20%，东盟17%，其他16%；国内市场1%。

菲律宾由于油气勘探活动进展缓慢，所以石油和天然气储量至今并不十分明朗。在20世纪70年代马科斯上台并宣布有权开采大陆架的一些石油后，勘探活动取得一些进展，但是陆地上至今仍未发现可供商业开采的大油田，菲律宾目前已转向南沙海域的海底大陆架。

泰国的油气资源情况比菲律宾要好一些。据世界银行估计，泰国的石油（包括凝析油）最大储量为1.64亿吨，天然气最大储量为5465亿立方米，泰国的油气资源集中分布在泰国湾。

缅甸的油气资源储量到底有多少，至今仍有争议。有人认为，缅甸的石油总储量在20亿桶（约3亿吨）以上。因为现已开采的坦达宾、宫达尼和蒲甘—杜印山三大油田，其原油储量就达14亿桶，天然气储量达187.88亿立方英尺。此外，在伊洛瓦底江三角洲至沿海一带面积为1.5万平方英里的范围内，已发现了35个含油区，其领海范围内海底大陆架也有存在石油资源的可能。[①]

越南的石油和天然气资源主要分布在其沿海，特别是南部沿海大陆架以及红河三角洲和湄公河三角洲地区。越南石油勘探部门先后在北方的红河三角洲地区发现少量石油和天然气，此后又在苏联的帮助下在南部沿海大陆架钻探，并取得突破性进展。20世纪80年代更是先后发现白虎、大熊和龙三个巨型油田，总储量达5亿—8亿桶。越南南部大陆架丰富石油资源的发现，引起西方石油公司的兴趣。比利时、意大利、

① 钱伯良：“缅甸石油工业简况”，《东南亚研究资料》1986年第1期，第94页。

澳大利亚、法国、日本、印度和美国的20多家石油公司在俄罗斯之后相继与越南签订共同开发协定。

柬埔寨虽未发现油气资源，但是不能说这个国家就没有油气资源。事实上，在柬埔寨找到有开采价值的油气田还是很有希望的，其油气勘探工作也已经展开。

新加坡虽不产原油，炼油业却十分发达，是继荷兰的鹿特丹和美国的休斯敦之后的世界第三大炼油中心，也是世界三大石油产品贸易中心之一和世界第二大石油钻探设备指导和维修地。新加坡炼油业起步于20世纪60年代，70年代取得突破性进展，80年代即发展成世界第三大炼油中心和亚太地区石油产品贸易中心。

二、东南亚主要国家的能源资源政策

（一）印度尼西亚

印度尼西亚是东南亚天然气资源首屈一指的国家，生产状况一直良好，1985年生产天然气4470万立方米，1987年为4900万立方米，1989年为5450万立方米，1990年达到6110万立方米。但是由于中国与印尼的关系在1990年之前一直中断，加之天然气输送管道设施建设缺乏，两国几乎没有天然气贸易，印尼的天然气出口的68%流向日本，19%流向韩国，剩余的流向中国的台湾省及其他地区。虽然世界各国对印尼油气资源的竞争不断白热化，但与其合作开发前景依然广阔。2011年2月，据印尼能源和矿产资源部长透露，印尼的天然气储量已达27.9亿立方米，按目前年产4.7万立方米计算，可连续开采59年。[①]

近年来，印尼政府为改变本国油气资源生产发展状况，保持油气资源输出的国际地位，不断地改善投资环境，完善引进外资的政策法律，以此创造更加丰厚的外汇收入来缓解世界经济危机造成的冲击，促进本国经济的恢复与发展。在石油方面，通过改善投资环境、调整财税政策

① 张文木："中国能源安全与政策选择"，《世界经济与政治》2003年第5期，第11—16页。

来吸引跨国公司的资本；通过修订石油政策法令、增加投资优惠来增强国际合作开发力度；通过打破国家石油垄断制度、对其进行私有化改革来重组石油管理部门，提高政府管理效率。在天然气方面，通过完善国内天然气生产和消费系统、减少补贴数额比例来增加国内需求，同时建立多渠道的天然气开发项目和对东盟天然气输送管道系统。印尼油气勘探开发主要位于西部苏门答腊岛、爪哇、东加里曼地区及东部和南海海域地区，有45%以上的油气盆地尚未投入二维地震及更高程度的地质勘探，油气资源开发潜力较大。受制于资金、技术困境的印尼，必然会积极寻求与综合国力雄厚的国家进行能源合作，只有这样才能达到双方优势互补、互利共赢的目的。鉴于此，中国应抓住机遇，增加双方的交流对话，深化双方在油气资源领域的合作。

（二）马来西亚

根据英国能源研究机构伍德·麦肯齐集团的调研报告显示，2012年在东南亚勘探到的石油与天然气储量中，马来西亚约占72%，达到14亿桶；而印度尼西亚只占14%，大约1300万桶。报告认为，马来西亚目前已经超越印度尼西亚，成为东南亚上游油气业的龙头，而印尼则因为石油产量不断缩减，不得不出台新的优惠措施吸引外资。[①] 该报告指出，由于马来西亚政府不断推出各种鼓励勘探和开采的措施，外来投资者纷至沓来，仅2011年一年就签下了13份合作开采合同，创下了历年来在该领域吸引外资的新记录。其中，马来西亚国家石油公司属下的探油公司、瑞典的伦丁石油公司以及美国的墨菲石油公司是在马来西亚勘探最成功的三大公司。

马来西亚国内政局相对稳定，国民经济发展迅速，为外国投资者创造了良好的投资环境。20世纪80年代以前，由于英荷壳牌（Shell）和埃克森的埃索（Esso）两家石油公司控制了马来西亚主要的油气生产区，因此马来西亚油气对外合作进展相当缓慢。1985年之后，马来西亚国家石油公司（Petronas）逐渐发展壮大，政府也修改了财税条款，对外合作

---

① 陶杰："马来西亚成东南亚油气业巨头"，《经济日报》2012年2月21日，第4版。

环境明显好转。1997 年马来西亚进入对外合作的活跃期，吸引了澳大利亚、韩国等国家的中小石油公司，但 Shell 和 Esso 仍控制着大部分合作区块。2005 年马来西亚勘探许可证的发放很活跃，2006 年马来西亚发放了两个深海区块的勘探许可证，之后有所放缓。2006 年 1 月，马来西亚壳牌沙巴石油公司（SabahOils）获得了沙巴深海区块 SB－P 的开采许可证。①

（三）越南

在过去的 20 年间，越南已逐渐成为东南亚地区重要的油气生产国。2000 年通过的《越南石油法修正案》为越南油气勘探和开采项目向国际投资者开放铺平了道路。自 1998 年越南工业开始对外资开放以来，越南政府已对外发放了约 50 个油气勘探投资许可证。当前，有包括美国、韩国、日本和欧洲等 10 多个国家和地区的 30 多家外国公司正在越南海域进行油气勘探。不过由于越南管理结构存在的问题和勘探结果比预期差等原因，一些外国公司已经从越南撤资。2006 年，越南发放了 3 个深海油气勘探许可证。美国雪佛龙公司和马来西亚国家石油公司海外公司获得 122 区块的勘探许可证。② 澳大利亚的桑托斯公司（Santos）、新加坡石油公司（Singapore Petroleum）和新加坡的珍珠能源公司（Pearl Energy）等都加入到越南的油气开发项目中来。

（四）文莱

文莱每天出产原油 20 万桶，其中出口石油量达到 19 万桶左右，是东南亚地区第四大产油国，仅次于印度尼西亚、越南和马来西亚。文莱还是亚洲第三大液化天然气生产国，是世界第四大天然气出口国。自 20 世纪 80 年代起，中国就从文莱进口石油。2000 年进口量达到 28 万吨，金额达 6135 万美元；2001 年进口金额 1.475 亿美元；2002 年更达 2.42 亿美元；2003 年达到 3.12 亿美元。2003 年中国驻文莱使馆发布的消息说，中国已

---

① 迟愚、孟祥龙、王福合：“东南亚深海油气勘探开发形式以及对外合作前景”，《热点地区》2010 年第 19 期，第 55 页。

② 同上。

与文莱签订长期采购合同，加上现货采购，采购总量已达文莱日产量的13%。[①] 中国与文莱在继续进行石油贸易的同时，积极探讨合作勘探开发油气资源。文莱石油蕴藏丰富，同时与中国的关系较为稳定，是一个可选择的东南亚油气资源合作伙伴。

三、中国与东南亚各国能源合作历史及现状

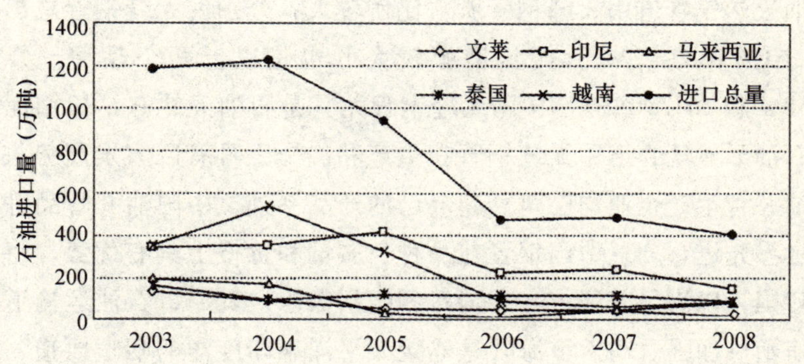

图6—2 中国从东盟主要产油国进口的石油

资料来源：根据《2008年中国石油国进出口状况分析》中有关数据整理。

中国与东南亚国家的石油贸易可追溯到1978年。当时，中国与菲律宾签订了出口原油的长期贸易协议，开启了中国东盟石油合作的大门。随着与东盟各国关系逐步正常化，中国与印尼、文莱、马来西亚等国开始探索石油合作项目，但初期合作范围窄、石油贸易额小。20世纪90年代后，经济的腾飞、快速的城市化及工业化进程导致中国对石油的需求激增。1993年中国成为石油净进口国之后，中国石油进口规模急剧攀升，石油消费对外依存度在2008年升至52%。[②] 在20世纪90年代，中国与印尼、越南、马来西亚、泰国和文莱的石油贸易较之前有大的增长，

① 张明亮：“中国—东盟能源合作：以油气为例”，《世界经济与政治论坛》2006年第2期，第71页。

② 同上。

但从图 6—2 可以看出，最近几年双方石油贸易规模逐步缩小，主要体现在中国从东盟主要产油国进口石油量的减少上。

随着中国东盟自贸区的建立，加之中国在石油开发技术和石油生产技术上具有优势，双方的合作将出现一些新领域，具体来说主要体现在两方面：其一，石油设备贸易存在上升空间。2008 年中国无缝钢管出口 609. 13 万吨，同比增长 54. 06%，占管材总出口量的 57. 26%；净出口 553. 72 万吨，出口品种中石油天然气钻探用无缝钢管（含套管、导管）和石油天然气管道用无缝钢管所占比例较大，分别占无缝钢管总出口量的 54. 61% 和 29. 52%；同比增幅较大的也是以上两个品种，分别为 106. 58% 和 161. 90%。[①] 中国无缝钢管尤其是石油天然气钻探用无缝钢管和石油天然气管道用无缝钢管在生产和出口上具有巨大发展势头，各主要油井管生产企业均已建立起自己的产品系列，中国油井管品种开始迈入世界先进行列。中国钢管在品种、质量和价格上具有优势，将会吸引进口国，以满足其国内生产消费和生活需求。其二，石油运输道路安全合作亟待加强。马六甲海峡是连接太平洋和印度洋的咽喉要道，是东亚国家从中东及非洲进口石油的必经之路，因此也被美国和日本称为“战略通道”和“生命线”。目前中国从中东及非洲进口的石油中有 80% 以上需要经过该海域。马六甲海峡对中国能源安全的重要性不言而喻。但马六甲海峡存在着巨大安全隐患，如海盗猖獗，过往船只时常遭遇海盗袭击，甚至出现军事危机，以致海峡面临关闭的风险。[②] 这就需要增加更多可供选择的石油运输道路，海上油路包括绕道印尼的有关海峡航线和泰国的克拉克运河航线，陆上油路包括泛亚铁路网和中缅油气管道。

中国和东南亚各国在石油贸易、石油运输安全通道以及石油设备贸易上都有极其广阔的合作前景。在中国东盟自贸区正式建成后，双方人员往来密切，经济联系加深，不过石油贸易规模的减少的确是一个事实。

---

① 赵华：“2008 年我国无缝钢管产量及进出口量简析”，《钢管》2009 年第 1 期，第 29 页。

② 谢忠考、林建坤：“中国东盟石油合作新领域及前景分析”，《世界地理研究》2010 年第 3 期，第 51 页。

继中俄远东石油管道和中哈石油管道之后，中缅石油管道的正式竣工也丰富了中国陆上石油进口多元化的战略，同时缓解了“马六甲”之困，但同时中石油、中石化、中海油和东南亚几大石油公司共同开发东南亚各国资源及其他国家石油资源也取得积极进展，尤其是深海钻井平台给勘探南海深海带来了福音。中国和东盟石油合作虽然有开发新领域的可能，不过目前最重要的还是在开发石油资源上。

第三节　中国在东南亚的能源战略

一、拓展东南亚的能源来源，确保能源来源多元化

从石油来源安全方面说，由于国际环境不断变化，因此对全球油气资源的研究要与时俱进。油气资源的争夺，大部分是出于政治因素而非经济因素。随着东南亚各资源国对本国油气资源管控的加强，其油气市场环境、投资领域和市场格局发生了变化，加之美国重返亚太，实施离岸平衡手战略，中国的石油市场受到了不小的干扰，使石油能源安全更具挑战性。中国石油进口近一半来自中东地区，近 1/3 来自非洲。由于这些地区局势多变，中国还应开辟更多的能源渠道。东南亚地区的印度尼西亚、马来西亚、越南、文莱都是石油、天然气供应国。目前印度尼西亚的石油探明储量约为 50 亿桶，天然气储量为 70 多亿立方英尺。截至 2012 年 1 月，马来西亚已探明石油储量为 5. 456 亿吨，已探明天然气储量为 2. 35 万亿立方米；越南的石油储量约为 6 亿桶；文莱的天然气储量约为 14 万立方英尺。虽然这些国家随着自身的发展最终也会成为能源进口国，但至少在目前，它们还能为中国提供一定的能源，为中国的能源进口多元化战略服务。[①] 针对已经出现并随时更新的新问题，中国要随

---

① 杨海：“论我国与东南亚能源合作的几个问题”，《中国社会科学院研究生院学报》2007 年第 2 期，第 130 页。

时做好战略定位以及调整研究工作，并紧跟油气发展趋势制订应急预案与公关机制。

二、积极应对国内外复杂因素，维护海上能源运输安全

从石油运输安全方面来说，东南亚地区扼守太平洋、印度洋通道的咽喉。中国从海外进口石油，东南亚是必经之地。至今，中国85%的原油是通过马六甲海峡进口的。由于马六甲海峡日渐拥挤、海盗猖獗，并且沉船、淤泥、流沙等经常导致航道改变，其通航能力受到影响，加之马六甲海峡的水深只允许28万吨以下的船舶通行，中国的石油进口路线因而遇到了瓶颈，但目前可行的解决之道还是难以绕开东南亚：（1）印度尼西亚群岛的苏门答腊岛和爪哇岛之间的巽他海峡平均水深远远超过马六甲海峡。巴厘岛和龙目岛之间的龙目海峡、苏拉威西岛和加里曼丹岛之间的望加锡海峡可通行20万吨以上的船舶，且水深无暗礁，它们都可以作为马六甲海峡的战略替代。（2）开凿泰国克拉地峡的运河，或建设通过克拉地峡的输油管道。（3）建设中缅石油运输线，先将中东或非洲开采的石油用油轮运至缅甸港口，再通过中缅输油管道或铁路运至国内。[①] 但所有这些办法的实施均需与东南亚相关国家进行合作，需要当地的配合和支持。

对于石油公司来说，要注意几点：首先，国内几大石油公司要有全局意识，要能够齐心协力地协调发展。其次，要与资源国共同发展，不能只顾自己发展而不尊重资源国的核心利益。再次，不能只以海外油气权益产量为单一目标，要同时兼顾技术发展，与资源国建立长期的贸易关系，择机发展海外油气服务业务，形成一体化产业链，以提升综合国际竞争力。同时，还要利用政府职能，最大限度地争取国家支持。石油企业的发展离不开国家和政府的支持，政府能够利用外交和外贸手段，建立并加深与资源国和消费国的战略合作关系；也能够从国家利益和战

① 杨海："论我国与东南亚能源合作的几个问题"，《中国社会科学院研究生院学报》2007年第2期，第130页。

略高度来进行统筹，以协调企业的海外油气资产收购等；还能够为石油企业进入资源国创造有利条件并对企业境外投资活动涉及的国家政治状况、宏观经济、法律法规、税收制度等方面进行了解。①

三、加强在东南亚地区的投融资力度

中国政府可以利用东南亚地区的优势资源为本国石油、石化企业及其投资的金融机构融资。具体说来，有以下三个方面：（1）让中国公司在东南亚上市。比如，新加坡是中国在海外仅次于香港和纽约的第三大筹资地。中国石油、石化企业及可为它们投资的金融机构、投资公司等均可在新加坡等地上市融资。上市方法多种多样，既可由在国内注册的公司出面上市，也可由在境外注册的公司出面上市。（2）在东南亚地区注册新的公司，在其他国际金融市场融资。中国相关企业可在东南亚地区成立自身的子公司，再以其身份在国际金融市场上市融资。（3）在东南亚当地组建合资企业，利用合作方的资金，并以合资企业身份融资。如中国石油化工总公司与泰国方面在泰国成立了亚洲石油公司。②

对于国内组织来说，要充分发挥上海合作组织在地区能源合作中的作用，积极推动中国与东南亚各国在油气方面的合作，这有利于巩固和提升成员国共同应对安全问题、降低油气合作风险的信心和能力。③

四、坚持搁置争议、共同开发的原则，和平解决南海油气争端

对于南中国海问题，应本着互谅互让的精神，通过和平方式尽快解决各国之间的领海与大陆架争端，特别是应秉持搁置争议、共同开发的

① 高安荣、田楠：“全球油气资源分布及我国海外油气资源战略举措”，《中外能源》2011年第9期，第19页。

② 杨海：“论我国与东南亚能源合作的几个问题”，《中国社会科学院研究生院学报》2007年第2期，第130页。

③ 同上。

原则，淡化南沙争端，以联合开发方式加快海底油气资源的勘探与开发，以弥补陆地石油资源日益减少的问题。

对于东南亚各成员国来说，应变油气资源的掠夺性开采为有计划的开采，延缓东南亚地区油气资源枯竭的速度。要求各有关国家限制原油产量，有计划地生产，同时重视发展炼油工业，形成勘探—采油—炼油的一条龙生产，提高石油工业的产值。还应积极引进外资开发国内能源，通过引进外资大力开发东南亚国的能源，满足经济发展对能源的需求，并且降低对进口能源的依赖。对于经营能源的外资企业，各国政府要在税收、控股、设备进口等方面给予一系列优惠。例如，政府可以规定，签约公司进口用于勘探开发的有关设备和材料免征所得税，准许外国公司拥有 100% 的股权（在其他部门则规定外国公司只能拥有 40% 的股权）。

第四节　印度在东南亚的能源战略

一、加强与缅甸的能源合作以牵制中国的影响力

在东南亚地区，印度已在缅甸获得油气开采和勘探项目的股权。2005 年 2 月，印度、缅甸和孟加拉三国达成共识，将建造一条长 290 公里、总投资额 10 亿美元的跨国油气管道，把缅甸的天然气经孟加拉直接输送到印度。中国方面也在进行缅甸海域的油田开发，以及推动兴建从缅甸西南部海岸到中国云南省昆明市的输油管道计划，以防患其石油生命线在马六甲海峡一旦出事而中断之危机。印度与缅甸的各种油气合作进展，都对中缅两国的能源合作构成竞争关系。[①]

对于印度在缅甸的发展情况，我们从 2000 年以来印度的言行与外交

---

① 王晓龙：“印度全球能源战略开局咄咄逼人”，《绿叶》2006 年第 3 期，第 48 页。

实践中可以得出以下几个特点：第一，受地缘政治的影响，互邻的印缅关系是印度国家利益不可分割的一部分，在缅甸有印度的地缘利益，印度不会让中国在缅甸独大；第二，印缅关系已非常深入，任何一个国家在与缅甸发展关系时都不能忽视印度的存在。当前印度在安达曼海有军事基地，中国在那里的缅甸岛屿上也驻有军事人员。对于中印这两个能源大买家来说，最好的和平竞争方法就是重温20世纪50年代中印缅三国共同创建的“和平共处”五项原则，摒弃前嫌，共同维护印度洋海上通道的安全。[①] 在东南亚地区，中印两国互利合作、共同开发才是最好的状态。

二、拉拢南海周边国家，企图谋求能源最大利益

20世纪80年代中期，在越南刚刚产出第一桶原油时，印度就急不可耐地与其签署联手开发南海油气资源的协议，开始向越南油气开发领域投资。经过10多年的潜伏，印度国油终于换来了久违的回报。2000年9月，印度国油与越南政府、英国石油达成价值10亿美元的开发南昆山气田的协议。为了继续扩大权益，当年11月印度国油再次向该项目注资2.5亿美元，这是印度有史以来最大的海外投资。南昆山油气也是越南最大的天然气项目，包括Lan Tay和Lan Do两块气田、一条长达370公里的输气管道和一个发电站。从2002年开发至2009年为止，南昆山项目总共提供的燃气量为53.8亿立方米，占越南天然气总产量的38%。[②] 作为该项目第一大股东，拥有45%股份的印度国油在南昆山项目中挣足了银子。2010年10月12日，越南主席张晋创与印度总理辛格举行首脑会谈。双方签署了能源合作、安全、经贸等领域的一系列协议，包括印度国油与越南石油联合开发南海争议海域油气田3年的合作协议。

2012年8月22日，印度正式启用了位于印度南端安达曼—尼科巴群

---

① “缅甸成为中国印度开发海外能源的热点”，http://gold.hexun.com/2005-04-20/102188703.html。

② 白益民：“印度国油，谁的马前卒？——南海争端系列报道之二”，《中国石油石化》2012年第19期，第44页。

岛上的巴兹军事基地。这一群岛是印度进入东亚和东南亚的门户，而巴兹军事基地则是印度监控国际重要海上咽喉——马六甲海峡最重要的窗口，在此可以直接监视中国进出印度洋的船只。香港中评社评论称，印度此举正是为了对抗中国在印度洋地区的战略。[①] 印度不仅在印度洋阻击中国的海外战略，而且在中国门户南海也是动作频频。比如代表印度政府意志的印度国油多次不顾中国政府反对，执意帮助越南在南海盗采油气资源。

印度参与南海油气开发一个重要目的就是，将南海打造成能源后花园。印度是一个贫油国，70%的能源依赖进口，所以参与有着“第二个波斯湾”之称的南海油气开发对其未来能源供给有着特殊意义。此外，越南还可以帮助印度实现“向东看”的战略目的，扩大其在东南亚的影响力。南昆山项目的成功让印度国油尝到了甜头，同时刺激了其向南海进军的野心。2006 年 6 月，印度国油与越南石油再次签署协议，出资 2.25 亿美元开采位于中越争议区 127 号和 128 号两个区块，由印度国油全权负责勘探。[②] 该项目遭到了中国的强烈反对，可是印度根本无视中国的警告，并倒打一耙地声称中国宣称拥有这两个区块的主权属于无理取闹。

印度执意开采南海，目的不仅限于油气本身。作为南海以外的国家，油气成为印度参与南海事务的一个重要口实。2012 年 4 月 6 日，针对南海的航海自由以及开发问题，印度外长克里希纳声称，“印度主张南海是全世界的财产，其航道必须不受任何国家的干扰”。同时，这也是对中国警告印度勿插手南海的反击。不久之后，印度核潜艇“查克拉”暗中通过南海，其艇长甚至声称，“我们能战胜周边任何对手”。此外，日本与印度两国外长还在印度首都新德里达成协议，在 2012 年 6 月共同举行以“保障海上交通安全”为核心的联合军事演习。这也是日印两国举

---

① 白益民：“印度国油，谁的马前卒？——南海争端系列报道之二”，《中国石油石化》2012 年第 19 期，第 45 页。

② 同上，第 44 页。

行的第一次双边演习。[1] 种种迹象表明，印度官方的多次表态意味着印度在南海的利益不断加强，影响力也开始逐步上升。印度通过在南海的活动抗衡中国，同时还可将之作为向中国施压的手段，以此抵消印度在西藏问题上的压力。

针对印度的南海能源政策，中国需尽快制定合适的战略，以更加灵活的策略周旋于区域内外国家间，以保持南海局势的稳定，对此提出解决南海问题的几点建议：

第一，中国应当积极与南海争端当事国建立共同开发南海资源的机制，尤其是油气资源开发的合作机制。各国可以从海域管辖权划分、油气田勘探开发、资金投入、产品加工等方面进行谈判，促成争议各方在海洋资源开发上形成多领域、深层次的合作。这种对南海争议地区的资源进行共同开发的方式，既能使中国和东盟各国从南海地区共同分享经济利益，又能缓解因南海主权争议带来的紧张局势。[2] 同时，中国应加强深海油气田勘探开发技术的研究，加大对南海油气资源的勘探力度，提高海洋勘探开发能力，尽快在资源开采上取得突破性进展，同时加快南海其他丰富资源的开发，如旅游开发和渔业捕捞及加工等。

第二，中国应积极推动与东盟国家开展广泛的非传统安全领域的合作，建立并促进军事互信。一方面，有助于消除东南亚国家对中国诉诸武力解决南海争端的疑虑；另一方面，可以排挤美国等大国在该地区的势力，为解决南海问题提供一个良好、稳定的周边环境。中国与东盟国家在非传统安全领域的合作进展迅速，取得了一系列丰硕的成果。2002年11月中国与东盟在第六次领导人会议上签署《中国与东盟关于非传统安全领域合作联合宣言》，启动了中国与东盟在非传统安全领域的全面合作。2004年1月10日，中国与东盟在曼谷签署《中华人民共和国政府和东南亚国家联盟成员国政府非传统安全领域合作谅解备忘录》。这份《谅解备忘录》确定了双方反恐、禁毒和打击国际经济犯罪和网络犯

---

① 白益民：“印度国油，谁的马前卒？——南海争端系列报道之二”，《中国石油石化》2012年第19期，第45页。

② 朱陆民、王珊：“试析中国在南海问题上面临的挑战”，《传奇·传记文学选刊》2011年第8期，第50页。

罪等重点领域合作，明确了各领域的中长期目标，规定双方将通过信息交流、人员交流与培训、执法协作和共同研究等方式加强合作。[①]

第三，中国应大力加强海军力量的建设，捍卫中国海洋主权和海洋权益。强大的军事力量是维护国家利益的坚强后盾，而海军则是国家海洋战略力量的核心，它关系到中国的领海主权和能源运输线安全等国家利益问题。南海主权争议迟迟未能解决归根结底是因为中国没有一支强大的海军力量作保障。[②] 对中国来说，加快建设新型核潜艇，加速航母编队的建设，加强远洋作战能力，提升南海地区的海军空军力量已经刻不容缓。

总之，中印两国同属发展中大国，经济发展速度位居世界前列，能源需求量巨大，双方在能源合作方面有巨大的潜力。同时，中印在东南亚地区都有地缘上的优势，在东南亚地区能源政策上既有合作也有竞争，挑战与机遇并存。协调好中印两国在东南亚地区的能源政策，是中印双赢之举。

① 中国网站，http://www.showchina.org/zgygjzzxl/zgydm/05/200805/t172197.html。

② 朱陆民、王珊："试析中国在南海问题上面临的挑战"，《传奇·传记文学选刊》2011年第8期，第50页。

第七章

中印在南亚地区的能源战略

第一节　南亚地区的地缘政治经济特征

南亚能源资源匮乏，地理分布又不均衡。从目前已勘探总量来看，南亚石油总量只约占世界总量的5%，天然气约为1%。石油资源（重要战略资源）主要分布在印度和巴基斯坦两国，天然气主要分布在印度、巴基斯坦与孟加拉国三国。从石油天然气储备量来说，根据英国石油公司的资料显示，2007年印度的石油储量大约为55亿桶，约占世界总量的0.4%，并且印度石油生产的主力是海上油田，约占总量的75%，陆地油田总量约占总产量的25%。印度对石油产区的开采都比较充分，并且新增储量有限，这将限制其未来石油产量的增加。截至2006年，印度已探明的天然气储量约为38.88万亿立方英尺，占世界总量的0.6%。印度人口众多，随着其国内发展进入工业经济时代，再加上国内贫乏的石油和天然气储备，其只能依赖进口。巴基斯坦国内的主要能源资源为：石油为1.84亿桶，天然气储量为4920亿立方米，但巴国内的天然气生产增长速度远远低于消费增长，对外进口的依赖度较大。①

一、南亚国家地缘政治特征

首先，南亚作为欧亚大陆的新兴地缘中心，在亚洲地区乃至国际上的影响力逐渐扩大，已经成为影响当今世界政治、经济的重要地区。尤其是进入21世纪以来，全球进入反恐时代，南亚重要的伊斯兰国家——巴基斯坦与阿富汗都是恐怖主义活动比较频繁的地方，更何况两国还是连接中亚（具有丰富油气资源）的走廊。以美国为首的西方大国都试图

① “巴基斯坦国家概况”，中华人民共和国外交部网站，http//www. fmprc. gov. cn/mfa_chn/gjhdg_ 603914/gj_ 603916/yz_ 603918/1206 604018/。

打着反恐的旗号进入南亚地区，积极扩张自己在这一地区的势力，进而控制世界重要战略能源输出的要道。由此一来，南亚地区国家也成为大国间地缘角逐的舞台，致使该地区局势更加不容乐观。

其次，近年来印度综合国力上升，印方积极利用自己的权利和地缘优势加紧对该地区的控制，试图排除一切在印方看来属于外部势力的干扰，南亚地区明显呈现出由印度主导的权力政治格局。长期以来，南亚一些国家不满印度在本地区推行强权。从巴基斯坦建国以来，巴印矛盾一直持续，双方都视对方为自己的宿敌；一些小国（尼泊尔、斯里兰卡、孟加拉）面对印度的强势地位也为自己的安全困境而深感困扰。而且“9·11”事件爆发以来，美国在阿富汗的反恐战争使得塔利班政权瓦解，巴基斯坦失去了与印度相抗衡的后方依托，加之随着美国在亚太地区战略的调整，其对巴政策发生变化，开始积极拉拢印度以遏制中国在该地区的影响力。这使得南亚地区的地缘战略天平再次向印度倾斜，巴基斯坦对印度的战略抗衡劣势地位进一步明显，从而导致该地区再次进入权力斗争的时代，南亚地区局势也更加复杂化。

最后，从印度洋的战略地位来分析。自从南亚次大陆成为英国的殖民地开始，印度洋逐渐成为连接欧亚、亚非、亚太地区的重要国际战略通道，其海权对亚洲及全球的影响深远。从地理角度来分析，南亚次大陆处于东南亚与中亚、西亚之间，三面临海，西北角是中东地区，通过红海和苏伊士运河可通往地中海，以起到遏制印度洋海上交通的作用，在当今世界算是最繁忙的三大战略运输水道之一，世界上25%以上的商品都要经此运往世界各地。同时，印度洋海底及其周边地区国家（如中东、伊朗、科威特、伊拉克、北非）有着丰富的石油及天然气等重要战略资源。因而，从地缘政治上考虑，印度洋逐渐成为世界格局的关键地区。世界海权理论之父马汉在一个世纪之前曾说，“谁控制了印度洋，谁就控制了整个亚洲，印度洋是全球七大洋的关键”。

因此，结合以上因素分析，南亚地区局势的安全与稳定对于中国的海外能源安全战略显得至关重要。

二、南亚国家地缘经济特征

地缘经济学是在全球化和经济一体化不断深化的国际背景下产生的，其主要内容体现在以下几个方面：首先，冷战结束后，国家间的竞争关系以一种新的方式出现了，对这种新的国际竞争方式进行研究就是地缘经济学的任务；其次，各国要想维护本国的经济利益，自然会阻碍对方国的经济发展；最后，地缘经济学研究的范围主要是经济战场而不是军事战场，而且其最终目的是实现自身的社会性和经济性。

从中印之间的贸易和经济发展来分析，在2008年，中国与印度的贸易额达到517.8亿美元，中国也成为印度的第二大贸易伙伴。然而从中印贸易关系中可以看出，近几年印度对中国的贸易逆差进一步拉大，印度对中国的出口主要是初级产品，而中国对印度的出口主要是加工型产品。印度将此视为贸易不平等，时常在国会提议，要求中国商品退出印度市场，并频频对中国企业或产品实施反倾销，致使中印贸易摩擦不断。冷战后国际经济斗争的目标不再是争领土，而是抢占在世界经济中的主导地位，而这种争夺国际经济主导地位的希望主要还是在高科技领域。然而随着近几年中国高科技产业不断发展，印度除在计算机等软件行业具有优势外，其他行业与中国的差距正进一步拉大。印度官方也施加种种压力，要求中国的一些技术密集型企业退出印度市场。

巴基斯坦具有重要的战略地位优势。从经济角度考虑，巴基斯坦对中国的战略意义主要在于可以作为中国的能源战略通道。巴基斯坦处于南亚次大陆的西北部，东面与印度为邻，东北部与中国新疆接壤，西接伊朗和阿富汗，经阿富汗瓦罕走廊可到达中亚地区国家，南濒阿拉伯海，经阿拉伯海可南抵印度洋，西达波斯湾，其海岸线紧靠霍尔木兹海峡，为世界上繁忙的海运航线。东面则是世界上三大石油进口国：中国、印度和日本。此外，里海由于具有丰富的油气资源及重要的战略地位，日益受到国际社会的广泛关注，也是大国之间权力角逐的重要区域。由于巴基斯坦处于这样得天独厚的地理位置，加之瓜达尔港口所具备的集港口、公路、铁路及航空为一体的网络设施，中巴在能源问题上的战略合作潜力可谓不断增大。

第二节　南亚国家的能源资源政策

一、印度的能源资源政策

20 世纪 80 年代初，印度完成了对石油勘探及开采的国有化运动，政府只控制原油及油品的价格和流通。

（一）对油品价格及管理机构的调整

从 20 世纪末开始，印度开始解除石油产品价格的管制，而且这种进程不断加快。截至 2002 年 4 月，印度政府已经完全取消价格管制，同时对柴油和家用液化石油气分阶段逐步减少差额补贴。据印度媒体 2013 年 6 月 14 日的报道，印度石油和天然气部长维拉帕·莫伊利表示，在未来 6 个月内，印度政府将制订石油产品价格新方案，提高天然气价格，以及在石油和天然气勘探领域投资的激励政策等多项重要政策。[①] 此外，印度政府将全力推动液化石油气直接补贴计划，该项计划已于 2013 年 6 月初开始实施，第一阶段已在全国 18 个地区成功进行。

由于能源资源在印度国民经济中所占的比重越来越大，印度政府不断加强对能源部门的管理。其主要通过政策措施来规范油气工业的运行，不仅设立了石油和天然气部，而且考虑在“十五”期间建立一个由电力部、煤炭部、石油和天然气部、原子能部和计划委员会的功能部委组成的最高能源委员会，以协调能源部门各方以及之间的目标，并使国家能源政策得

① “印度政府将制订石油产品价格新方案”，中国化工机械设备网，2012 年 6 月 17 日，http：//www. huajx. com/News/Detail/22879. html。

以有效贯彻。[①] 这是印度确保经济长期强劲增长和实现世界大国目标的关键举措。

（二）开放能源勘探市场，降低进口关税

据相关资料显示，石油约占印度能源消费量的30%，印度未来的石油消费量将出现快速增长态势，预计将从2003年的220万桶/天上升至2010年的280万桶/天。由于印度国内原油需求持续增长超过国内的供给能力，其原油的自给率将下降到15%，目前印度70%的原油依靠进口，2025年这一数字将上升到85%。[②] 面对这种状况，印度当前的主要目标在于努力加大国内石油勘探和开采力度，减少对进口石油的依赖。对此，印度政府实施了较为开放的能源政策，利用项目招标形式鼓励外国投资者参与国内的石油开采，如印度政府于1997年推出了新勘探许可证政策（NELP）。

为了吸引外资和国内私有资金进入能源勘探领域，1997年以来印度共对90个区块的油气田实施招标，2005年又对20个区块油田实施招标。2006年3月，印度政府实施的第六轮“新勘探许可政策（NELP－V1）”促进了印度国内石油企业与海外石油企业联合投标。此外，近几年印度还大幅度削减原油、汽油、柴油、液化石油气、煤油及相关设备的进口关税。为了满足国内经济发展所需的石油资源，印度能源部也极力反对征收能源设备进口关税。如印度《经济时报》2010年4月21日报道，印度能源部再一次反对征收能源设备的进口关税，原因是如果征收进口关税，将对完成2012年能源项目计划造成不良影响。[③]

（三）加强石油战略储备，保障能源安全

如今印度原油需求的80%都要进口，该项开支需要花费的国家财富达1200亿美元。如果石油价格继续上涨，进口费用增加，将会对印度经济增

---

① 董小君：“能源管理体制：从分散走向集中是国际大趋势”，中国经济网，2008年4月15日，http：//www.ce.cn/cysc/ny/zcjd/200804/15/t20080415_15159939.shtml。

② “印度20个油气田全面招标，涉及金额约10亿美元”，新浪网，2005年1月7日，http：//news.sina.com.cn/w/2005－01－07/09354746940s.shtml。

③ “印度能源部反对征收能源设备进口关税”，中华人民共和国国家税务总局网站，2010年4月26日，http：//www.chinatax.gov.cn/n8136506/n8136608/n9947993/n9948117/10020053.html。

长造成不利影响。据预计，到2030年印度的石油进口将增至90%，在石油资源中，印度将会更加依赖于国际市场。而且印度所进口的石油主要来源于地区局势动荡不安的中东、北非国家，受制于这些国家国内安全局势的影响，印度所需的石油资源进口受到极大的挑战。对此，印度政府不断推出能源安全战略。2005年3月，印度石油和天然气部长阿亚尔在新德里举行的国际石油年会上的表态，显示出印度的一系列外交举措将会越来越向石油和天然气领域倾斜，而且越来越务实。[①] 这也充分说明能源外交将成为其总体外交战略的重要组成部分，印度未来外交工作的开展将更侧重于能源领域的国际合作，通过共同开发石油资源，其石油进口来源更加多元化。

同时，印度政府也积极加强石油战略储备，确保能源供应安全。2006年1月，印度内阁决定建立战略石油储备，以加强印度的能源安全。印度国防部长普拉纳布·慕克吉还表示印度将会建立总量为500万吨的原油储备，计划在未来9年的时间里完成，预计将花费1127亿卢比（约合25亿美元）。[②] 其原油储备将建在印度西海岸城市门格洛尔和东部港口城市维沙卡帕特南。这些举措进一步说明印度的战略目的在于增强其能源安全保障。

二、巴基斯坦能源资源政策

巴基斯坦商业能源的主要来源是电力、天然气、石油和煤炭。在超过5000万吨油当量的基础能源供应中，石油的份额占到38%，天然气占到44%，电力占到13%，煤炭占到5%。其中石油和天然气在巴基斯坦的能源消费结构中所占比重很大，尤其是天然气，其开采量在过去10年当中翻了一番，生产增长也保持在4%。随着近几年巴基斯坦对天然气、石油及电力的需求不断增加，加上国内面临持续不断的能源危机，其能源政策也主要倾向于石油、天然气及煤炭的开采和生产，同时开发水电，增加煤炭

---

① “印度的能源战略”，新浪网，国际新闻，2005年4月17日。

② “印度将要建立战略石油储备加强能源安全”，新浪网，2006年1月8日，http://news.sina.com.cn/w/2006-01-08/09307924817s.shtml。

及可替代性和可再生能源在总能源消耗中的比例。

（一）实现能源供应的合理多样性

近几年，巴基斯坦的能源消费比重出现严重不合理现象，其中石油和天然气占很大比重。随着巴能源需求较快增长，其本土原油和天然气产量开始下降，能源对外依存度不断上升，使得其能源供应的缺口逐年扩大。因此巴迫切需要依据国内外环境和条件，大力推进能源多样性的政策，优化能源消费结构，依靠能源合理多元化来缓解供求紧张的状况。巴基斯坦政府在未来推行此政策的过程中，主要措施是减少国内石油的消费，逐步增加煤炭消费，最大限度地发展煤电技术，增加煤电的市场份额。另外，还要小幅度下降天然气消费，加大力度开发新能源，并在一定程度上增加核能的消费比例。

（二）增加本土能源比重，减少对外进口依赖

主要措施有：稳定提高国内天然气的开采。据估计，巴基斯坦天然气储量为 8 万亿立方米（其中 1.188 万亿立方米已探明），目前年开采量为 0.034 万亿立方米；吸引国际金融机构的投资，加大对水电行业的投资力度，同其他国家展开合作，尤其是继续加强与中国水电公司的合作，着重建立几个中、大型水电站；引进国外先进的生产技术，加强本国石油、天然气的勘探和生产，特别是对近海油气资源的开发；增加对煤炭资源的开采，大力发展煤电项目。巴基斯坦期望通过以上举措逐步减少对外进口石油、天然气的依赖。

（三）积极推动区域能源贸易合作

面对国内能源危机持续不断的状况，单靠对国内有限资源的开发是远远不够的，尤其是国内对天然气和石油的需求在不断加大，这就需要巴基斯坦开展国际能源合作。这几年巴基斯坦政府积极推动能源外交与管线外交，筹划三条跨国天然气（IP）管线：伊朗—巴基斯坦—印度、土库曼斯坦—阿富汗—巴基斯坦以及卡塔尔—巴基斯坦。巴基斯坦根据所处的地理位置优势，积极扩大同中亚与西亚国家的能源合作，另外还将与巨大能源

消费国——中国合作，将能源走廊优势和雄厚的资金及管道建设技术相结合，使得中亚、南亚、西亚及中国形成能源合作共赢。

（四）进行技术改革，推动可再生能源的发展

巴基斯坦政府在全国范围内采取有效节能措施，研究开发低、中成本的节能技术，发展太阳能、风能及生物能等可再生能源，尤其是在偏远山区大力开发新能源，提高可再生能源在偏远山区的被使用率，同时在财政上加大对可再生能源发展的资金补贴力度。2011 年 6 月 16 日，据巴基斯坦《新闻报》报道，巴基斯坦水电部决定撤销可再生能源委员会，将其并入私营电力设施委员会（PPIB），由其全权负责可再生能源项目，这一举动主要是争取可再生能源项目获得资金支持。[1] 同时，巴基斯坦政府也实行能源替代性政策，使一些能源消耗比较大的行业获得一些替代性能源的补充。如巴基斯坦《每日时报》于 2011 年 5 月 20 日报道，巴基斯坦能源替代委员会主席公开表示，巴方已经起草了新的替代性能源政策，将覆盖甘蔗渣发电、水电、离网发电技术以及风能和太阳能等。[2]

三、孟加拉国的能源资源政策

孟加拉国国土面积为 14. 757 万平方公里，人口达 1. 5 亿，人均能源消费 115 千克油当量，为世界最低。近 20 年来，孟加拉国的经济增长率保持在 5% 以上，能源短缺问题对其消除贫困、保持经济可持续发展的掣肘作用日益凸显。孟加拉国石油、煤炭、水电资源非常有限，天然气是最主要的能源资源，占其商业能源的 73%，陆上海上储量均极其丰富。从 1955 年在锡尔赫特专区的哈里普尔首次发现天然气田至今共发现 23 个天然气田，目前已探明储量为 28. 42 万亿立方英尺，可开采量为 20. 51 万亿立方英尺。石油仍处于勘探阶段，迄今为止孟加拉国没有发现任何重要油田。

---

① “巴基斯坦水电部决定撤销可再生能源委员会”，中国驻巴基斯坦使馆经商处，2011 年 6 月 16 日，http：//www. mofcom. gov. cn/aarticle/i/jyjl/j/201106/20110607602754. html。

② “巴基斯坦将于 6 月发布新的替代能源政策”，2011 年 5 月 20 日，国际能源网，http：//www. in－en. com/finance/html/energy_ 15161516881021023. htm。

仅1986年12月在锡尔赫特专区的哈里普尔发现油田，截至1994年该油田生产石油65万桶，目前已停止开采。孟加拉国全部原油需求都通过进口满足，现在每年石油进口量为500万吨左右。

1996年孟加拉国公布实施了第一部《国家能源政策》，2004年公布了新的《国家能源政策》。2004年《国家能源政策》中的10个主要目标有：（1）增强能源供给保障能力，以保证经济可持续发展。（2）满足国内不同地区以及社会经济组织的能源需求。（3）优先开发国内能源。（4）保证能源事业可持续运营。（5）合理利用全部能源。（6）统筹能源资源开发利用与生态环境保护。（7）鼓励公私营企业参与能源各部门的开发与管理。（8）到2020年，全国实现电气化。（9）确保能源以合理、负担得起的价格供应给人民。（10）发展合理的能源商品交易市场以确保能源安全。①

（一）开放能源勘探市场

受自身财力与技术水平所限，孟加拉国鼓励外商以合作的方式进行石油天然气勘探开发。1974年的《石油法》授权政府促进天然气的钻探、开发、加工、提炼和销售。孟加拉国国有石油和天然气巨头——孟加拉国国家石油公司代表政府通过国际招标的方式同国际石油公司签订合同。合同采取生产—分享合同和天然气购销合同两种方式。生产—分享合同规定，由国际石油公司带资勘探开发，自担风险，孟加拉国以天然气产出予以补偿，并在一定条件下可将天然气用于出口。20世纪70年代初，在生产—分享合同项下，孟加拉国政府授予6个外国公司7个气田的开发权。在20世纪90年代的两轮招标中，孟加拉国政府授予外国公司12个气田的开发权。2011年，授予美国康菲石油公司2个气田的开发权。

（二）多管齐下保障能源供应

孟加拉国政府采取一系列行政和经济措施，多管齐下保障能源供应。首先，对燃油进行财政补贴。从1997年开始，孟加拉国对燃油和电力价格

① Government of the People's Republic of Bangladesh Ministry of Power, Energy and Mineral Resources, "Government National Energy Policy", Dhaka, May 2004.

进行补贴，以应对进口能源价格的上涨和能源消费量的大幅增加。每年度孟加拉国财政补贴燃油超过 1000 亿塔卡。2011—2012 财年，孟加拉国政府指定 2047.7 亿塔卡为社会生活各领域提供补贴，仅燃油补贴一项就达 1100 亿塔卡。2012—2013 财年电力能源补贴预算为 3453.3 亿塔卡，比上财年增长 14.5%，约占财年预算的 18%，是政府最大的财政支出。其次，实施租赁电站政策。孟加拉国政府 2006 年开始启动重油租赁电站建设。电站建设由电力发展局负责招标，政府提供建设用地，中标者负责建设、经营并按照约定价格向电力发展局售电，合同期约 20 年。第三，开放能源领域的进入门槛。2006 年孟加拉国政府开始批准建立私营租赁电站，国家电力局购买所发电力。2010 年允许本地或外国公司不经招标程序投资建设私营电站项目。这项政策具体内容包括投资者无需电站建设经验、地点任选、投资者可选择将电卖给大企业或按照定价上网、燃料任选、政府提供土地等。①

（三）开展能源国际合作

孟加拉国政府广泛开展能源国际合作，积极推动核电建设，优化能源结构，实现多种能源互补。与缅甸加强合作发展水电，在缅甸境内建设水电厂，电力输送至孟加拉国。2010 年与印度启动了两国有史以来的第一个双边电力贸易协议，协议有效期为 35 年。根据协议，2012 年前孟加拉国将从印度进口 250 兆瓦电力。2011 年与印度签署《可再生能源合作谅解备忘录》。2010 年与印度、斯里兰卡、缅甸、不丹、尼泊尔和泰国合作，在印度成立区域能源中心，推动区域能源网络连接和能源基础设施建设，进而提高能源使用效率。2012 年与英国签署能源谅解备忘录，合作开发可再生能源项目。2013 年 1 月与俄罗斯签署协议，俄罗斯提供 45 亿美元的资金与技术，在孟加拉国西北部卢普尔（距离孟加拉国首都达卡 160 公里，位于恒河东岸）建造首座核电站。核电站运行 2 台核反应堆，每台发电功率为 1000 兆瓦，建成后能提升孟加拉国 20% 的发电能力。

---

① “孟加拉政府允许不经招标程序投资建设私营电站项目”，2010 年 4 月 11 日，中国驻孟加拉国大使馆经济商务参赞处，http：//bd.mofcom.gov.cn/aarticle/jmxw/201004/20100406861508.html。

（四）推动可再生能源发展

孟加拉国政府积极促进可再生能源的应用，通过立法、政府补贴和降低关税等多种优惠政策大力促进生物能、风能、太阳能等可再生能源的开发，目标是使可再生能源发电比例到2015年达到该国电力总需求的5%，2020年达到10%。

2008年12月孟加拉国政府批准首部《可再生能源法》。该法案鼓励私营机构投资开发可再生能源，经营者15年内免交企业所得税，并可得到财政补贴。政府建立了小额信贷体制，对可再生能源开发项目给予资金支持。为鼓励居民使用可再生能源，对农村边远地区使用可再生能源的发电设施给予补贴。为提高太阳能产品在孟加拉国的普及程度，国家税务委员会从2009—2010财年开始取消所有太阳能设备6%—60%的进口税，这使得太阳能产品的成本大幅下降。

第三节　中国在南亚地区的能源战略

中国能源安全面临的主要挑战之一就是能源的供应链暴露在错综复杂的国际地缘政治格局中，能源海上运输通道安全堪忧，建立安全、有效和长期的能源运输陆上走廊是中国能源安全的重要保障。目前中国陆上能源通道计划主要有北线、西线和西南线三条。其中西线涉及的国家包括南亚的印度、巴基斯坦和中亚的阿富汗、土库曼斯坦等国；西南线涉及的国家包括印度、孟加拉国、斯里兰卡和东南亚的缅甸等国。由此可见，南亚国家与中国和中亚国家特殊的地缘政治战略关系以及中国未来的能源发展需求决定了其对中国能源安全具有重要的战略意义。

一、南亚的特殊地缘政治对中国能源安全的战略意义

亚欧大陆是全球地缘政治的中心。幅员辽阔的中国地跨中亚、南亚和东南亚，与亚欧大陆和亚太地区几个最重要的地缘政治角色相邻。中国所处地理位置的重要性使它成为亚欧大陆东端、西太平洋地区最重要的国家，同时又是当今世界地缘环境最为复杂而又相对不利的国家之一。中国需要一个和平稳定的周边环境以保证安全与发展，但中国又是世界上邻国最多的国家，有21个国家与中国通过陆地或海洋相邻。这就决定了中国周边环境有许多不确定的复杂变数，使中国在战略上的回旋余地较小，受牵制的因素较多。中亚地区地处连接欧亚大陆的战略结合部，拥有丰富的石油资源和其他矿产资源，战略地位十分重要。南亚处于欧亚大陆外缘新月形地带的中间地带，扼守亚洲和大洋洲通向欧洲和非洲的水上交通要道，靠近波斯湾产油区，俯视着东西方重要的石油通道，其战略地位也非常重要。冷战后，南亚地区成为世界地缘政治的焦点之一，尤其是印度在美国全球地缘战略中的地位凸显。美国从克林顿政府晚期就特别重视印巴两国在其地缘战略中的地位，并实施“印巴并重”的地缘战略，其目的是通过美印两国的战略合作来牵制中国和俄罗斯。[①]因此，从地缘政治的角度来审视，建设中国连接东南亚、南亚的国际大通道，是中国改善地缘环境、扩大战略回旋余地、加强内陆方向对外关系地缘支撑的重要举措。

当今地缘政治战略的制定和组成，已从单纯的军事与意识形态角度转变到以经济地理和经济利益为基础。谋求有利的国际环境和周边环境，全力发展经济、科技，参与区域经济合作，力争在21世纪初国际战略新格局中处于有利地位，这是世界各国外交战略的核心内容。如中国对南亚外交战略，近年来中国巩固和发展了同巴基斯坦、孟加拉国、斯里兰卡、尼泊尔等国的友好关系，与印度的关系也进入全面合作发展的快车道，特别是两国经贸关系近年有了较大的发展，2008年双边贸易额已突

① 高德胜：“中国周边地缘环境与西部地缘安全”，《阴山月刊》2004年第3期。

破500亿美元，2012年攀升至650亿美元。[①] 更为重要的是，2007年中国以观察员的身份出席南亚区域合作联盟第14次峰会，并提出了中国发展与南盟的五点建议，表示愿意开展与南盟的交流，逐步扩大务实合作，包括与南盟建立扶贫合作机制，探讨建立中国—南盟减灾救灾合作定期会晤制度，交流减灾信息，加大人力资源合作，加强基础设施、经贸、能源领域合作等内容。[②]

世界能源地缘政治的特征是从海湾到里海，通过西伯利亚和北冰洋地区到俄罗斯远东、美国阿拉斯加和加拿大形成一个“能源弧形”地带。这一区域集中了世界80%的石油和天然气资源，拥有世界发展最强劲的经济和世界一半人口的亚洲国家有赖于该地带的能源供应。历史上作为欧美列强在亚洲和东非进行殖民活动水道的印度洋今天则成为能源“超级水道”，控制着进出海湾的门户。扼守着印度洋北部、波斯湾和中亚内陆的西南亚地区成为具有重要战略地位的地区。所以，中东历来是美国传统的能源基地。而冷战结束后，尽管美国能源政策在逐渐推行多元化战略，但其仍然摆脱不了对欧亚—印度洋地区陆海能源通道的依赖，并逐渐将油气资源丰富的中亚作为21世纪新的能源基地。美国的国家战略认为，要控制中东和中亚，首先必须控制南亚。[③] 南亚在世界能源地缘政治战略中将发挥关键的作用，因为南亚是中东的侧翼和中亚的重要门户。印度和巴基斯坦是南亚大国，地缘都非常突出。印度是南亚次大陆的重心，如利剑南插印度洋，逼视横穿印度洋的国际航线。巴基斯坦是中亚国家进入阿拉伯海的重要门户，同时也是波斯湾的侧门。因此，印巴两国便与大国利益特别是与大国的石油利益产生了不可分割的联系，并在大国的全球战略中成了必争之地。控制了南亚的印度就掐住了亚太各国石油进口的咽喉，控制了巴基斯坦就控制了中亚石油进入波斯湾的出口。[④]

---

① 2012年中印双边贸易年度报告，海关统计资讯网，http：//www. chinacustomsstat. com。

② 叶海林：“南盟峰会：中国‘投石问路’多边外交迈出重要一步”，《中国新闻周刊》2007年4月20日。

③ K. 西罗耶什金：“上海合作组织中的俄罗斯和哈萨克斯坦——问题和前景”，http：//www. analitika. org /article. php? story = 20061218232229163&query = %25D8%25CE%25D1。

④ Rajiv Sikri, The Geopolitics of Energy Security and Implications for South and Southeast Asia, National University of Sigpore, 2008.

中国是世界第三大石油消费国、第二大石油进口国，能源安全对于中国的意义十分重大。中国能源安全面临的主要挑战之一就是能源供应链暴露在错综复杂的国际地缘政治格局中，能源运输通道安全堪忧。正如俄罗斯国际问题专家马特维耶夫认为，能源工业长期发展的关键所在根本不是能源问题本身，而是能源出口的交通运输问题。① 中国运输能源的路线没有多少选择，掌握不了能源贸易的航线。中国除了从俄罗斯、哈萨克斯坦和蒙古进口的油气可以从陆上运输外，其余全靠海上运输。而海上运输的路线也非常单一，85%以上要经过印度洋—马六甲海峡—南中国海一线，这条航线极易遭到封锁。② 近年来，美国在东亚沿日本群岛、台湾岛、菲律宾群岛构筑围堵中国的“锁链”，借阿富汗战争加紧向南亚和中亚渗透，并在马六甲海峡的交通要道新加坡设立军事港口；印度力图“有效控制”印度洋，并试图将其控制范围扩大到南中国海；日本也逐步将其军事触角伸到马六甲海峡。此外，经由马六甲海峡的海运，也受到越来越猖獗的海盗活动的威胁。所有这些均直接威胁着中国能源进口的安全。目前中国海军还不能确保海上能源交通线的安全，过分依赖单一的海上运输路线加大了中国能源进口的风险。如遇特殊情况或因某种人为因素，这条海上运输线被切断，中国正常的能源进口将有被迫中断的危险。因此，建立安全、有效和长期的能源运输陆上走廊是中国能源安全的重要保障。

目前中国陆上能源通道计划主要有北线、西线和西南线三条。北线即中俄石油运输管线，可以使俄罗斯远东地区成为中国稳定、可靠的能源供应来源。西线即中哈输油管线，一方面将从亚洲内陆开辟新的石油运输通道，可以有效缓解对马六甲海峡的过度依赖，使中国的石油供给线更加安全；另一方面将有助于开拓中亚和里海的新石油供给源，以减轻目前中国石油进口对中东的过度依赖。可以说，中亚地区也是中国能源安全保障的关键所在。③ 西南线即通过印度洋，从缅甸进入云南，避免过分依附太平

① ［俄］B. A. 马特维耶夫：《上海合作组织成员国：以发展的名义互动——中亚国家经济发展的状况和前景》，俄罗斯科学院远东所，2006年，第24页。

② 吴磊：“关于中国—中东能源关系发展的若干思考”，《阿拉伯世界》2007年第1期。

③ ［俄］IB. 库里克、M. 基拉连科，《俄罗斯—中国2050：小亚细亚战略》，莫斯科：2006年版，第179—185页。

洋这一进口原油的通道。在这三条能源通道中，西线涉及的国家包括南亚的印度、巴基斯坦和中亚的阿富汗、土库曼斯坦等国，西南线涉及的国家包括印度、孟加拉国、斯里兰卡和东南亚的缅甸等国。[①] 近年来，国内一些学者从军事战略的角度提出了中国伸向印度洋的三大战略出海通道，即云南—缅甸—印度洋方向、西藏亚东—孟加拉国—印度洋方向、新疆—巴基斯坦—印度洋方向，因此南亚国家对于中国打通印度洋方向的出海通道具有重要战略意义。由此可见，南亚国家与中国和中亚国家特殊的地缘政治战略关系以及中国未来的能源发展需求决定了其对中国能源安全具有重要的战略意义。

二、中国与南亚国家能源合作的地缘政治战略

（一）中印能源合作中的地缘政治战略

作为南亚地区大国，印度在世界大国的力量平衡中具有重要的战略地位。近年来，美国拉拢印度遏制中国的战略日益明确。中印双方在一系列重大问题上有相近的立场，加之两国都在积极开拓国际市场，因此双方在21世纪加强合作具有很大的可能性和必要性。“经济合作优先战略”是中国加强中印关系的一个切实可行的策略，中印关系的良性互动应首先在经贸领域找到共同点。[②] 作为能源消费日益增长的大国，印度将在未来世界能源地缘政治战略中发挥重要作用。开展全方位的能源外交是中国与印度两国外交工作的重点，特别是与海湾国家、伊朗和俄罗斯的关系。中印能源合作除了在经济上共同迎接“亚洲溢价”的挑战外，两国还有地缘政治战略上的考虑。

当前印度的天然气管道建设的“三线计划”中的两条线必须经过巴基斯坦，其自然担心老对手巴基斯坦将从中作梗，这使得印度想从中国那里得到能源保障，印度媒体也指出中国的加入将会确保管道的安全。因此，从某种意义上说，中印能源合作能为印度能源进口增加安全系数。

---

① Sascha Muller – Kraenner, China's and India's Emerging Energy Foreign Policy, German Development Institute, 2008, p. 13.

② Ibid., pp. 8 – 9.

印度学术界认为需要从战略的高度认知与中国的能源合作，其具体计划是建设一条经喀拉昆仑山—喜马拉雅山的欧亚—印度洋能源走廊。从地缘上说，任何不经过阿富汗和巴基斯坦从欧亚到达印度的油气管线通道都必须经过中国的新疆并跨越喀拉昆仑山和喜马拉雅山才能到达印度。除了这一技术因素以外，这种管线通道还面临更大的政治障碍，即必须经过中印尚存争议的阿克赛钦地区。尽管如此，出于长远的能源战略利益需要，两国也会选择在该地区进行能源合作。

印度学者拉杰夫·希克里详细分析了建设一条经喀拉昆仑山—喜马拉雅山的欧亚—印度洋能源走廊计划。中国与巴基斯坦正在商讨建设一条经巴基斯坦到中国的油气走廊。印度则提出建设一条类似的石油走廊，而且该走廊更安全、技术上更可行，使中国与印度两国更能相互依赖，即中国依赖印度获得中东的石油，印度依赖中国获得中亚的天然气。这条从欧亚国家到印度洋的北南能源走廊将促进中印的能源合作，彼此都能从欧亚国家获得所需的能源，确保欧亚能源不仅为西方国家所有，还能为中印所利用。双方如能密切地合作，定能惠及两国。一方面，通过新疆和西藏的油气管道可以使中国收取可观的过境费用，管道的投资可为新疆和西藏西部创造较多的就业机会，刺激经济发展，有利于中国解决新疆的“东突”分裂主义问题，也可以将新疆纳入中印缅孟次区域合作。另一方面，对印度来说，走廊的建设有助于促进印控克什米尔地区和喜马偕尔邦的经济发展，最终有助于解决与巴基斯坦的查谟—克什米尔争端。印度认为，鉴于印度与巴基斯坦已经同意在争议的查莫—克什米尔地区修建公路并积极讨论修建从伊朗经巴基斯坦到印度的管线，因此中印两国没有理由不考虑修建经喀拉昆仑—喜马拉雅山的欧亚—印度洋能源走廊计划。计划的实施不仅可以促进管线所经地区的经济发展，而且可以巩固中印之间的合作关系，促进两国的互信。如果加强与印度的合作关系，也将促进中印巴三边关系的战略平衡，其基础是巴基斯坦依靠经印度的管线，而印度依赖经巴基斯坦的伊—巴—印管线或土—阿—巴—印管线。如果这一走廊计划能顺利实施，也有助于解决中印之间的边界争端。

（二）中巴能源合作中的地缘政治战略

巴基斯坦在经济上对中国的战略意义主要是可以作为中国的重要能源

通道。从地缘政治角度和能源战略上看，巴基斯坦处在一个比较特殊的位置，西邻中东，北接中亚，东壤印度和中国，再往东北稍远即俄罗斯和日本，能源战略地位十分重要。此外，里海丰富的油气资源和中亚的重要战略地位日益成为国际社会关注的焦点，里海及周边区域成为“第二个中东”已成不争的事实。关于里海油气资源的输出，先后出现了数种大型管线方案。美国在 20 世纪 90 年代初曾筹划铺设土库曼斯坦经阿富汗到达巴基斯坦的天然气管线，通过卡拉奇把土丰富的天然气输送到印度洋，但至今未能实现。印度天然气管道的“三线计划”中有两条要通过巴基斯坦，其他的跨国管线线路也多经过巴境内。近年来，巴出于地缘政治和战略上的考虑提出了“管线外交”和“能源走廊”计划，并积极寻求外国支持发展核能，其目的除为自己的能源所需寻求出路外，还在于凸显其国际地位，使之在国际政治关系特别是在处理与欧美和印的关系上增加更多的谈判筹码。①

1. “管线”外交

其一，伊—巴—印管线。伊—巴—印天然气管道早在 20 世纪 90 年代初就开始酝酿筹建，建成后将成为世界第二大天然气管道，三国都能从中获取经济、政治甚至军事战略上的利益。过去由于印对巴存有戒心，担心这条管道建成后存在安全隐患，一直迟疑不定。2003 年后印、巴关系改善，由于两国特别是印对天然气需求迫在眉睫，且这条管线对印、巴来说比计划中的任何一条管线都要经济和便捷，因此这一项目被重新摆上案头，双方都不遗余力地加紧展开外交活动。印还欲通过让国际金融机构融资并担保，甚至想让该输气管道延至中国来加大输气安全保障。

从地缘政治战略角度来看，伊—巴—印管线的建设意义重大。首先，它可以在未来为印度和巴基斯坦提供充足的能源供应。巴从该项目不仅能获得所需天然气，还可收取很高的“过境费”。伊朗也可以借此获取较大经济利益。由于政治和经济原因，伊朗的油气资源还不能顺利打入欧洲市场，所以伊—巴—印管线的建设将帮助伊朗将天然气输送到印度和巴基斯

① Robert G. , Wirsing, Baloch Nationalism and the Geopolitics of Energy Resources: the Changing Context of Separatism in Pakistan, Strategic Studies Institute, India, April 2008.

坦两国以获得急需的外汇收入。其次，在政治上，管线的建设能凸显巴基斯坦的能源战略位置，增加与印政治谈判的筹码，从而可以极大地促进印巴两国建立信任机制，有利于两国关系得到根本改善。伊朗也可获得政治上的利益，即削弱美国制裁和孤立伊朗的外交政策。同时，由于伊朗是南亚区域合作联盟的观察员，而印度、巴基斯坦和伊朗都是上海合作组织的观察员，因此管线的建设将为南盟与上海合作组织的区域合作进一步奠定基础。对俄罗斯来说，伊—巴—印管道的建设也使俄罗斯在欧洲少了伊朗这样一个能源竞争者，所以其愿意在资金和技术上对此提供支持。

而美国出于军事和能源战略上的考虑则反对建设该条管线。20 世纪 90 年代以来，美国一直努力使中亚地区的石油天然气通过土耳其和地中海向西输送，而不是向南通过伊朗输送。伊—巴—印天然气管道不仅可能增强伊朗在中东、中亚的地位，也可能使里海地区的石油向东南出口，这都与美国利益相抵触。

但印、巴面临的严峻能源安全危机使得其不得不顶压而上。巴基斯坦前总统穆沙拉夫更是表示，巴所做的涉及国家利益，如有人阻止我们就应给我们相应的补偿。巴总理阿齐兹也多次说过，即使印退出巴也要建伊—巴管线以解决未来能源所需。

其二，土—阿—巴—印管线。由于印、巴关系的不确定性以及美国对伊—巴—印输气管道持反对意见，且该管线又通过地理和人文安全环境十分复杂的巴俾路支省，变数很大，巴不得不做两手准备，所以也在加紧进行土库曼斯坦—阿富汗—巴基斯坦天然气管道项目谈判。这条管线距巴较近，沿途道路较为平坦，对巴来说是一个比较理想的选择。

土—阿—巴跨国输气管线项目早在 20 世纪 90 年代初就开始筹划，却因阿富汗战争和对土库曼斯坦供气能力的质疑一直未上马。随着印、巴关系的改善以及两国对能源的迫切需求，土、阿、巴重新将该项目提到议事日程，并将印纳入进来，将印作为该条管线的终点。

实际上印度对此管线计划是心存疑虑的，认为土库曼斯坦天然气资源的稳定性充满变数，受到俄罗斯的钳制，同时管线要穿越战乱不断的阿富汗和巴阿边境地区，风险太大。尽管如此，印度还是出于地缘政治考虑参加了此计划的讨论。因为如果印度不参与此管线计划，其宿敌巴基斯坦将通过油气管道、公路、铁路等在经济政治和战略上谋取与土库曼斯坦乃至整个中亚国家的利益优势，从而成为美国在中亚和南亚的重要伙伴，极大地提升巴基斯坦的战略和经济实力，不利于印巴建立持久和平的努力。虽然印度希望看到一个和平稳定的阿富汗，但如果阿富汗成为巴基斯坦的经济附属物又是印度断不能接受的，因此印度必须加入到计划中的此管线建设才符合印度的地缘政治战略利益。

土—阿—巴—印管线与上述的伊—巴—印管线相比，印度更倾向于后者，因为该管线只涉及一个中转国，从地缘政治上说，伊朗与阿富汗一样重要，而且巴基斯坦在伊—巴—印管线达成协议之前不会让印度插手土—阿—巴—印管线。与此同时，为分散风险，印度也在积极考虑上述两条管线之外的选择，即从俄罗斯和中亚国家直接进行能源合作。

2. “走廊”外交

近年来，为在国际舞台不断凸显自身独特的能源地缘政治战略地位，拓展经济空间，巴基斯坦继提出管线外交之后，又提出了能源走廊外交。能源走廊外交的依据是：巴的石油、天然气储量并不丰富，但西面与伊朗、阿联酋、巴林、沙特、土库曼斯坦等原油输出国相接近，东面则是世界最大的三个石油进口国——中国、印度、日本，巴占据了这样一个独特的地理位置，即任何一条自西亚到南亚和东亚的油气传输通道必经巴基斯坦。而位于巴南部俾路支省的瓜达尔港紧邻霍尔木兹海峡，该港口的战略地位十分重要。因此，穆沙拉夫总统2006年2月底访华时提出巴有成为中国“能源走廊”的设想，即利用巴毗邻阿拉伯海的瓜达尔港作为入海口，将西亚或非洲的油气通过陆路输送到新疆后转入中国内陆。具体路径是由巴基斯坦西南部的瓜达尔港通往新疆红其拉甫山口，以管线或陆路运输输送油气。巴基斯坦还设想，如果油气暂时运不出去，瓜达尔港成为中国的储油仓库，这样就可以带动贫穷的俾路支省和沿海地区的工业发展。①

2013年1月30日，巴基斯坦将瓜达尔港的运营控制权交付中国企

① 刘卫国：“巴基斯坦中长期能源规划、能源外交及我对策建议”，中国驻卡拉齐总领事馆经商室，2006年8月14日。

业，这对中巴两国构建能源通道起着积极的作用。同年5月，中国总理李克强访问巴基斯坦，期间中巴两国领导人都表示要着手制订中巴经济走廊远景计划，稳步推进经济走廊建设。推动中巴经济走廊建设，关键还在于能源通道的建设，而能源通道的建设显然会带动中巴陆路（公路、铁路）的快速运营以及中巴两国产业的升级，两国的服务性贸易将得到快速发展。巴基斯坦政府总理谢里夫公开表示，巴将会积极建造连接中国西部和贯穿巴基斯坦南北的公路和铁路主干道。巴总理谢里夫2013年7月初访华时，在上海举行的“巴基斯坦—中国能源论坛”上表示，“巴方积极鼓励中国企业参与巴基斯坦能源建设，并将为此提供安全有利的投资环境，巴中两国政府已经同意建设巴中经济走廊，以此将‘亚洲经济的引擎’中国与南亚地区紧密相连，进而加强区域经济一体化。然而能源合作是巴中经济走廊的重中之重，更会为强化巴中全面经贸合作提供支撑”。①

在印度洋拥有一个类似瓜达尔港的深水港曾是苏联的梦想，但随着入侵阿富汗的失败，这个梦想化为泡影。目前，瓜达尔港将是中国能源全球布局的重要棋子。如果巴“能源走廊”的设想能够实现，从中东输往中国的油气通道将不受制于印度，这有助于中国尽早突破可能出现的“马六甲困局”。

瓜达尔港口是集港口、公路、铁路和航空设施为一体的网络设施，其主要功能是可以帮助巴基斯坦和印度改善政治经济关系，也能帮助其获得中亚和中东的能源资源，并对石油产品的生产、冶炼和销售产生影响。在2007年3月20日的竣工仪式上，巴基斯坦对利用瓜达尔港作为中东能源中转站的战略意图表露无遗。穆沙拉夫总统指出，港口的竣工为中亚、中国和土库曼斯坦在内的国家打开了重要的贸易走廊。② 实际上，对巴基斯坦来说，港口的建成不仅具有巨大的经济利益，而且还有军事意义。在经济上，港口的建设已经使昔日只有5000人的小渔村变成了今

---

① “巴基斯坦总理邀请中方参与巴能源建设”，新浪网，2012/7/06，http://news.sina.com.cn/c/2013-07-06/194527596284.shtml。

② “President Musharraf's Address at the Inauguration of Gwadar Deep Seaport”，www.presidentofpakistan gov.pk/FilesSpeeches/Addresses，accessed on April 2，2007.

日人口达12.5万人的现代化、全天候的深水海港，可以为大型油轮提供中转服务，其还计划将陆海空三位一体的设施扩展至邻近各省，并拟在此修建液化天然气储藏终端、钢铁厂、汽车装配厂、水泥厂和石化冶炼厂等。在军事上，瓜达尔港口位于巴基斯坦最大的港口卡拉奇以西650公里，为巴基斯坦海军提供了一个急需的备用战略军港，因为此前巴海军常被强大的印度海军钳制在卡拉奇军港。印度认为，毫无疑问，正是中巴两国之间密切的战略利益关系才促成了该港口的快速建成。

对印度来说，瓜达尔港口的建成引起了其战略忧虑。首先，瓜达尔港口打乱了印度海军的战略部署。为使巴基斯坦的海军防御多样化和纵深化，巴还拟修建多个海港（其中有两个在瓜达尔港口所在的俾路支省），表明了巴基斯坦进一步加大在印度洋的军事存在的战略意图。其次，瓜达尔港公路、铁路和管道网络的建设极大地增强了巴基斯坦对阿富汗和中亚国家的影响力，使1985年成立的巴基斯坦、土耳其和伊朗三国经济合作组织扩大到目前的10个成员国（全部为穆斯林国家）。再次，印度无疑将瓜达尔港口视为中国从东、北、西三面围堵印度链条的一环。印度认为，瓜达尔港口将极大地加强中国与巴基斯坦的经济军事关系。①

很显然，对于中印两个需要能源的大国来说，开展能源合作是比恶性竞争更为理性的选择。而通过“管线外交”和“走廊外交”构建巴基斯坦的“能源走廊”战略，将会更有力地推进中印在整个中东和中亚地区的能源平衡乃至政治平衡。巴基斯坦与印度之间在能源领域的合作将有助于两国改善关系。如果巴基斯坦从传统地缘政治角度出发遏制印度对中亚能源的通道，继续主宰阿富汗，巴可能被国际社会边缘化，最终背上战乱和宗教冲突不断的阿富汗这个沉重包袱。

（三）中孟能源合作中的地缘政治战略

孟加拉国的地缘战略位置特殊，东西南三面与印度毗邻，东南与缅

---

① Syed Fazl – e – Haider, “China Rises to Pakistan’s Defense”, Asia Times Online, July 11, 2007, www. atimes. com /atimes/South_ Asia/IG11Df02. html.

甸接壤，南濒临孟加拉湾。孟加拉国是穆斯林国家，重视与中国发展友好关系。中国重视孟加拉国丰富的天然气资源，其储藏量高达60万亿立方尺。孟加拉国与缅甸接壤，这使得这些天然气可以通过管道输送到中国。孟加拉国还授予中国开发自己天然气田的权利。此外，孟加拉国已向中国开放全球最大、品质最好的沥青煤矿之一。同时，中国也将帮助孟加拉国利用核能发电。

孟加拉国对印度而言具有特殊性，历史上孟加拉国和印度的西孟加拉邦、印度东北部地区就是一个有机的整体，在历史、地缘、政治、经济和文化方面与印度有亲近性。印度与孟加拉国在“孟加拉湾多领域技术经济合作机制”框架内有着密切的合作关系。但是对印度来说，由于在孟加拉湾发现大量天然气，孟加拉国对印度的重要性显著下降。几年前，印度曾建议修建从缅甸经孟加拉国到印度的油气管道计划，遭到孟加拉国的反对，导致印度现在考虑修建不经过孟加拉国而直接从缅甸经其动荡的东北部地区的油气管道计划。由于孟加拉国的油气资源无法与印度市场相连，许多世界著名油气公司已经宣布放弃在孟加拉国的油气开采计划。印孟关系也存在一些不稳定因素。孟加拉国是通向印度动荡的东北部各邦（包括中国拥有主权的阿鲁纳恰尔邦）的入口，印度与孟加拉国对东北部阿萨姆邦的争夺是两国关系紧张的一个根源。阿萨姆邦的穆斯林目前约占该邦总人口的30%，印度官员特别是印度人民党领导人阿德瓦尼担心，阿萨姆邦会成为继查谟—克什米尔邦之后印度第二个穆斯林占多数的邦。

因此，从能源地缘政治战略来看，中国与孟加拉国的能源合作要受到与印度和缅甸关系的制约与影响。尽管如此，孟中印缅区域经济合作机制还是为四国开展双边和多边能源合作创造了条件。孟中印缅区域地处东亚、东南亚、南亚三大市场的联结地带，地缘位置优越，推进四国区域经济合作有利于创造和平与发展的地区国际环境。对中国来说，可以将孟加拉国的能源合作作为与缅甸和印度能源合作的桥梁。缅甸是中印战略矛盾的一个代表性问题，也是中国进入孟加拉湾和印度洋的门户。中国海外能源战略构想不失时机地选择加强与资源丰富的缅甸进行能源合作，构建伊洛瓦底走廊，修建公路、河道、铁路和能源运输线，将缅甸港口与云南连接。中缅石油管道的建成将强化中国的能源安全，有利于减轻中国对马六甲海峡的依赖。同时，管道的建设对中国大西南的经济发展至关重要。中国与缅甸的这种联系对印度构成了战略压力。印度与缅甸拥有漫长的陆上与海上边界，缅甸是印度通向东南亚和东亚的门户，在地缘政治战略上对印度的“东向政策”尤为关键。虽然1988年以来印度对缅甸实行了制裁政策，但后来其担心中国与缅甸走得太近，于是开始加强与缅甸的关系，并于2000年放弃对缅甸的制裁政策，同意承建缅甸通往印度的铁路工程，现在又拟建设始于缅甸若开邦首府实兑、经孟加拉陆地境内到印度加尔各答的天然气管道。由此可以看出，受地缘政治的影响，互邻的印缅关系是印度国家利益的重要组成部分，在缅甸有印度的地缘利益，印度不会让中国在缅甸独大。对中印来说，最好的和平竞争方法就是坚持20世纪50年代中印缅三国共同创建的“和平共处”五项原则，共同维护印度洋海上能源通道的安全。

（四）中斯能源合作的地缘政治战略

斯里兰卡地处印度洋中枢，把守着印度洋重要的国际贸易和石油运输通道，西北与印度半岛隔保克海峡相望，从地缘政治看，斯里兰卡对孟加拉湾和北印度洋都有着很强的控制能力，还能对印度海军进行有效牵制。对中国来说，斯里兰卡是中国能源供应经过印度洋区域的关键节点，位于斯里兰卡东南岸的汉班托塔港口距离举世最繁忙的航道之一仅16公里。所以，中国一直把斯里兰卡放在与孟加拉国、尼泊尔和缅甸等国同等重要的位置上来发展经济技术合作关系，正在不断加大对斯里兰卡的投资。中国参与了斯里兰卡的石油开发，并向位于汉班托塔的新港口和仓库建设提供援助。根据中斯两国的协议，建设汉班托塔港口实际为“汉班托塔开发区”，包括集装箱港口、船只燃料补给系统、炼油厂和机场等设施，预计耗资约10亿美元。此外中国还加大了对斯里兰卡的经济援助。2007年中国对斯援助增加了5倍，达到近10亿美元，超过了斯昔日最大的经济援助国日本，成为对斯经援最多的国家，而美国同期经援为740万美元，英国为125万英镑（约合186万美元）。①

冷战期间，印度对斯里兰卡奉行地缘战略均衡政策，试图消除美国对斯的战略影响，表现在1987年与斯签订《印斯协议》，迫使斯废除与美国签订的亭可马里港口合同，拆除"美国之音"的广播设施。冷战结束后，印度在斯里兰卡的战略从地缘均衡战略转移到务实的安全战略，一是重视斯里兰卡国内的和平与稳定；二是确保印度与斯里兰卡之间印度洋的海上安全；三是关注中国和巴基斯坦在斯里兰卡的影响。特别是中国与斯里兰卡正常的包括能源合作和港口建设在内的经济合作被很多美国和印度军方媒体人士肆意歪曲。美国《洛杉机时报》2008年8月30日发表《印度洋最新的大赌局》一文，② 再次拿中国帮助斯里兰卡修建汉班托塔港口一事刺激印度，称中国这样做是在与印度争夺对印度洋的影响力。由于印度一直把印度洋当作自己的势力范围，中国在这一地区的存在会引起印度一些人的担忧。印度军方和部分媒体认为，汉班托塔港口是中国围堵印度的"珍珠链"战略的一部分，在这个战略下，中国正在巴基斯坦的瓜达尔港、孟加拉国的吉达港和缅甸的实兑港建造港口据点。③ 但是也有部分印度媒体认为汉班托塔港口不具有很大战略价值，相反由印度帮助斯里兰卡在其东北沿海建设的亭可马里港口的战略意义要大得多。因此尽管汉班托塔港口让中国在斯里兰卡获得了一个立脚点，并不等于印度在斯里兰卡的作用被削弱，斯里兰卡与印度的地缘位置、种族纽带不会因为与其他几个国家的几个项目和协议就被侵蚀掉。对印度来说，要求斯里兰卡拒绝中国的经济援助和能源合作合同是不切实际的，④ 印度应当继续坚持"政治让位于经济"的策略，加强与斯里兰卡在包括能源在内的多领域的经济合作。

---

① 王石、钟玉华："印度对中国与斯里兰卡合作很不安"，《环球时报》2009年4月27日。

② Gavin Rabinowitz, Associated Press, "The Latest 'Great Game' Invoves Indian Ocean", Los Angeles Times, August 31, 2008.

③ Col. R. Hariharan, "China's Influence in India's Neighbourhood", Trans Current, August 1, 2008.

④ Brian Orland, "India's Sri Lanka Policy - Towards Economic Engagement", Institute of Peace and Conflict Studies, April 2008, New Dehli, India, pp. 8 - 9.

（五）中尼能源合作的地缘政治战略

尼泊尔位于喜马拉雅山南麓，北倚中国西藏，东、南、西面与印度接壤。它与印度的边境线长达1800多公里。可以说，地缘政治决定了尼泊尔与印度的关系——它或多或少受到印度的影响，与其在各方面有着更便利的往来，多数贸易都必须经过南部德赖平原与印度或通过印度与第三国进行。在能源领域，虽然印度同意尼泊尔经过印度从第三国进口石油产品，但印度目前仍是尼泊尔唯一的石油供应国。正因为只有一条油路，印度经常利用能源地缘政治战略优势断其“油路”，以向尼政府施加外交影响，[①] 因此尼政府开始考虑从印度进口石油的替代路线。中国位于尼泊尔北边，中国西藏与尼的边境线长达1400多公里。尽管喜马拉雅山构成了双方往来的天然屏障，但尼泊尔长期以来一直与中国保持着友好平等的关系，同时也确保了本国利益和独立。尽管有超过40个边境口岸与中国西藏相连，但目前只有一条国际贸易运输通道，即加德满都—樟木—拉萨通道，另一条通过中国吉隆口岸的通道尚在建设中。目前各方对尼印中贸易通道都有自己的规划和想法，尼政府选定了8条陆路通道。尼前总理普拉昌达明确表示要通过自力更生解决尼泊尔的能源问题，希望中国公司积极参与尼南部平原的石油勘探。尼方甚至还表示有意通过参加上海合作组织获得组织成员的能源。[②]

从地缘政治战略看，中尼印建设南亚贸易通道对推动三国经贸合作具有积极意义。中国与南亚的贸易往来主要通过海运进行，在未来一段时期，海运仍将是主要贸易通道。但在充分发挥海运通道作用的同时，还应积极发挥陆路运输通道的优势。尼泊尔可以为构筑更加畅通的中国—南亚贸易通道纽带发挥重要的作用。而且，积极促进和发展与南亚国家的经贸关系，符合中国坚持奉行的“与邻为善、与邻为伴”的睦邻友好政策。南亚陆路大通道的建设，还将为带动西部欠发达省份尤其是西

---

① Sujit Mainali, “Changing Sino - India Relation and Nepal”, Telegraph Nepal, March 13, 2009.

② 章建华、陈乔炎：“尼泊尔发生石油荒向中国求援，希望帮助开发油田”，《国际先驱论坛报》2007年5月18日。

藏自治区经济建设和发展提供机遇。对印度来说，尼泊尔的石油需求和巨大的水能资源具有重要的战略价值。印度可考虑与尼泊尔开展水能合作，由印度出资帮助尼修建水电站，发电量一部分供尼自用，一部分出口到印度。亚洲开发银行对打通南亚陆路通道，建立尼印中贸易大通道亦持积极态度。2005 年 6 月，亚洲开发银行完成了一份题为“以旅游、贸易、工业及农业为中心实现尼泊尔南北公路连通的战略途径”的调查报告。亚洲开发银行认为，由于尼泊尔经济高度依赖对外贸易（其对外贸易在 GDP 中占 50%），如果尼泊尔能够完成并提供可行的南北通道，就可以在中印贸易往来中扮演“中间国”角色。这对带动尼泊尔的经济发展无疑具有非常积极的意义。

三、结论

结合中国未来的能源发展战略和西部地区独特的地缘位置，有关中国与南亚能源合作的战略可以做以下几方面的考虑：一是积极寻求合理可行的海上运输线路的替代方案，加强同南亚地区在能源领域的合作，以实现石油运输方式及运输路线的多元化，使得运输风险因素的潜在危害降到最低。二是在处理对印度和巴基斯坦关系时，要注意平衡双方的关系。如果中国偏袒印度，可能导致巴基斯坦的不满，从而有可能助长更多穆斯林极端分子支持分裂主义，影响西部地区的稳定与繁荣；而偏向巴基斯坦可能引起印度的戒心，从而间接促成印度进一步迎合西方国家战略图谋的局面，进而危及中国西藏地区的稳定。因此，中国要慎重处理对印巴的政策，避免对印巴两国战略的失衡。三是与中亚地区在加强石油贸易关系的同时，完成石油管道的陆路建设，这可以使中国摆脱为控制太平洋石油运输线而产生的冲突，以超脱姿态处理存在于东北亚和东南亚的双边或多边矛盾。因此，当前中国的主要任务是利用我们与周边国家间得天独厚的地缘互补优势，加强双方之间在政治、经贸以及能源等领域的合作与交往，缓解或化解中国西部地缘安全压力。

第八章

中印在非洲地区的能源战略

第一节　非洲地区的地缘政治经济特征

近年来，非洲凭借丰富的石油储备以及相对有利的地缘政治优势，正成为全球能源勘探开发最活跃的地区之一，在世界格局中的地位显著提升。

一、非洲产油区独特的地缘政治特征

随着经济全球化的不断深入，非洲也积极地融入其中，并以其特有的地理位置和丰富的自然资源在世界格局中占据日益突出的地位。在政治上，虽然非洲地区不少国家多年来战乱不断、政局不稳，但是与中东这个“火药桶”相比，非洲地区则显得稳定得多。相对稳定的政治环境使非洲形成了特有的地缘政治特征，从而凸显了其在世界能源战略中的重要地位。主要体现在以下几个方面：

首先，非洲的民主化进程基本完成。非洲的民主化主要分为三个阶段：1989—1990 年是起始阶段；1991—1994 年是发展阶段；1995 年以后是巩固阶段。在起始阶段，民主化在非洲拉开了帷幕，但这个阶段的民主化还处于迷茫状态，许多国家对该不该实行多党制进行了辩论。在发展阶段，多党民主在非洲发展到高潮，成为非洲的主流意识形态。在1995 年以后的巩固阶段，非洲的多党民主向纵深发展，多党民主更普及、更深化，民主化的制度性已初步确立，即政治制度建设和法律制度建设初步完成。因此，非洲相对民主的政治氛围为其自然资源的开发提供了有利的条件。

其次，近年来，非洲的政治安全形势呈现出和平、稳定和发展的局面。一方面，非洲国家政局稳定、政权顺利过渡，大多数国家总统和议会选举都较顺利举行，没有出现较大的政治波动。例如，加纳总统米尔斯、埃塞俄比亚总理梅莱斯·泽纳维等几位重要领导人病逝后，这些国家政权实现了平稳过渡，这说明非洲国家政治治理日趋走向成熟。另一方面，非盟自主解决本地区问题的能力不断提升。非盟积极主导解决苏丹南北冲突，促使南北双方就石油利益分配、边境安全、经济、公民地位等复杂问题签署了一系列协议。[①] 非盟长期不懈地斡旋索马里乱局，并同国际社会有效合作，共同推动其过渡期，近期陆续通过新宪法草案，成立新议会，产生新议长、总统和总理，并最终组成内阁。[②] 而且非洲各国基本上认可“主权有限”的观点，对于非洲事务尽可能排除外界干扰自行协商处理。2012 年，非盟选出了新的主席，非洲的区域合作得到了稳定发展。此外，非洲一体化的推进成为非洲局势的另一个特点。区域一体化推进比较迅速的是东非共同体、西非国家经济共同体和南部非洲发展共同体。[③]

再次，非洲产油区受大国政治的影响比中东要小。一方面，非洲产油国家大多不是 OPEC 成员国（截至 2011 年，非洲产油国中仅安哥拉、尼日利亚、利比亚是 OPEC 成员国），[④] 与中东相比，大国利益格局尚未形成，非洲产油国受大国影响还相对较小。另一方面，非洲大陆是一个独立的整体，西与南美洲相隔大西洋，东部临印度洋，北部与南部欧洲相隔地中海，与世界政治大国相距较远。而且非洲产油区的地理位置相对优越，产油区大多位于深海，远离政治中心，不易受政治局势的影响。上述因素为该地区自行决定产油数量和制定石油价格提供了相对宽松的环境，使之相对中东地区要灵活自由一些。

最后，非洲恐怖主义活动与中东地区相比影响力较小。非洲产油区的恐怖势力较小，主要集中在北非“伊斯兰马格里布基地组织”、西非尼日利亚“博科圣地”，还有东非索马里“伊斯兰青年运动”，最近西非的马里受利比亚“外溢效应”的影响成为新的不稳定因素。非洲政治局

① 张德广：《国际问题研究报告（2012—2013）》，世界知识出版社 2013 年版，第 293 页。
② 同上书，第 292 页。
③ 同上书，第 280 页。
④ Shelly Zhao，“the Geopolitics of China - African Oil”，April 13，2011，http：//www.china - briefing. com/news/2011/04/13/the - geopolitics - of - china - african - oil. html.

势主要是“北乱南稳”，北部局势相对较乱，地区冲突较多，而撒哈拉以南非洲相对和平、稳定。目前，非盟和非洲各国正致力于控制恐怖主义活动和地区冲突。相比中东日益猖獗的恐怖主义活动，该地区要稳定得多，而且非洲的恐怖主义在很大程度上易受到中东恐怖主义势力的影响。

总之，和平、稳定与发展的政治局势已压过动荡、混乱的局面而成为非洲的主旋律，并且这种趋势将会持续下去。非洲稳定、和平、发展的局势有利于其自然资源特别是石油资源的顺利开采，也为其他国家对非洲石油资源的投资提供了稳定的政治环境，为其日益发挥在世界格局中的重要作用提供了有力的保障。自20世纪70年代两次石油危机终结了“廉价油”时代以来，各国经济的发展对石油资源的依赖程度越来越深，因此有专家认为，非洲以其丰富的石油储量以及独特的地理优势，将会成为世界上“第二个海湾地区”，在世界能源市场上发挥重要作用指日可待，该地区正成为世界能源地区一颗“闪亮”的新星。

二、非洲独特的地缘经济特征

非洲东临印度洋，西濒大西洋，面积约占世界总面积的1/5，其广阔的领土蕴含着丰富的能源资源，与其他产油区相比，能源优势明显。撒哈拉以南非洲地区的石油储备占世界石油储备的7%，当前生产份额占世界生产量的11%。[①] 西非几内亚湾是近年来非洲石油勘探开发活动最活跃的地区，被美国誉为“新海湾地区”。美国国防部秘密文件甚至认为“西非地区将改变世界石油的航线，高品质的非洲石油具有巨大的战略意义”。[②] 另外，随着新技术的应用，最近在东部非洲如乌干达、坦桑尼亚、莫桑比克等国相继发现了石油和天然气，在埃塞俄比亚甚至索马里的勘探工作也在进行中。据估计，在接下来的10到15年中，世界

① US Energy Information Administration, http: // www. eia. doe. gov/ (Accessed September 18, 2005), 转引自Ruchita Beri, “Africa's Energy Potential: Prospects for India”, *Stratigic Analysis*, Vol. 29, No, 3, Jul - Sep 2005, p. 370。

② 邓向辉：“中美非洲能源之争”，《学术探索》2008年第6期，第10页。

石油市场中的石油绝大部分将来自非洲。[①] 总的来说，非洲具有独特的石油资源优势。

首先，撒哈拉以南非洲地区石油储量丰富，尤其是西部非洲地区，已成为世界新的石油储备发现速度最快的三大深海地区之一。尼日利亚、安哥拉、加蓬、科特迪瓦、赤道几内亚、塞内加尔、几内亚比绍、布基纳法索、圣多美和普林西比以及加纳都是这一地区盛产石油的国家，而且与美国、中国以及俄罗斯国家的储油区相比，这些国家的储油区大部分尚未开发。[②] 据英国石油公司统计数据显示，在世界六大产油地区中，2010 年非洲石油探明储量占世界石油探明储量的 9.5%，虽然不能与中东（54.4%）和拉美（17.3%）相比，但是远远高于亚太地区(3.3%)。[③] 天然气探明储量占世界已探明储量的 7.9%，煤炭探明储量占世界已探明储量的 5%。[④] 2010 年的石油探明储量比 2009 年增长了 1.3%，而同一时间，北美和中东的探明储量都有所下降。[⑤] 据称，2001 年世界范围内新增 80 亿桶原油储量，其中 70 亿桶来自中西部非洲。[⑥] 而且由于调查和开发工作都还在进行中，因此对非洲目前的预测都是保守估计。随着新技术的使用，在非洲的毛里塔尼亚、科特迪瓦、纳米比亚和南非等一些国家发现了新的深海油区。[⑦] 东部非洲过去被认为是石油产业落后的国家，但是就在 2012 年非洲东海岸国家肯尼亚能源部证实，肯尼亚 18 块区域藏有丰富的石油和天然气。同年，在另一个东海岸国家莫桑比克也发现有丰富的石油和天然气资源，并且这一发现有可能使该

---

① Shebonti Ray Dadwal, "India and Africa: Towards a Sustainable Energy Partnership", *South African Institute of International Affairs*, February 2011.

② "Africa's Rising Star, and India", The Hindo Business Line, http://www. the hindobusinessline. com/today - paper/tp - opinion/article1668371. ece.

③ 数据来源于 British Petroleum, Statistical Review of World Energy, 2011。

④ Shebonti Ray Dadwal, "India and Africa: Towards a Sustainable Energy Partnership", *South African Institute of International Affairs*, February 2011.

⑤ 数据来源于 British Petroleum, Statistical Review of World Energy, 2011。

⑥ Ruchita Beri, "Africa's Energy Potential: Prospects for India", *Strategic Analysis*, Vol. 29, No. 3, Jul - Sep 2005.

⑦ Stephen Ellis, "Briefing: West Africa and Its Oil", *Africa Affairs* (2003), 102, pp. 135 - 138.

国成为世界重要的油气出口国。[①]

除此之外，非洲地区原油日生产能力也令世界瞩目。拿非洲两个国家来说，撒哈拉以南非洲最大的石油生产国尼日利亚每天生产的原油量高达200万桶；政局不稳的苏丹，2004年6月的原油日产量也达到34.5万桶。[②] 1998年非洲所有国家的石油日产量为764.4万桶，2008年达到1032万桶，占世界能源总产量的比重从1998年的10.4%上升到2008年的12.4%。[③] 根据能源专家预测，未来10年非洲石油日产量将提高到1300万桶，到2015年日产量将增加65%，2030年日产量将翻一番。[④] 据称，未来世界石油生产的1/5将来自非洲。

其次，非洲地区的能源消费水平较低，出口空间相对很大。非洲地区经济发展水平普遍很低，经济结构比较单一（不包括南非），主要以农、牧业为主，收入水平低导致消费水平也低，尤其是能源消费能力在全球比较低。根据英国石油公司的统计数据，2010年非洲的一次性能源消费占全球一次性能源消费的比例仅为3.1%（同一时期，北美为23.1%，亚太高达38.1%，就是同样不发达的拉美地区也达到了5.1%）。[⑤] 据估计即使到2030年世界能源消费中，非洲也是能源消费较少的地区。2030年非洲石油消费占世界石油消费总量的比例为4.6%（同一时期，北美的这一比例为20%，亚太为25.5%，拉美为5.8%）（见表8—1）。2010年非洲天然气消费量占世界天然气消费量的比例是3.3%，（同一时期，该比例在世界其他地方分别是：北美为26.9%，亚太为17.9%，拉美为4.7%），到2030年非洲天然气消费占世界天然气消费水平的比例依然较低，仅占世界天然气消费总量的4%（见表8—2）。消费量较低使得出口成为可能。据统计，2008年非洲国家的消费量不足其产量的30%，

① "East Africa expected to be world's new energy frontier", April 12, 2012, http://www.upi.com/Business-news/Energy-Resourses/2012/04/12/East-Africa-is-worlds-new-energy-frontier/UPI-84401334257882/.

② Ruchita Beri, "Africa's Energy Potential: Prospects for India", *Strategic Analysis*, Vol. 29, No. 3, Jul-Sep 2005, p. 377.

③ 叶护平等："非洲石油生产与贸易的地理特征"，《世界地理研究》2007年第3期，第17页。

④ 邓向辉：《非洲能源国际竞争与中非能源合作》，中共中央党校2010年博士学位论文。

⑤ 数据来源：British Petroleum, Statistical Review of World Energy, 2011。

其余的70%以上用于出口。①

表8—1 世界石油消费量展望（单位：百万吨）

	2005年	2010年	2015年	2020年	2025年	2030年
北美洲	1131.0	1039.7	987.7	964.5	937.3	897.2
拉美	239.9	282.0	305.2	335.0	357.1	379.5
欧亚大陆	970.1	922.9	897.1	897.8	891.4	865.1
中东	288.5	360.2	404.0	457.6	493.6	540.1
非洲	134.5	155.5	166.9	180.7	197.4	216.0
亚太	1144.5	1267.8	1405.8	1543.0	1685.8	1821.5
石油消费总量	3908.5	4028.1	4166.7	4378.6	4562.6	4719.4

资料来源：British Petroleum，Energy Outlook，2030.

表8—2 世界天然气消费量展望（单位：百万吨）

地区	2005年	2010年	2015年	2020年	2025年	2030年
北美洲	705.0	767.4	813.5	852.2	867.3	880.5
拉美	110.6	132.9	162.7	190.1	219.5	248.5
欧亚大陆	1010.5	1023.5	1071.8	1119.3	1156.5	1204.0
中东	251.3	329.0	482.7	547.8	623.0	698.7
非洲	74.7	94.5	115.4	128.7	149.1	172.9
亚太	359.0	510.8	685.6	846.7	958.0	1094.9
天然气消费总量	2511.1	2858.1	3331.7	3684.8	3973.4	4299.5

资料来源：British Petroleum，Energy Outlook，2030.

再次，从纯商业角度来看，开发非洲石油成本低，较为经济划算，这表现在以下4点：第一，原油质量高、投资小。非洲大部分产油国石油品种较多，且多数为优质轻原油，含硫量极低。例如尼日利亚65%的原油比重（APIO）在35以上，富含汽油和柴油；安哥拉原油比重在32到39.5之间，含硫量在1.12%至0.14%之间；加蓬原油比重在30至35之间；刚

① BP Statistical Review of World Energy June 2009，p.11.

果（布）原油含硫量仅为0.23%；另一个重要产油国苏丹原油则不含硫，是润滑油的理想原料。[①] 第二，非洲石油的开采成本较低。非洲的油田大多为大型或特大型油田，盛产石油的西非地区石油埋藏较浅，易于勘探开发，其成功率高达35%，远高于世界平均水平，这大大降低了石油的开发成本。在世界各石油丰富地区，非洲的石油勘探开发成本是3.73美元/桶，而美国、加拿大、欧洲、拉丁美洲、亚太、中东的勘探开发成本分别是13.3美元/桶、7.17美元/桶、8.29美元/桶、4.6美元/桶、3.2美元/桶、3.73美元/桶。[②] 第三，石油运输成本低。非洲产油区与能源消费大国的距离相对较近。西部与北部非洲距离美国和欧洲市场很近，相对于中东地区，油轮运输到欧洲或美国的时间要缩短几天，这大大节约了油轮和保险支出。[③] 东非产油区与印度、中国相隔印度洋，使用油轮远洋运输成本较低，这在很大程度上节省了能源消费国的运输成本。

综上所述，非洲不仅具有独特的地缘政治特征，而且具有独特的经济特征，比世界其他产油区更具有自己的优势。在未来世界经济发展中，非洲将成为不可忽视的能源供应力量。

第二节　非洲国家的能源资源政策

非洲是一个资源丰富而又贫困落后的大陆，尽管它享有“第二中东”的美誉，但发展经济、消除贫困和维护生态仍然是非洲各国面临的难题。不发展能源工业，非洲就难以摆脱贫困，而能源产业的规模化发展又将给非洲带来新的问题。非洲各能源国为实现自身发展，纷纷依托能源资源优

---

① 李力清：“西方大国抢占黑非洲石油市场”，《当代世界》2003年第4期，转引自邓向辉：“中美非洲能源之争”，《学术探索》2008年第6期，第9页。

② 钟延秋、孙国庆、马凤成：“富有勘探开发潜力的非洲石油资源”，《大庆石油地质与开发》2002年第1期，第80页。

③ Jedrzej George Frynas and Manuel Paulo, “A New Scramble for African Oil? Historical, Political, and Business Perspectives”, *African Affairs*, 27 November 2006, pp. 241 – 242.

势出台相应的能源资源政策，不断加强域内域外合作的努力也是有目共睹的。自20世纪90年代以来，非洲石油产业迅速发展，推动了非洲产油国经济的快速发展。在如今国际高油价的背景下，非洲国家更是希望抓住机遇，推动本国能源产业的崛起。

一、非洲国家的能源资源政策概况

近年来，非洲国家加大油气资源开发规模，加快私有化步伐，除了加强本地区内部之间的能源合作外，各产油国还纷纷制定符合国情的招商引资优惠政策，吸引国外投资者前来勘探开发，并进行多元化油气合作，以补充国家建设资金和提高民众生活水平。

（一）联合自强的努力

在非洲国家之间，石油、天然气等常规能源领域的合作正在深化，进程也在加快。例如，阿尔及利亚与安哥拉签署了有关加强两国石油领域合作的协议，对阿尔及利亚开发安哥拉石油进行可行性研究；利比亚、突尼斯两邻国建立了联合石油公司开发边境地区的石油，并吸引沙特阿拉伯以及马来西亚两国的石油公司前来勘探开发；另外，非洲产油国还采用“三结合”方式，即多个非洲国家使用西方石油公司的资本，在边界地区合作开发石油。如，安哥拉和刚果共和国建立了跨界合作开发区，在刚果一侧由道达尔公司开发，在安哥拉一侧由谢夫隆—德士古公司开发，收益分成由两国平分；圣美多和普林西比与尼日利亚携手建立了一个海上石油联合开发区，经商定，石油开发的收益，尼日利亚与圣美多和普林西比分别按60%和40%分成。开发区各区块也鼓励国外能源公司进来投资，在第一区块中，谢夫隆—德士古公司占51%股权、埃克森—美孚占40%股权、挪威能源产权公司占9%股权。在其他区块，尼日利亚公司占的股权为15%—30%。[①]

---

① 汪巍：“非洲石油勘探开发市场格局与竞争策略”，《中外能源》2008年第2期，第13—14页。

通过成立相关区域性组织来加大域内合作力度，协调非盟各国能源政策。例如，非洲能源委员会于2008年在阿尔及利亚召开的非盟能源部长会议上宣告成立，总部设在阿尔及利亚首都阿尔及尔，其主要职责是协调非盟各国的能源政策，提高成员国间政策信息共享的能力。石油输出国组织成员国尼日利亚、阿尔及利亚、安哥拉和利比亚成为该委员会的创始国。非洲能源委员会按照会议达成的意见将成为非盟下属的一个能源机构，它不仅是一个合作与协调的框架，也是一个非洲能源行业共同行动的框架。它是非洲阐述和实践能源政策的特别论坛，其目标是支持在非盟内部，以及在地区或双边层面上个体国家间的合作。[①]

（二）对外引资的推进

在对外引资方面，非洲产油国颁布了一系列优惠政策来加大招商引资的力度。摩洛哥的新石油法、埃及的新投资法均在减免矿区使用费、油田服务费等方面做了详细规定；马里的石油法涉及到石油上、下游各环节的鼓励投资政策；马达加斯加通过一项法案，允许本国人和外国人自由从事石油产品的经营活动；尼日利亚规定在深度超过1000米的海域开发石油，免收矿区使用费；喀麦隆重新修订的与国外合作伙伴联合开发石油的法律条文允许外国合伙人占有高达40%的产量，石油收益可留在国外；[②] 赤道几内亚规定，新油田最先开采的5000万桶石油，投资者收益分成90%，此后随着产量的增加而递减，当油田产量累积量超过5.5亿桶后，投资者按40%分成；[③] 安哥拉在其陆地和海上划出76个区块，供本国和外国公司租用、勘探和开采石油，安哥拉政府则从中收取各种税收。同时，拥有租让权的安哥拉国家石油公司还以租让者的身份占有产油区的一定份额（一般为30%至35%），并按所占份额进行相应

---

① 汪巍："非洲石油勘探开发市场格局与竞争策略"，《中外能源》2008年第2期，第13—14页。

② 同上，第13页。

③ 张昌兵："勘探开发非洲石油资源的机遇与挑战"，《研究与探讨》2008年第3期，第45页。

的投入和分成。[①] 以埃及油气相关法规为例（见表8—3）。[②]

表8—3 埃及油气相关法规

1998 年	标准租让协议
1994 年	埃及共和国、埃及国家石油公司之间石油勘探开发标准租让协议
1990 年	埃及共和国、埃及国家石油公司和跨国石油公司之间海上勘探开发标准租让协议
1989 年	投资法
1988 年	埃及共和国、埃及国家石油公司和跨国石油公司勘探开发标准租让协议
1974 年	阿拉伯和外国资本投资法
1974 年	阿拉伯石油管道公司法

非洲产油国还通过参加相关论坛及会议，不断优化投资环境，畅通投资渠道，加强磋商交流。例如，非洲能源论坛是1999 年由英国能源网有限公司在荷兰的阿姆斯特丹启动的，旨在为非洲各国政府、国有企业以及国际能源社会提供交流和投资平台，目前，该论坛已发展为非洲地区最主要的年度能源投资会议之一。此外，非洲能源部长论坛、非洲能源基础设施论坛、非洲大城市清洁能源论坛等都在强化域外合作、拓展融资渠道等方面发挥重要作用。

（三）新型能源的聚焦

为缓解能源短缺，实现开源节流并重，非洲各国在利用常规能源的基础上，近年来又不断探索和开发新能源，并具有巨大的发展潜力。非洲各国发展新能源的主要政策措施有三方面：

首先是水能利用潜力巨大。如在水力发电方面，世界自然基金会的报告称，非洲大约有3000 万千瓦时的水力发电潜力，但目前只开发了大约10%，还有90%的巨大开发潜力。喀麦隆、刚果（金）和埃塞俄比亚等水利条件得天独厚的国家，已经开始加强这方面的努力，把开发水能

① “非洲国家纷纷制定政策吸引外资开发石油资源”，商务部网站，2005 年6 月24 日，http：//finance. sina. com. cn/roll/20050624/1649151319. shtml。

② “非洲主要油气资源国概况——埃及”，国际能源网，2007 年5 月18 日，http：//finance. sina. com. cn/roll/20050624/1649151319. shtml。

列入与寻找新能源同等重要的位置。这 3 个国家正在运营的水电站装机容量约为 280 万千瓦，正在建设中的水电站的装机容量为 400 万千瓦。[①]

其次是生物能源备受重视。在这方面，塞内加尔称得上是“排头兵”。塞内加尔成立了专门研究生物燃料和可再生能源发展的政府机构，向巴西等国取经，一些省份的农民开始种植一种可以转变成酒精的青草。同时，塞内加尔还准备在东部坦巴昆达地区种植 116 公顷可提炼生物柴油的麻风树，然后向其他地区大面积推广。刚果（金）建立了特别委员会，研究生产生物燃料问题。赞比亚农民种植了 20 多万公顷可以提炼生物柴油的农作物。西非几个国家还专门发布报告，倡导在开发利用生物能源的同时保护环境。[②]

再次是风能、太阳能前景广阔。非洲有不少国家位于赤道线上及其附近，阳光充足，又多高原，风力强劲，而阳光和风都蕴含着几乎取之不尽的清洁能源。在风力和太阳能开发利用方面，南非无疑是非洲最先进的国家；尼日利亚全国目前有 60 多家从事太阳能业务的公司，并成立了太阳能委员会；肯尼亚、赞比亚等国也把太阳能的开发利用列入计划，并力争有所收获；埃及上马的太阳能发电厂还是全国的第一座，同时，在风力发电方面，埃及有着优越的条件，红海、苏伊士湾两岸的不少地方都是有名的“风口”，经常大风呼啸，是利用风能的好地方，埃及已经在苏伊士湾西岸的扎阿福兰地区建立了一座风力发电厂。

最后是加强与国外的合作，推进新能源的开发和利用。如，尼日利亚在对太阳能开发进行深入研究的同时，还不断加强与国外同行之间的合作，组织国外专家来本国进行技术培训；[③] 阿尔及利亚推出了可持续能源发展计划，目前已投资 3 亿欧元与德国 Centrotherm 共同建立太阳能面板工厂；[④] Google 瞄准了一家新能源发电厂——来自南非的太阳能发电厂 Jasper Power，为该公司投资 1200 万美元，这是 Google 第一次在非洲

---

① “非洲：努力开发新能源　生物能源受重视”，《人民日报》2008 年 1 月 9 日，http://env. people. com. cn/GB/6750904. html。

② 同上。

③ 同上。

④ “非洲光伏等新能源市场潜力巨大”，商务部网站，2012 年 12 月 19 日，http://www. mofcom. gov. cn/aarticle/i/jyjl/k/201212/20121208490225. html。

投资新能源;[①] 首届非洲—欧盟能源伙伴高级别会议的召开加强了非洲各国与欧盟在新能源领域的合作，双方合作的长远目标是，到2050年在北非和中东地区投资4000亿欧元，建设大型太阳能发电站和风力发电站;[②] 此外，非洲还与中国、印度等国举办了相关论坛、会议，在新能源开发方面展开务实合作。

二、非洲国家的能源资源政策瓶颈

尽管非洲各国为实现自身发展相继出台了一系列优惠的能源资源政策，但是在国内外复杂因素的共同作用下，能源资源政策瓶颈尚存，这深刻影响着能源资源政策长期、有效、健康地推行和非洲的可持续发展。能源发展悖论依然困扰着非洲。

（一）政治间断动荡阻碍政策延续

20世纪90年代以来，许多非洲国家都被严重的政治混乱甚至内战所困扰，其原因大致可以分为如下几类：一是美苏冷战的遗留问题；二是西方国家在非洲推行多党制民主；三是宗教势力干预政治生活；四是非洲国家在世界经济中日益处于不利地位，人口爆炸、环境恶化、粮食产量下降等引发一系列危机。[③] 马里北部的动乱可以说是该地区在利比亚卡扎菲政权倒台后溢出效应与法国对西非国家政治干涉两个因素结合的结果；刚果（金）与卢旺达之间的冲突仍在持续；一些国家和地区的政局动荡表现出某种脆弱性（埃及、索马里、几内亚比绍、苏丹与南苏丹、几内亚湾地区、西撒哈拉问题等）。[④] 特别值得一提的是2010年从突尼斯蔓延至阿尔及利亚、埃及、利比亚的“阿拉伯之春”，持续的动

---

① “对未来投资，Google投资非洲新能源”，爱范儿网，2013年5月31日，http://www.ifanr.com/299724。

② “非洲欧盟将在新能源领域加强合作”，新华网，2010年9月14日，http://news.xinhuanet.com/world/2010-09/14/c_13495022.htm。

③ 方连庆、王炳元、刘金质：《战后国际关系史》下册，北京大学出版社2006年版，第855—858页。

④ 李安山：“非洲：政局稳定助推经济”，《光明日报》2012年2月29日。

荡与内乱阻碍了北非几个主要产油国经济的发展，石油产量下滑，撤资撤侨频现，严重影响了能源资源政策的延续性和稳定性。

（二）工业水平薄弱制约政策实施

众所周知，非洲能源工业发展水平十分低下，虽然能源资源丰富，但并未能转化为自身经济发展的有利条件。整体来看，非洲国家的民族工业基础薄弱、设备陈旧、技术含量低，尽管近些年非洲经济保持着3%的平均增长速度，但对外援的依赖有增无减。2007年5月在肯尼亚召开的第11届石油和天然气贸易及金融会议上，有关方面反映了非洲能源开发的一大瓶颈——缺乏完善的石油管道系统，这直接限制了非洲能源的开发和经济的发展。肯尼亚的壳牌石油公司常务董事帕特里·奥也斯表示，缺乏运输石油产品的管线是非洲大部分国家面临的重大问题。同时，非洲地区教育落后，科技不发达，用于能源开发的高素质人才和先进技术严重缺乏，这必将制约非能源经济的长期性自主发展。[①] 这些因素使得非洲国家优惠的能源资源政策形单影只、势单力薄，难以发挥效果。

（三）国外严重掠夺影响政策推进

由于非洲拥有丰富的自然资源和7亿人口的潜在市场，美国和法国等西方国家在近些年逐渐增加了对非洲的直接投资，控制石油和矿产等资源，积极参与非洲各国的经济改革进程，主导通信、水电、交通等关键能源基础设施行业。在由西方主导的全球化进程中，非洲能源基础设施和能源工业短期内很难发展，能源发展根本无法满足最基本的生活需求。发达国家的跨国公司和非洲当地的资源处进行联盟，遏制了工业和能源基础设施的发展，使非洲形成了单一的经济结构，依附于欧美等国。西方各大石油公司视非洲为“尚待开发的处女地”，竞相投入巨资进行勘探开发。专家预计，今后20年西方国家仅在几内亚湾的投资就将达到400亿—600亿美元。[②] 美国为了保证本国的能源供应，以反恐为借口，

① 刘伟：“非洲能源发展简析”，《中国集体经济》2010年9期，第200页。

② 于宏源：“非洲能源发展悖论”，《能源》2012年第6期。

实行政治布局、军事护航、经济拉拢三管齐下的战略，大肆掠夺非洲石油资源；欧洲则通过建立所谓的“新型欧非战略伙伴关系”试图将非洲牢牢控制在手中；日本作为一个能源资源严重依赖进口的国家，更是不会放弃非洲这块“肥肉”，1993—2003 年日本通过倡导召开的三次“非洲发展国际会议”，对非政策已由最初的经济援助上升到政治战略色彩，加紧了对非洲石油的控制。①

这些因素使得非洲各国通过制定能源资源的优惠政策促进经济发展的行动显得力不从心。

三、非洲国家的能源资源政策应对

以上部分所罗列的非洲国家的能源资源政策瓶颈使人们不得不思考一些问题，即如何将非洲的资源优势转化为经济优势，如何突破非洲能源发展悖论实现非洲的可持续发展。对于非洲的能源资源政策需要有新的考量，政策不应仅是一个单一的框架，而应有独立自主、基础设施建设、教育、域内合作等政策的保障。

（一）独立自主谋发展

要使本地的石油资源成为非洲经济发展的驱动力，就必须摆脱大国的控制，将能源资源收归国有，自主开发，决不允许外国势力以任何借口抢夺垄断本地能源；加强民主和法制建设，妥善地处理民族、宗教问题，维持政局稳定，为能源经济的发展提供政治保障；积极开发优良的粮食品种，扩大粮食种植面积，提高粮食自给率，解决贫困问题，走独立自主的能源发展道路。②

（二）完善设施求发展

加强基础设施建设，完善石油运输系统，加大石油管线建设的投资

---

① 刘伟：“非洲能源发展简析”，《中国集体经济》2010 年第 9 期，第 200 页。

② 同上。

力度；出台能源基础设施领域的投资优惠政策，以吸引更多的外资，提高石油运输能力；投资与管理并重，充分发挥现有基础设施的效用，加强基础设施的“软件”管理；加大基础设施的开放力度，把国家投资款项改成政府项目补偿投资款项。①

（三）科教兴国育人才

重视教育，发展科技，培养人才，增强自主研发能力，为能源经济发展提供科技动力。能源经济是科技经济，科技的发展直接关系到能源的开采、能源工业的结构、能源的利用效率和环境和谐度。为了改变大量出口原油而进口成品油的现状，非洲国家应该将发展自己的炼油和石油化学工业提上议事日程。应不断加大对教育的投入力度，保障人民受教育的权利，提高人民素质，鼓励自主创新推动科技发展，积极参与勘探、开发油田，并考虑在条件合适的情况下，选择适当的时机，吸引投资建立使用自己研发的炼油厂和石化装置，以降低产品成本，参与国际竞争，使科技真正成为能源开发的推动力。②

（四）区域合作共繁荣

成立能源组织，加强合作，共同开发。受经济危机的影响，世界经济增长缓慢，石油价格下降，各国对外投资逐渐减少，这直接影响到以能源为支柱的非洲经济的发展。在这种情况下，必须充分发挥区域性组织的作用（非洲联盟、非洲石油生产国协会、非洲银行等等），以进一步加强非洲地区的内部合作。可成立能源生产国和能源生产消费国各占适当比例的国际能源组织，在平等的基础上通过协商谈判，以互利共赢为目的，制定和完善相关的法规和政策，规范和约束彼此的行为，共同发展能源经济，实现繁荣。③

总之，非洲作为能源资源十分丰富的地区，有较大的发展潜力，除常规能源发展较快以外，新能源的开发也日益受到世界各国的关注。从

---

① 刘伟：“非洲能源发展简析”，《中国集体经济》2010年第9期，第200页。

② 同上。

③ 同上。

长远来看，非洲仍将是一片投资的热土，经济增长仍有进展，拥有广阔的发展前景，非洲国家优良的能源资源政策也将继续发挥积极的作用。但现存的问题也不能忽视，独立自主能力较低、基础设施不完善、科技教育落后、外国势力的掠夺等等都是制约非洲发展的重要因素，为非洲的可持续发展增加了某种不确定性。非洲各能源资源国只要吸取经验，调整策略，加强合作，不断丰富和完善能源资源政策，辅以其他各项利国政策，打出“组合拳”，突破瓶颈，定会迎来更加光明灿烂的未来。

第三节　中国在非洲地区的能源战略

改革开放 30 年多来，中国经济迅速发展并取得了巨大成就，2010 年中国 GDP 已超过日本，成为世界经济第二大国。但能源需求也与日俱增，2010 年中国石油对外依赖度已高达 60%，2013 年 9 月中国甚至超过美国成为世界最大石油进口国。中国日益意识到石油进口过于依赖中东对本国能源安全的不利影响，从而加大了对中亚及俄罗斯的石油、天然气投资力度，与此同时也把眼光转向了非洲。非洲拥有丰富的石油资源，已探明的石油储量约占世界总储量的 12%，其石油储量已从 1995 年的 720 亿桶增长到 2005 年的 1143 亿桶，占世界总储量的份额从 7% 提升到 9.5%，储采比为 31.8 年，非洲已成为仅次于中东、中亚的世界第三大储油区。中非在油气领域的互补性高，合作空间很大。基于近年来不断涌现的油藏和日趋稳定的政治大环境，非洲将是中国在相当长时期内开拓海外油气资源的必争之地、锻炼油企竞争力的练兵场。非洲产油国缺乏的是资金和技术，而中国资金充裕，陆地油田开发技术基本成熟，在这两方面甚至可与西方国家一比高低。

一、多渠道达成开发与生产协议

中国2010年就已成为非洲第一大贸易伙伴，在2012年北京举行的第五届中非合作论坛上，中国承诺在3年内向非洲国家提供200亿美元贷款，其中就包括能源资源合作。数据显示，2009年中国、美国、欧盟、印度四方对非石油进口依赖率平均近20%，而中国依赖度最高，达24.6%。美、欧仍是非洲石油的消费主力，每年获取非洲2/3的石油，中国所得仅为欧美的1/4。从区域上看，欧盟主导北非，占其石油出口的59%，中国仅占6.5%。美国获得西非石油出口的36.4%，中国仅得19%。中国唯一占优势的地区是油气产量有限的东南非。中美在非洲两大主要产油国尼日利亚、安哥拉都形成激烈竞争局面，尼、安两国对美原油出口分别占其总出口的44%和31%，中国要扩大从两国的进口并非易事。①

为此，中国可采取以下战略：第一，努力与较小的国家（如乍得、尼日尔、加蓬、赤道几内亚以及刚果共和国）达成开发和生产协议，这些并非主要产油国，中国遇到的阻力较小，而且新兴产油国发现大油田的机会较大，政局稳定，风险也较小。② 第二，向较大的石油生产国提供综合配套的援助，打通上下游产业，通过金融贷款、基础设施、医疗服务、发电、教育等项目来增加中国投资的吸引力。③ 第三，通过合作开发获得石油，比如在尼日利亚、阿尔及利亚，中国与俄罗斯、印度石油公司就很有合作潜力。第四，中国石油公司也可以采取联合竞标的方式，比如中石油与中海油联手收购了马拉松石油公司在安哥拉32区块20%的权益。④ 第五，加大非洲海洋石油的开发力度。近年来，由于深海勘探技术的运用和几内亚湾地区新油田的发现，海上石油集中于几内

① 秦天："中非油气合作新形势及前景"，《国际资料信息》2011年第4期，第23页。

② 汪巍："非洲石油市场开发策略"，《中国石油石化》2009年第20期，第57页。

③ Stephanie Hanson, "China, Africa, and Oil", *Council on Foreign Relations*, June 6, 2008, p. 2.

④ 汪巍："非洲石油开发策略"，《中国石油石化》2009年第20期，第57页。

亚湾一带，该地区已探明的石油储量占世界海上石油总储量的14%。然而，海上特别是深水石油开发技术的不成熟，严重阻碍了中国石油公司在非洲获得海上石油区块的步伐。2006年5月，在中国石化集团竞标安哥拉7个石油区块中的3个油田开发特许权时，就因为安哥拉评标委员会认为“中国石化集团没有领导深水油田开发的技术”，该集团获得的3个油田的权益份额均少于初始目标。第六，“贷款换石油”。“贷款换石油”既可以保证中国稳定获取原油，又可以降低“走出去”过程中的政治风险，获得稳定的能源供应。同时，对于调整中国外汇储备结构、推动外汇储备的多元化、抵御金融风险将发挥积极作用。“贷款换石油”由于对产油国发展生产、提高石油产量具有积极的作用，也易于被产油国接受。第七，在非洲获得进口原油与份额油并重。在新的战略机遇期，中国要不断深化中非新型战略伙伴关系，加强中非在能源领域的合作，积极开展能源外交，稳定“贸易石油”份额，提升“份额石油”比重，创新石油贸易模式。通过这些外交努力，中国在获取非洲的石油和天然气方面定能取得成功。

二、积极拓展能源供应来源国

非洲油气资源主要分布在地台内部的负向地区和滨海地带的沉积盆地内。截至2009年末，其探明储量为1277亿桶，占世界石油探明总储量的9.6%，随着石油勘探开发技术的不断发展，其探明储量还将进一步增加。与此同时，非洲石油的产量也呈现出逐年增加的态势，未来10年，非洲原油的日产量将提高到1300万桶，到2010非洲的原油产量将占世界总产量的20%。从更长远来看，未来20年非洲石油产量可能增至日产石油1100万桶，比现在增加40%。[①] 所以，中国拓展能源供应来源国的空间巨大。除了尼日利亚、埃及、安哥拉、阿尔及利亚、苏丹五大传统产油国外，还有赤道几内亚、加蓬、刚果（布）、乍得、喀麦隆、

① 叶护平、高练：“非洲石油生产与贸易的地理特征”，《世界地理研究》2007年第3期，第17页。

突尼斯、毛里塔尼亚这些新兴产油国。目前，五大传统产油国仍然基本被西方石油公司掌控，而中国在保证这些国家石油份额的同时，也应当积极扩大在新兴产油国所占的比例。

在获取非洲的“贸易油”，即直接从非洲进口原油方面，英国石油公司2009年的数据显示，中国从非洲的石油进口量有逐步上升的趋势，2005年中国从非洲的石油进口占到总石油进口的比例为22.84%，而2008年这一比例已占到24.7%。[①] 目前非洲已经成为仅次于中东的中国第二大石油进口来源地，2012年中国从非洲进口石油即达到23.8%。从单个国家来说，苏丹是中国最大的海外石油生产基地，2005年该国石油出口的一半流向了中国，而在2006年苏丹60%的石油被出口到中国，2010年前11个月中国自苏丹进口石油1161万吨，苏丹已成为中国第六大石油进口国。在苏丹南北分离的过程中，中国石油企业与苏丹南北双方保持了密切合作关系。[②] 2005年4月，中国与尼日利亚签订了每日向中国提供5万吨石油的供油协议。安哥拉每年向中国出口的石油占到中国石油进口量的13%，是中国仅次于沙特阿拉伯的第二大石油供应国。[③]

为稳定获取“贸易油”，需要采取两方面措施：一方面，要不断加深与非洲的友好往来，继续加大对非洲医疗卫生、教育、交通和通讯等领域的援助，继续减免非洲债务，积极主动地帮助非洲发展生产，改善当地人民的生活水平，从而获得非洲国家、人民的理解和支持；另一方面要继续深化同非洲产油国的关系，继续加强对其经济和技术援助，帮助其提升石油勘探和开发技术，提高石油产量，稳定对中国的石油供应。目前非洲已经成为中国最大的海外份额油来源地，为稳定地获取份额油，中国要继续积极开展石油外交，投资非洲，进一步巩固和发展与非洲国家的战略合作伙伴关系。[④]

---

① 数据来源：BP Statistical Review of World Energy June 2009。

② 汪巍：“进一步开拓非洲石油市场的对策思考”，《中国石油与化工经济分析》2011年第9期，第61页。

③ Zhongxiang Zhang, “China's Hunt for Oil in Africa in Perspective”, *Energy & Environment*, Vol. 18, No. 1, 2007, p. 88.

④ 汪巍：“进一步开拓非洲石油市场的对策思考”，《中国石油与化工经济分析》2011年第9期，第61页。

三、加大在非洲的投资力度

鉴于在非洲石油上游进行并购获得份额油与通过贸易进口非洲原油成本相当，中方可采取贸易与并购相结合的策略开发非洲石油市场。中方在非洲获取份额油的过程中，有必要形成获取份额油的成本约束机制，使份额油的成本低于国际油价，争取将更多的份额油低成本运回国内；在部分份额油就地销售过程中，可充分利用喀土穆炼油厂提炼中方在非洲获取的份额油，这样既可增加利润，也可扩大中方在非洲成品油市场的份额。

尽管贸易油是主渠道，份额油只能利用国外石油资源的辅渠道，但是海外份额油掌握得越多，利用国外石油资源的主动权就越大。在原油价格居高不下的今天，仅仅靠海外买油，已经不能很好地满足中国的需要，并且风险也很大。基于世界经济形势的发展以及中国与非洲领导人的努力，中非石油合作的内容开始多元化，由过去单一的石油贸易形式，扩展到石油勘探开发领域，目前非洲已经成为中国最大的海外份额油来源地。在新的世界形势下，中国要积极地、有步骤地参加国际性和地区性的经济和能源合作体系，不断加强与非洲产油国的经济联系和社会联系，积极开展石油外交，走进非洲、投资非洲，参与非洲的石油勘探和开发，参与能源、资源的基础设施建设，稳步提升中国从非洲获取的份额油比重。[①]

在获取非洲国家的份额油方面，近年来中国加大了在非洲的投资力度，积极地进行石油勘探开发。据统计，中国石油公司已经在非洲20个国家开展油气勘探开发业务。[②] 最成功的是中国与苏丹的石油开发项目。中国石油集团已在苏丹总投资超过70亿美元，整个苏丹的石油工业，从上游到下游，基本都是中国石油集团援建的。[③] 在尼日利亚，2006年中

---

① 梁明："非洲石油贸易——中国的视角"，《国际经济研究》2011年第4期，第24页。

② 张刚："外国石油公司在非洲的竞争趋势分析"，《国际石油经济》2008年第3期，第9页。

③ 杨勉："南苏丹公投背后的石油因素及对中国在苏丹石油投资的影响"，《中外能源》2011年第5期。

海油（CNOOC）以将近23亿美元的价格买下了该国开采石油和天然气的权利；[①] 2006年1月，中海油收购尼日利亚130号深海区块45%的权益；[②] 在利比亚，2005年12月中石化与利比亚国家石油公司签订了17—4区块风险勘探合同；2006年，中石化与安哥拉国家石油公司联手收购了安哥拉3处海上油田的股权，分别获得15号、17号和18号勘探区块20%、40%和27.5%的股权。[③]

综观周边及全球资源形势，俄罗斯的石油开采已经达到顶峰，而且因为战略上对华不信任，其对华出口石油远不及对欧盟积极，即便俄罗斯提出开发亚太需要中国的巨大投资，也不可过于乐观；在亚太，印尼即将从石油出口国转变为进口国，而缅甸的石油探明储量非常小，完全无法满足中国的需要，但中缅油气管道修通后，石油进口可稍稍缓解“马六甲困局”；中东常年动荡不安，美国已控制了除伊朗的其他海湾产油国，使得中东难以成为中国持续而可靠的石油供应地，而当前美国对伊朗的制裁力度加大，中国若从伊朗增加石油进口必将冒一定的政治风险；中亚石油、天然气资源在地缘上与中国临近，上合组织框架下的能源合作也很多，但又有与俄罗斯爆发冲突的可能，这里毕竟是俄罗斯所谓的“势力范围”，中国一直小心翼翼地；拉美地区重油、加拿大油砂储量可观，但美国在这里影响力又太大，中国若想“抢食”，显然处于不利地位；与上述地区相比，“年轻”的非洲大陆是中国开发海外能源的一个理想选择地，它不仅拥有丰富的石油天然气资源，而且源远流长的中非关系为中非在能源领域的进一步合作奠定了坚实的基础，中国未来的石油资源供应地首选就是非洲。近来中非经贸合作如火如荼，尤其是中非合作论坛风生水起，使得日本、印度、美国、欧盟相继更加重视非洲，非洲在列强争夺能源之下将会显得更加重要。

由此可看出，在保证中国海外石油进口来源方面，非洲在中国海外能源战略中的地位将会越来越重要，中国与非洲国家能源合作的广度和深度都在扩展。合作国家从苏丹、安哥拉主要产油国扩展到阿尔及利亚、

---

① 何莺：“全球化背景下的中非能源合作”，《湖南工程学院学报》2007年第3期。

② 亢升：“动荡非洲中的中国石油安全”，《西亚非洲》2007年第2期。

③ 邓向辉：《非洲能源国际竞争与中非能源合作》，中共中央党校2010年博士学位论文。

利比亚、加蓬、尼日利亚、赤道几内亚和乍得等国家，合作范围也从过去单一的石油贸易扩展到勘探、开发领域，中国在非洲的投资更多、涉及的项目也更大。

第四节　印度在非洲地区的能源战略

一、印度从非洲国家直接进口能源

首先，在石油进口方面，非洲丰富的石油资源对印度具有极大的吸引力，近年来印度从非洲的石油进口量呈稳定上升趋势。2006—2007年度，印度从非洲的石油进口占印度总石油进口量的17.9%，2007—2008年度该比例上升到18.4%。虽然金融危机后，印度从非洲的石油进口量有所减少，但是2009—2010年度，该比例高达20.6%（见表8—4）。从表8—4可以推测出，近年来印度与非洲国家的能源合作无论在广度还是深度上都有所提升。

撒哈拉以南非洲尤其是尼日利亚在印度的能源进口中占有相当重要的地位。由于印度的炼油厂很需要尼日利亚的优质原油，两国在2000年签署了原油进口协议，并且该协议在两年后就被修订，因此尼日利亚的原油供应在不久的将来对印度至关重要。2003—2004年度，印度从尼日利亚的原油进口量大约为1亿桶，价值约240亿美元，2004—2005年度印度从该国的原油进口量大约为1.5亿桶。[①] 据国际能源署公布的数据显示，2007年印度从尼日利亚一国的原油进口就占到其总石油进口量的11%。[②]

据印度进出口银行2009—2010年度统计结果显示，除了尼日利亚

① Ruchita Beri, “Africa’s Energy Potential: Prospects for India”, *Stratigic Analysis*, Vol. 29, No, 3, Jul—Sep 2005, p. 381.

② 杨思灵：“印度与其‘大周边’地区的能源合作”，《亚非纵横》2009年第3期，第28页。

外，印度还从非洲其他 18 个国家进口石油，这些国家主要集中在非洲中西部地区，如安哥拉、阿尔及利亚、苏丹、刚果、赤道几内亚、几内亚、民主刚果、喀麦隆、加蓬、几内亚比绍、科特迪瓦、利比里亚、突尼斯；另外北部和东部也有国家出口石油到印度，如北部的埃及、摩洛哥、利比亚，东部的坦桑尼亚、南非。在进口费用方面，近年来印度从非洲的石油进口也呈现出快速上升的趋势。2006—2007 年度印度从非洲的石油进口额为 84.4175 亿美元，而到 2009—2010 年度这一数字增长到 159.6773 亿美元，3 年的时间内增长了近一半（见表 8—4）。

表 8—4　印度从非洲的石油进口量（单位：百万美元）

年度	2006—2007 年度	2007—2008 年度	2008—2009 年度	2009—2010 年度
从非洲进口额	8441.75	11788.84	12968.82	15967.73
总石油进口额	47018.75	64052.50	77310.75	77506.56
占比	17.9%	18.4%	16.77%	20.6%

资料来源：Government of India, Ministry of Commerce and Industry, Department of Commerce, Export Import Data Bank, 2009 - 2010.

其次，在天然气方面，非洲也是印度的一个重要供应者。2005 年，非洲并不在印度的天然气进口国之列，但是近几年来已成为印度重要的天然气合作伙伴，其中，埃及和尼日利亚是印度最重要的两个天然气提供国。虽然近几年印度从非洲的天然气进口有所下降（2008—2009 年度，来自非洲的天然气占印度天然气进口量的 11.9%，2009—2010 年度，印度天然气进口转向了西亚和澳大利亚，印度从非洲的天然气进口仅占印度天然气进口总量的 3%），但非洲仍是印度很重要的天然气供应者。①

最后，过去几年里，尤其是核供应国集团对印度进行核禁运以及美印民用核协议签署后，印非能源合作的一个新进展是印度和非洲国家签订了一系列核协议。印度与非洲进行铀合作的第一个国家是纳米比亚。

① Devika Sharma, Swati Ganeshan, "Before and Beyond Energy: Contextualising the India - Africa Partnership", Emerging Powers and Global Challenges Programmme, February 2011, p. 7.

2009年8—9月纳米比亚总统希菲凯普涅·波汉巴对印度进行了正式访问，访问期间双方就和平利用核能签署了协议。[①] 根据该协议，纳米比亚承诺向印度供应二氧化铀以及铜和钻石。[②] 除了纳米比亚，印度也加入了尼日尔的铀勘探和开发活动。目前，印度私营企业已经与尼日尔的Taurian资源私有公司和马达加斯加的Varun能源公司一起进行铀的勘探。另外，非洲的南非、加蓬以及马拉维也已经开始向印度提供铀。[③]

二、印度在非洲能源领域进行投资

近年来，为获得非洲稳定的能源供应，印度不断强化在非洲能源领域的存在，加大对非洲的投资力度。这首先表现在投资力度的加大和投资领域的拓展方面，其次表现在印度对非投资对象国的增加上，印度获得了越来越多非洲国家的石油股份。

就投资力度来说，近年来印度对非投资力度逐步加大。在2007年的“印非能源会议”上，印度国有石油天然气公司海外分公司表示，将把“十二五”计划中用于海外投资的10亿美元重点用于非洲。从2008年起，印度连续参与了在苏丹、埃塞俄比亚、安哥拉、埃及、加蓬、利比亚、尼日利亚以及马达加斯加的多项油田竞标。[④] 印度石油天然气公司（ONGC）已在尼日利亚、利比亚、苏丹和埃及等8个非洲产油国投资了20亿美元，印度石油公司（IOC）和印度石油有限公司（OIL）则在尼日利亚、利比亚和加蓬投资了1.25亿美元。[⑤] 另外印度石油公司（IOC）

---

① Government of India, Ministry of External Affairs, “Indo - Namibian Relations”, 2010, http://meaindia. nic. in/meaxpsite/foreignrelation/08fr03. pdf, accessed 7 November 2010.

② Campbell K, “Namibia set to supply uranium, diamonds direct to India”, *Mining Weekly*, 11 September 2009, http://www. miningweekly. com/article/namibia - set - to - supply - uraniumdiamonds - direct - to - india - 2009 - 09 - 11.

③ Devika Sharma, Swati Ganeshan, “Before and Beyond Energy: Contextualising the India - Africa Partnership”, *Emerging Powers and Global Challenges Programmme*, February 2011, p. 7.

④ 陶短房：“印度在非洲石油攻略与华短兵相接 外媒解读为慷慨解囊”，凤凰财经网，2011年7月5日，http://finance. ifeng. com/news/hqcj/20110705/4227945. shtml。

⑤ 时宏远：“试论印度与非洲的能源合作”，《西亚非洲》2008年第11期，第38页。

对科特迪瓦一个深海油块投资了10亿美元。① 在非洲最大的国家苏丹，印度对其石油勘探和开发领域的投资就已超过15亿美元。②

与之前印度对非洲的投资主要在勘探方面相比，目前印度的投资领域则扩大到了基建、加工、运输乃至铺设管道等多个方面。正如印度外交部长普拉纳布·穆克吉在2007年首届印非石油会议上所说，印度准备和非洲国家分享石油工业，包括开采、经销、提炼、储存和运输领域的投资，并帮助非洲培养出一批能够有效管理能源资产的人才。③ 在管道建设方面，2004年6月印度内阁批准在苏丹投资2亿美元进行管道铺设的计划，该管道从苏丹首都喀土穆一直铺到苏丹红海沿岸的海港。④ 另外，2010年非洲第二大国家阿尔及利亚邀请印度公司参与投资100亿美元的天然气管道项目，该管道从尼日利亚通过邻国尼日尔穿越撒哈拉沙漠。⑤ 同时，印度国有石油天然气海外子公司维德什（OVL）、印度国有石油天然气米塔尔能源公司、印度石油公司以及印度天然气监管局有兴趣修建从尼日尔三角洲穿越阿尔及利亚最终到达欧洲的管道。⑥ 埃及也邀请印度加入到其连接地中海和红海的管道建设中来，它一旦建成，能把里海的石油和天热气运到印度。鉴于能源对印度经济发展的重要作用，在权衡利弊后，印度或许会加入到非洲的能源管道铺设项目中来。

就投资对象国来说，尼日利亚、安哥拉、苏丹是印度对非投资的最主要国家。科特迪瓦、加纳、埃及、加蓬、尼日尔、布基纳法索、赤道几内亚、几内亚比绍、塞内加尔等非洲产油国也成为印度的投资对象国。通过资金投入，印度公司在越来越多的非洲国家获得了石油

① J. Peter Pham, "India Expanding Relations with Africa and Their Implications for U. S. Interests", *American Foreign Policy Interests*, 2007, p. 344.

② "印度加快进军非洲石油开发领域步伐"，搜狐财经网，2007年9月3日，http://business. sohu. com/20070903/n251929316. shtml。

③ 《亚洲时报》2007年11月13日，转引自时宏远："试论印度与非洲的能源合作"，《西亚非洲》2008年第11期，第38页。

④ Ruchita Beri, "African's Energy Potential: Prospects for India" *Strategic Analysis*, Jul－Sep 2005, p. 382.

⑤ "阿尔及利亚邀请印度公司参加天然气管道项目"，中国石化新闻网，http://china. toocle. com/cbna/item/2010－08－24/5356592. html。

⑥ "Africa's Rising Star, and India", The Hindo business line, http://www. the hindobusinessline. com/todays－paper/tp－opinion/article1668371. ece.

开发勘探权。

尼日利亚是非洲最大的产油国，也是印度的投资重点国家（见表8—5和表8—6印度公司在非洲的投资情况）。为了获得尼日利亚的勘探开发权，印度石油天然气公司与尼日利亚签订了协议。根据该协议，印度向尼日利亚投资60亿美元用于非洲的基础设施建设，获得该国两个深水区25年的开发权。而在此之前，印度已与尼日利亚达成了每天进口4万桶原油的长期合同。[①] 另一个重大进展是，尼日利亚总统奥卢塞贡·奥巴桑乔对印度进行访问时邀请印度公司到尼日利亚开发石油，同时希望印度公司参与尼日利亚电力和液化油气的生产。[②]

在苏丹，印度石油天然气公司海外分公司维德什（OVL）投资75亿美元，成功获得了加拿大塔利斯曼能源公司在苏丹25%的股份。截至2005年，印度从苏丹共获得了323万吨原油。

在安哥拉，印度也试图获得该国一些油区的股份。2004年，维德什与皇家壳牌公司达成协议。在该协议中，印度投资60亿美元获得了安哥拉一深海油区50%的股份，同时还准备买断壳牌一深海勘探18区块的全部股份。该协议对印度意义重大，50%的股份意味着印度每年可以获得500万吨石油，但最后由于种种原因，该协议未付诸实施。[③] 不过稍后几年，印度在进入安哥拉市场方面迈进了一大步。2010年1月份，印度石油公司与安哥拉国家石油公司签署了谅解备忘录，在该备忘录中，两家公司同意促进勘探和冶炼领域的合作。[④]

在象牙海岸，维德什已经与Vanco能源公司达成一份协议，根据该协议，印度获得了该国位于圣佩德罗盆地一勘探区块30%的参与股权，据估计，该区域所产原油超过10亿桶。另外，维德什还与该国协商获得了

① 崔莱："印度快速增产的能源需求指向非洲"，《中国石油报》2007年9月18日。

② Rajeev Sharma, "Nigerian President offers oil", *The Tribune*, November 4, 2004.

③ Ruchita Beri, "Africa's Energy Potential: Prospects for India", *Stratigic Analysis*, Vol. 29, No, 3, Jul-Sep 2005, p. 383.

④ Shebonti Ray Dadwal, "India and Africa: Towards a Sustainable Energy Partnership", *Emerging Powers and Global Challenges Programme*, February 2011, p. 10.

C1－112区块40%的股份。[①]

在利比亚，2005年10月印度公司斥资300万美元购买了利比亚一盆地油区的开发权，作为交换，印度公司将该地区产量的1.5%分配给利比亚国家石油公司。在利比亚的另一处盆地，印度出资600万美元也获得了一个油区的开采权。[②] 此外，印度在利比亚两块陆上石油勘探区域也拥有49%的参股权。[③]

在中部非洲加蓬，印度马尔维石油公司、印度石油公司、印度石油有限公司和印度石油天然气公司于2005年11月同加蓬政府签署了石油开发合同，印度获准勘探和开发加蓬中部一沼泽区占地3761平方公里的夏克蒂油田。[④]

在对非投资中，印度石油天然气海外公司维德什较为活跃，但是印度其他的私有公司也开始在非洲进行了一些投资（见表8—5和表8—6）。[⑤]

表8—5 印度石油天然气公司（ONGC）在非洲投资情况

非洲国家	印度公司	投资类型	投资规模
尼日利亚	ONGC	输油管道	获得尼罗河石油公司（GNPOC）25%股份
苏丹	ONGC	石油开采	在5A和5B区块分别持有24%的股份
苏丹	ONGC	油气冶炼	12亿美元
苏丹	ONGC	多元化产品出口管道	20亿美元
苏丹	ONGC	石油管道（大尼罗河石油运营公司的一部分）	75亿美元

资料来源：Sanusha Naidu，"India's African Relations：Playing Catch up with the Dragon"，www. International. ucla. deu/media/files/84. pdf.

① Ruchita Beri，"Africa's Energy Potential：Prospects for India"，*Stratigic Analysis*，Vol. 29，No，3，Jul－Sep 2005，p. 384.

② 时宏远："试论印度与非洲的能源合作"，《西亚非洲》2008年第11期，第39页。

③ Sanusha Naidu，"India's African Relations：Playing Catch up with the Dragon"，www. international. ucla. edu/media/files/84. pdf.

④ 崔莱："印度快速增产的能源需求指向非洲"，《中国石油报》2007年9月18日。

⑤ 表8—5和表8—6来源于：Sanusha Naidu，"India's African Relations：Playing Catch up with the Dragon"，www. international. ucla. edu/media/files/84. pdf。

表 8—6 印度其他公司在非投资情况

非洲国家	印度公司	投资类型	投资规模
科特迪瓦	某合伙公司	石油勘探	10 亿美元
尼日利亚	印度国家电力集团（NTPC）	天然气	117 亿美元
尼日利亚	印度石油公司（IOC）	油气冶炼	35 亿美元
尼日利亚	印度石油公司	液化天然气加工和油气冶炼	计划 20 亿—40 亿美元
苏丹	Videcon 公司	石油勘探	10 亿美元（76% 的股份）

资料来源：Sanusha Naidu，“India's African Relations：Playing Catch up with the Dragon”，www. International. ucla. deu/media/files/84. pdf.

第九章

中印在北美地区的能源战略

第一节　北美地区的地缘政治经济特征

北美地区为地缘政治地理学的概念，指的是北美的北部地区，以文化区分法又称盎格鲁美洲，属于北美大陆的一部分。与自然地理区分的北美洲明显不同的是，北美地区不包括同属于美洲大陆的中美，即墨西哥、中美洲和加勒比地区。而根据联合国按政治地理学标准对世界区域进行的划分，北美地区由美国、加拿大、格陵兰岛、圣皮埃尔和密克隆群岛，以及百慕大组成。① 北美总面积约为2422.8万平方公里，包括23个国家，而美国和加拿大占整个北美地区总面积的80%，所以对北美地区地缘政治经济特征的主要研究对象为美国和加拿大。而长期以来在许多方面模仿、追捧美国模式的加拿大，在外交战略和地区安全战略上都深受美国影响，此外第二次世界大战后由于美国经济势力全面渗入，加拿大出口总量的85%都是销往美国的，② 对外经济严重依赖美国，所以作为"世界上最密切、最特殊的两国"，关于地缘政治和地缘经济的研究是以美国为主，加拿大为辅。总的来说，本章关于北美地区的地缘政治和地缘经济的特征是以美国为主要研究对象。

一、地缘政治特征

由于北美洲地理版图最大的构成国家是美国和加拿大，且自冷战以来美国的综合国力已占据这个地区的绝对优势，因而两国之间地理板块

---

① Composition of macro geographical (continental) regions, geographical sub - regions, and selected economic and other groupings: http: //millenniumindicators. un. org/unsd/methods/m49/m49regin. html, 2013 年5月7日。

② 张文木："中国地缘政治的特点及其变动规律（上）"，《太平洋学报》2013 年第1期，第1页。

对称的势能为不对称的国力所抵消。[①]

纵观美国地理位置可知，与美国官方公布的约937万平方公里陆地国土面积毗邻的只有加拿大和墨西哥两国，而两侧是太平洋和大西洋西东合抱，这种不同于欧亚板块的地理位置为美国崛起提供了条件。而冷战之后的美国在地区安全战略上的调整及发展，最终形成了美国特色的地缘政治特征。

（一）邻国较少且实力悬殊，为美国制定并实施独立国家战略目标提供了条件

相对于欧洲“破碎型板块”，亚洲“相对主体板块”，以及中南美洲“对称性破碎板块”，北美洲以美国为“绝对主体板块”的地缘政治特征为美国的发展和扩张提供了欧洲和亚洲等远不能比拟的地缘优势。加拿大和墨西哥，一个是其可靠的政治盟友，另一个是实力相差悬殊且对其非常重视的发展中国家，二者在综合国力上都无法也没有必要与美国抗衡，且在北美自由贸易区不断发展之下，二者对美国与日俱增的经济依赖及安全依赖也让美国几乎无需面对尖锐的邻国争端。而西东两面来自太平洋和大西洋的天然保护屏障，对外部安全威胁起到了阻挡和缓冲作用，这种特殊的地理优势，使得美国“犹如暖洋中的天鹅”。[②] 因而只要国力许可，美国就能制定并实施相对独立并持续的国家发展战略目标。从历史上看，美国正是凭借在北美洲的“绝对主体”地位，才能在第二次世界大战后迅速取代英国成为世界性的霸权国家，并持续保持高速发展势头。套用亚历西斯·德·托克维尔的话：“美国的大幸并不在于它有一部可以使它顶得住大战的联邦宪法，而在于它处在一个不会使它害怕战争发生的地理位置。”[③]

---

① 张文木：“中国地缘政治的特点及其变动规律（上）”，《太平洋学报》2013年第1期，第1页。

② 同上，第4页。

③ ［法］托克维尔著，董果良译：《论美国民主》，商务印书馆1995年版，第143页。

（二）以太平洋和大西洋为契机，通过控制海上战略要道，实现军事扩张和海外市场拓展

在与加拿大、墨西哥两邻国建立自由贸易区加强合作的同时，美国以大西洋和太平洋为基础，不断提高对世界海洋的战略要求。美国继续奉行第二次世界大战中收益颇多的信条：“谁控制了海洋，谁就控制了世界贸易；谁控制了世界贸易，谁就可以控制世界财富，继而控制世界本身。”① 而美国长达1.9924万公里的海岸线，② 正是美国实现海洋战略崛起的基础。在全球化趋势日益明显的今天，美国更加重视海洋权益，积极制定并不断调整完善海洋战略，进一步强化其全球海洋强国地位。进入21世纪以来，美国调整了20世纪90年代的国家海洋政策，以加速海洋开发为目标，强化其作为世界军事大国、经济大国和超级出口大国的国际地位。美国通过对海洋要道的发展和控制，为其军事扩张和海外市场的拓展奠定了基础，并且出口贸易和资源进口市场的规模不断扩大，使美元成为全球通用货币并以此成功转嫁国内危机，大量的世界资源和利润回流到美国，反过来弥补其不断增大的军费开支，进一步强化了美国实力。

但不可否认，如今全球海洋军事技术不断发展，两洋海域防御能力逐步下降，曾经的天然安全屏障开始向美国国防安全的软肋转变，因而美国必须不断扩大海洋防务范围，加上美国主宰全球的野心的驱使，美国扩张“安全边界”时常与他国“边界安全”重合，并由此引发了对抗。

（三）以欧亚大陆为地缘政治重点，不断加强控制欧亚大陆，提高在欧亚各国的影响力，成为其维持霸权的重要手段

欧亚大陆集中了世界3个发达地区中的2个，7个经济大国中的6

① 刘佳、李双建：“新世纪以来美国海洋战略调整及其对中国的影响述评”，《国际展望》2012年第4期，第61页。

② Central Intelligence Agency, The World Fact book: United States, http://www.cia.gov/library/publications/the-world-fact-book/geos/us.html，2007年1月2日。

个，人口资源占世界75%，国民生产总值占世界60%，能源蕴藏量占世界3/4，[①] 因此自冷战后，美国的全球战略主要围绕如何控制这块大陆展开。在欧亚大陆东部，美国加强在亚太地区，尤其是东南亚和东北亚的影响力，通过驻军强化与日、韩、泰、澳、菲等国的同盟关系；在欧亚大陆中部，美国不断加强在海湾的军事力量，实施“双重遏制”，在所谓地缘政治“支轴”国家和中亚高地加强控制；而在欧亚大陆西段，美国推动北约东扩，拉拢东欧、东南欧国家。中俄两国由于国土面积、能源资源、横跨海陆的地理位置等地理优势，加上冷战模式惯性影响，一直是美国主要防范的“潜在对手”，因而美国一方面通过经济、文化输出等手段渗入并西化中俄，另一方面则不断加强对两国周边势力的控制，以达到遏制发展的目的。不仅如此，美国为更好地控制欧亚大陆各区域和获得更大国家利益，还相继发动两次海湾战争、科索沃战争、阿富汗战争、伊拉克战争等，力行了布热津斯基“欧亚大棋盘”论中提到的：“管理欧亚大陆，阻止一个占主导地位和敌对的欧亚大陆大国出现。”

（四）加拿大相对低调的外交风格，能缓冲美国过于强势的外交行为，可在北美地区外交事务中起到沟通和协调作用

美苏全面争霸的大框架下，美国因素是影响加拿大外交政策的最大外部因素，而冷战结束后，加拿大在军事安全方面对美国的依赖逐渐降低，因而加拿大开始对美国掌控全球的战略思想发出自己的声音，如国家导弹防御计划等。虽然这并不表示美加之间出现了巨大利益冲突，但加拿大保守内敛、审慎低调的政治倾向还是为其在北美地区地缘政治活动中取得了一定有利条件。当然，在大方向上，加拿大还是愿意利用与美国的特殊关系去影响美国在处理国际事务时更多地运用多边方式而非单边手段。加拿大利用美加关系的不平衡集中注意力和资源影响美国对外政策，通过外交、制度化机制和多方面接触，抑制美国习以为常地把自己的意志强加于人的惯性。加拿大与中国、印度等新兴国家有着传统

① 封永平：“地缘政治与大国崛起：以美国为例”，《理论导刊》2006年第1期，第83页。

的良好关系，而这些新兴国家为了在国际体制中获得与其急速上升的实力相匹配的国际地位，就需要通过加拿大这座“桥梁”与美国沟通，缓和或化解政治矛盾。而加拿大这种缓冲各国与美国关系的独特价值，能在建立北美同世界各国间良好关系上起到良好的助推作用，避免北美地区被世界孤立或产生对抗局面，加拿大成为了北美地区开展地缘政治活动，建立和平长久的国际关系的重要桥梁。

二、地缘经济特征

作为地缘政治的新发展，地缘经济在以和平与发展为世界主题的后冷战时代已成为各国发展的方向。美国为维护冷战后霸权地位所透支的财富必须以优势技术和资本力量，通过加强控制国际经济秩序，迫使他国或贸易集团就范，从而以更低成本获得更多更丰富资源，为本国获得更多财富和霸权。而加拿大以其保守成熟的金融体制和与美国绝对紧密的贸易往来为特征，在对外经济发展方面与美国的地缘经济战略相辅相成，共同促进北美地区对外经济的大发展。因而美加两国在金融、贸易等领域的地缘战略成为北美地区实施地缘经济战略的主要手段，并最终形成北美地区独特的地缘经济特征。

在金融方面，美国通过东亚金融危机进入亚洲市场，打击范围由亚洲小国及周边国家向经济相对发达国家扩展，进而将危机推向西欧，中断金融一体化进程并动摇欧盟经济支柱国，同时在危机最剧烈时提供金融援助，迫使各国不得不全面开放金融市场，丧失金融主权并依附美国。美国金融行业的蓬勃发展使得其金融行业的发展相比他国更加成熟，而在全球化发展下对西欧、东亚等地区的金融交往也更加频繁。同时，一旦本国金融出现危机，美国可以更好地向其他国家输出危机，让各金融开放国共同承担风险，而美元的优势又可将美国自身受危机影响的损失降低，这在2008年的金融危机中已得到印证。然而，加拿大并没有仿效美国的金融发展和“侵略”模式，相反认为本国保守的金融规则才是行之有效的，其金融体制长期以来以稳健、保守在G7中独树一帜，再加上本国审慎的国民性格和企业文化，能很好地缓冲每次金融危机带来的巨大损失。所以，北美地区金融市场作为其独特的地缘经济方式，一个主攻一个防守，将国际金融牌推向了世界各国。

在贸易方面，由于美国和加拿大都是出口大国，美国出口的1/4和加拿大出口的3/4都直接依赖对方市场，而加拿大生产的2/3是为了出口，因而北美地区出口贸易的通畅性要比其他地区和国家更加重要。因此，打通国际市场并提高自身竞争力成为北美地区重要的地缘经济战略特征。美国和加拿大为打开市场，加强西半球经济区发展，联合墨西哥建立北美自由贸易区，降低邻国贸易壁垒，促进国际贸易市场发展，并进一步将这种贸易合作向拉丁美洲拓展，但对一些国家却设置各种较高的贸易壁垒，抑制其国际竞争力。同时，美国与加拿大通过跨国公司来加强国家间联系，发展并深化国家间生产、交流、流通、消费、技术产品开发等方面的协作，利用跨国公司所具有的垄断优势、所有权优势、内部化优势以及对外直接投资选择的区位优势，通过遍及全球的分支机构，使国家间在生产、销售、技术和新产品开发等方面形成一体化网络，深化了区域经济一体化，增加了他国对其的经济依赖性和技术、管理方面的依赖。

第二节 北美国家的能源资源政策

从地区上来看，全球能源消费主要有三个中心：一是北美地区，以美国为主的北美地区大约消费全世界能源的30%左右；二是欧洲地区，包括苏联，大约也消费世界能源的30%左右；三是亚太地区，包括中国、日本、印度等，消费30%的世界能源，而非洲、中南美洲等地区由于发展水平有限，能源消耗水平很低。① 作为占全球能源消费1/3的北美

① 陈艳、成金华：“全球能源消费框架下的典型国家能源政策研究”，《中国能源》2006年第8期，第24页。

地区，能源资源的消耗促使其不断调整国家的能源资源政策，以适应不断攀升的能源资源成本。美国和加拿大都是高速发展的工业发达国家，对能源资源的耗费近几年只增不减，因而，制定、调整和完善适合本国长远发展的能源资源政策，稳固本国和本地区在世界的领导地位，成为这两个国家政府不能忽视的重点。

一、美国的能源政策

在美国能源独立的构想下，美国能源政策大体经历了三个阶段：首先是20世纪70年代到20世纪末以“石油需求管理——节能”为主题的能源政策；其次是小布什执政时期，将政策重心转向“能源供给扩张”；最后是2008年奥巴马执政后推行能源改革战略，将能源政策核心定位在“大力发展替代能源”上面。美国能源政策的演变是基于美国作为能源消耗大国而决定的。仅占世界人口5%的美国一直消耗着全球石油总量和天然气总量的25%和24%，光是交通运输就占了原油消耗的2/3。[①]因此，高速发展的美国国情和低能高耗的技术现状使得美国很难做到降低能耗。小布什上台后，将油气开采和投资商业化，鼓励能源公司进行海外研发，并推出国家能源法案，但是由于油价上涨，能源供需矛盾加剧，该法案遭到大型公司抵制，而利益集团博弈又迫使许多条款被更改，能源政策收效甚微。到了奥巴马执政时期，美国将减少能源依赖放在了能源改革首位，2009年美国《清洁能源安全法案》（ACESA）将节能与提高能效的重点放在电力生产、建筑和交通三大领域，以减少对石油的依赖，加快替代能源的研发。这是美国乃至整个北美地区能源资源政策的新目标。

（一）政策提出的背景

奥巴马上台前，美国能源环境面临一些困境。具体而言，一是由于

① 朱凯：“美国能源独立的构想与努力及其启示”，《国际石油经济》2011年第10期，第35页。

小布什阶段为控制全球能源资源而付出了高额的经济、军事、安全代价。美国发动伊拉克战争，军费开支高达3万亿美元，几乎等于美国1年GDP的1/5。同时，为了控制中东石油资源，美国战争及战后死亡人数已超5000人。[①] 此外，自美国攻打阿富汗和伊拉克以来，美国的国际声望和影响力下降，全球反美情绪不断上涨，恐怖主义活动增加，给美国安全带来前所未有的挑战。二是经济社会高速发展导致对资源能源的需求不断增加，所以在应对全球气候问题上美国一直被动，加上国内能源利益集团对议会不断施压，小布什一直拒绝签署《京都议定书》。虽然高喊节能环保，并不断谴责发展中国家耗能，但面对国内就业压力和能源寡头，美国消极被动的态度一直为国际社会所诟病，美国影响力持续下降，所以奥巴马政府将减少能源依赖放在了能源改革首位。

（二）政策的主要内容

第一，提高传统能源利用效率，进一步开发国内油气资源，降低对化石燃料特别是进口石油的依赖，以此提高本国能源安全性。为降低美国对进口能源的高度依赖，奥巴马提出在20年内必须提高美国能源利用效益1倍以上，近期目标则集中于美国国内的资源能源。2010年3月奥巴马宣布进一步开放东部和东南沿海、墨西哥湾及阿拉斯加北部等地区的油气开采，并敦促已签署合同的石油公司加速开采。[②] 同时，政府还出台一系列奖惩措施，鼓励美国大型能源公司积极开采石油。自2008年以来，美国内政部已先后发放53份近海或陆上石油开采许可，另有14份深海项目申请待批。[③] 此外，美国政府通过加强北美、南美合作，将与加拿大政府、阿拉斯加州、石油和天然气生产商及其他利益相关方共同建

---

① 钱龙、廉同辉："美国奥巴马政府新能源政策及对我国的启示"，《价格理论与实践》2011年第9期，第71页。

② Yunji de Nies and Sunlen Miller, "Obama Still Believes in Off – shore Oil Drilling", *ABC News*, April 30, 2010, http://acenews.go.com/blogs/politics/2010/04/obama – still – believes – in – offshore – oil – drilling/，2012年12月1日。

③ U. S. Bureau of Land Management "Oil and Gas Statistics by Year for Fiscal Years 1988 – 2011", June 22, 2012, http://www.blm.gov/wo/st/en/prog/energy/oil _ and _ gas/statistics.html, 2012年12月1日。

造阿拉斯加天然气管道，以把普拉德霍湾（Prudhoe Bay）的天然气输送到美国。预计管道日输送量为40亿立方英尺，占美国日消费量的7%，并在修建过程中为美国创造数以千计的新工作岗位。①

第二，将技术创新和高效节能作为能源政策核心目标，提高汽车燃油经济性标准，提高一系列节能标准，严格控制国内碳排放量，并鼓励研发和使用节能技术及新型能源。奥巴马政府提出，自2009年起每年提高汽车燃油经济性标准4个百分点，预计2016年每加仑燃油35.4英里，2025年这一标准将达54.5左右。② 同时，政府将投入40亿美元用于重组本国汽车制造公司，为生产商和零件加工商提供担保，以鼓励混合动力汽车的生产和发展。另外，美国政府2011年设立了国家建筑物节能目标，提高家用电器和照明设备的节能标准，升级和建设拥有节能技术的新型学校，扶持生产节能设备的制造商，奖励在生产环节研发出创新性能源回收的工厂企业。在扶持的同时，为推动碳交易市场建设，奥巴马政府建立了一个以市场为基础的“上线交易”机制，迫使企业通过竞标获得二氧化碳排放权。而在2010财年预算中，奥巴马政府计划通过该机制，在10年内向污染企业征收6460亿美元，③ 迫使企业升级，降低对传统能源的依赖。综上所述，通过提高生产、使用等领域的节能标准，鼓励与节能高效有关的技术创新，建立碳排放交易机制，美国政府希望从源头抓起，逐步改变能源消耗的现状。

第三，在水电能、风能、太阳能、核能、生物能、地热能、海洋能等新兴环保能源的研发方面加大投入，使高速发展的本国经济有持续高效的能源供给做支撑。为兑现振兴经济，降低失业的承诺，奥巴马政府大力发展新能源以刺激经济增长。美国将投资1500亿美元扶持新能源产业，包括

---

① Louis Jancobson，“Pipeline Project Faces Hurdles，but Obama's Kept Promise to Keep Pushing for It ”，February 17，2012，http：//www. politifact. com/truth – o – meter/promises/obameter/promise/454/build – natural – gas – pipeline – from – alaska – /，2012年7月17日。

② Jordan Weissman，“Is the U. S. Quietly Weaning Itself off Foreign Oil?” *The Atlantic*，January 23，2012，http：//www. theatlantic. com/business/archive/2012/01/is – the – us – quietly – weaning – itself – off – foreign – oil/251868/，2012年8月19日。

③ 孔祥永：“奥巴马政府能源政策调整的成效与影响”，《现代国际关系》2013年第1期，第41页。

新一代生物能源基础设施建设、可再生能源产业规模等。大幅提高新能源在电力源中的比重，将 2012 年新能源只占电力的 10% 增至 2025 年的 25%。[①] 2010 年奥巴马政府宣布支持建设新的核电站并进一步明确新一代核电站技术（第Ⅳ代）战略计划，同时拨款 4400 万美元推动核能技术升级，在下一代生物燃料发展方面拨款 7.9 亿美元，用于新能源领域的技术研究。[②] 而在 2012 财年奥巴马政府对能源部提供的 295 亿美元拨款中，用于支持风能、太阳能及新式电池等新能源研究的占 80 亿美元。[③]

（三）政策的成效

降低对传统能源的高度依赖，同时加大新能源开发是奥巴马政府变革美国能源资源政策的重点。通过一系列措施，美国能源资源现状有了一定的突破。

第一，由于美国开放东部及东南沿海、墨西哥湾、阿拉斯加北部的油气田，加上对本国能源产业的政策倾斜，美国国内石油开采幅度不断增大，对进口石油的依赖性开始下降，美国逐步转型成为石油产品进出口国家。2010 年美国国内石油产量达到 550 万桶/天，是 2003 年以来的最高水平，而进口石油占消费量的比例则下降至 49%。[④] 从 2010 年开始，美国石油生产一直保持欧佩克国家外增长第一的地位。在柴油、汽油和其他传统燃料方面，美国出口量自 1949 年以来首次超过进口。美国能源部信息署 2012 年 6 月发布的数据显示，北达科他州和得克萨斯州石油产量的大幅增加，帮助美国把 2012 年一季度的原油日产量推高并首次突破 600 万桶大

① The Office of President - Elect, "The Obama - Biden Plan", http://change.gov/agenda/energy_ and_ environment agenda/, 2012 年 7 月 17 日。

② Congressional Budget Office, "The Budget and Economic Outlook: An Update", August 18, 2010, http://www.cbo.gov/ftpdocs/117xx/doc11705/08_ 18_ Update.pdf. 2012 年 7 月 19 日。

③ American Geosciences Institute, "FY 2012 Department of Energy Appropriations", January 3, 2012, http://www.agiweb.org/gap/legis112/appropsfy2012_ energy.html, 2012 年 12 月 1 日。

④ 孔祥永："奥巴马政府能源政策调整的成效与影响"，《现代国际关系》2013 年第 1 期，第 43 页。

关，[①] 这将有助于联邦政府削减长期以来由于进口石油形成的财政赤字和债务。而欧洲对俄罗斯的油气依赖很可能会因为美国出口规模不断扩大而减弱，从而影响俄罗斯在欧洲的地缘政治地位和油气定价权。

第二，在提高能源产量的同时，美国对燃料的消费则不断下降。这除了国际油价不断攀升、国内经济较为疲软的原因之外，关键还是由于奥巴马推行了燃油经济性标准及一系列节能低碳标准。美国由于汽车保有量大，因而对汽油的需求巨大。奥巴马政府通过提高燃油经济性标准，计划2016年将该标准提高到35.4英里/加仑，这将把美国对汽油的需求增长率控制在年均0.2%，并通过降低税收和增加补贴等财政政策鼓励低能耗的混合型汽车的生产和使用。[②]

第三，通过大规模投资，加快对新能源的研究和开发，美国新能源产业走在世界领先位置。这个领先地位有三个好处：第一是重振美国自金融危机以来疲软的经济，拉动相关产业复苏；第二是产业崛起能创造巨大的岗位，缓解国内就业压力；第三是在全球气候问题上化被动为主动，积极参与全球气候谈判，建立符合美国利益的国际标准，重新执掌美国在新能源和节能减排领域的领导权，控制国际市场。2011年美国对清洁能源的投资继续维持在480亿美元，超过中国成为全球首位，占全球清洁能源总投资额的18.5%。与2010年相比，该年美国太阳能发电装机能力上涨109%，而混合型汽车、电动车等投资也为世界第一，并兴建了首批核电站。美国政府的大规模投资使美国新能源市场逐步成熟，促进了新能源技术的改善，而清洁能源的美好前景也吸引着大量民间投资。据推算，2009至2014年间联邦政府1500亿美元累积投入将给清洁能源领域带来累积3270亿到6220亿美元的总投资。[③]

---

① U.S. Energy Information Administration, "Petroleum Supply Monthly: Production of Crude Oil by PAD District and State", July 30, 2012, http://www.eia.gov/petroleum/supply/monthly/archive/2012 /2012_ 07/psm_ 2012_ 07.cfm, 2012年11月30日。

② Jordan Weissman, "Is the U.S. Quietly Weaning Itself off Foreign Oil?", *The Atlantic*, January 23, 2012.

③ "Beyond Boom & Bust: Putting Clean Tech on a Path to Subsidy Independence", pp. 16, 18, Brookings Institute, April 21, 2012, http://hebreakthrough.org/blog/Beyond Boom and Bust.pdf, 2012年9月3日。

二、加拿大的能源资源政策

加拿大的石油、天然气、水利资源、煤、铀和生物能源都十分丰富，这些共同组成了该国主要的能源来源。其中，石油、天然气及组成一个整体的水电、核电、煤分别占该国总能源资源的1/3。加拿大作为世界第七大基础能源消耗国，人均能源消耗和二氧化碳排放量均居世界前列。木材占加拿大能源消费的4%，石油为37%，天然气为31%，水电和核能占14%，煤占14%，而风力发电占全国电力供应的0.3%左右。[①] 除基本满足本国需求外，加拿大的能源资源还大量输出国外，包括对美国的原油、天然气和电力输出供应，以及对亚洲的煤炭和技术输出供应等。加拿大的煤出口几乎占了总产量的1/2，而电力也有10%用于输出国外。加拿大还储备了大量非常规石油资源，如油砂和重质油等，在世界石油界占有重要地位。[②] 20世纪90年代以来，加拿大能源资源政策的重点放在了环保和环境气候变化上，其能源资源政策在三个主要领域下足了功夫：一是常规能源供应；二是气候变化；三是空气质量、核能。[③] 加拿大政府签署了《京都议定书》，并开始实施可持续发展的能源资源战略，研究和发展替代能源以实现高效节能的目标。同时，政府出台一系列严格的节能环保标准和规定，并对可替代能源的发展给予政策支持。[④] 另外，美国能源战略与能源资源政策对加拿大一直都有重要的影响，比如两国都很重视能源供给方面的安全问题，常规能源自给始终是两国能源资源政策一个共同的重要目标。

作为北美地区重要的发达国家，美国和加拿大在重大问题上一直保持高度合作，所以对于能源资源政策，二者取长补短、合作良好。长期以来，加拿大的能源资源政策一直与美国的能源资源政策保持着较高的一致

---

① 郭炜煜："美洲的能源政策与我国的应对方略"，《天中学刊》2011年第3期，第74页。

② "美洲矿业资源：加拿大能源资源概况"，http://www.mining120.com/html/1004/20100421_18398.asp，2010年4月21日。

③ 张平："加拿大的能源政策"，《中国能源》2001年第9期，第31页。

④ 郭炜煜："美洲的能源政策与我国的应对方略"，《天中学刊》2011年第3期，第75页。

性。凭借北美自由贸易协议，加拿大为美国提供了稳定充分且物美价廉的能源资源，以缓解美国大发展下对能源资源进口的高度依赖现状；而美国则为加拿大的能源资源输出提供最大的保障。作为资源能源型国家，加拿大早期对美国、英国等大型能源公司在勘探、提炼、生产、运输和销售等技术，以及相关资金投入上的依赖使得本国的能源资源和安全控制逐渐落入财阀之手，最终使得加拿大在国际能源市场上缺乏话语权和竞争力。意识到该问题的加拿大政府在 1975 年成立了国家石油公司，并于 1980 年开展国家能源计划，试图夺回能源资源主导权。但由于国内外的政治压力，以及原油市场价格的回落，加拿大政府损失惨重。

现在，加拿大的能源资源政策逐步向市场导向和节能环保转型。作为高福利国家，加拿大环保意识较强，所以不断提高清洁能源天然气的开发投入，不断勘测和使用新气田。据该国自然资源部的官员介绍，在用量不变的条件下，加拿大天然气资源可持续生产 200 年左右。同时，加拿大政府控制的天然气价格始终维持在石油价格的一半以下，以此鼓励居民使用低价的天然气。在这个政策驱使下，加拿大使用天然气作动力的汽车规模不断扩大，公共汽车和家庭轿车都在向这种车型转变，光多伦多市就有 50 多个加气站，许多家庭还备有小型加气设备，以满足随时加气的需要。在电力发展以及油砂等矿产资源的利用方面，由于国际原油价格的攀升和油砂提炼技术的进步，加拿大加大了本国技术方面的研究和开发，以期努力在能源资源方面寻找具有本国特色的产业模式。

第三节　中国在北美地区的能源战略

由于中美两国都面临不断增加的国内、外能源需求压力和世界石油供应不稳定等状况，所以中国在制定能源战略时，需要从全球视角、多个层次协调两国的能源战略，主动展开能源合作，避免能源恶性竞争。

一、中国与北美地区的能源合作大于竞争

从目前中国的能源政策来看，相对于外界猜测的军事威胁或胁迫性手段，中国更有可能通过贸易、投资及供应路线多元化来实现外部能源供应。由于美国的进口来源主要在北美、南美和中东等地区，而中国主要来自于中东、非洲和苏联地区，因而中美之间在能源进口来源方式上存在差异，如果利用好这个差异，那么中美之间的能源合作空间将远大于竞争压力，两国在能源运输、利用方面还有继续合作的巨大潜能。中国可以参与到加拿大与美国之间的能源贸易，而美加也可以借助中国的能源运输通道拓宽本地区的能源品种和规模。中国和北美地区可通过联合或平行展开合作，保证全球能源供应维持在较为合适的市场价格水平，同时维护能源供应的安全、开放，这是一种双赢的合作选择。此外，中国海军目前还不能够确保海上能源交通线的安全，过分依赖中东和非洲地区的石油和单一的海上运输路线使得中国石油进口的脆弱性比较明显，再加上中东地区常年政治较为动荡，能源开采风险较大，因而中美若加强合作能缓解中国从中东运输能源的风险，降低能源资源进口的成本风险。

二、充分考虑实际利益，加强沟通合作，化解或搁置误解和分歧

中国和美国同为石油、天然气进口依赖国，因而两国都面临 3 个风险，即能源出口国能源紧缺造成中断进口、刚性需求导致能源定价过高、过分依赖导致对能源出口国或地区政治关系的扭曲或是消极影响。在前两个风险方面，中美拥有共同利益，可以通过拓展彼此能源进口渠道降低风险。而对第三个风险，则需要双方相互协调，改变政府层面一直以来对中国不公正的偏见。事实上，中国石油需求的增长并不会导致与世界其他国家能源需求的冲突。中国与上游石油市场可以帮助增加供给、降低价格，使所

有消费国受益。[①] 对北美地区发达国家来说，中国在海外对石油产业的投资应该是石油消费者的福音，因为中国在哈萨克斯坦、厄瓜多尔挖出石油，就意味着中国降低了国际石油市场消费，而石油供应增加会促进国际油价回落。

三、在更大范围和更深层次加强能源战略合作

首先，中国和北美地区在能源合作上可以展开更多的合作。比如在科学开发大型油田、更加有效利用能源和其他可再生资源、对新能源的研发、对能源高效节能的技术创新，以及清洁能源和环境保护等方面都可以加强技术合作。其次，在合作方式上也可以更加多样化。根据中国稀土资源富足、加拿大天然气蕴藏丰富，以及美国油田研发程度高等不同优势，加强不同能源资源领域的合作，在弥补本国所缺能源的基础上，更加有效安全地输出本国能源资源，在能源层面上建立“自由贸易区”，保障能源安全和市场价格。这是符合三国能源战略的合作。最后，在能源合作过程中可以丰富和完善对话机制。在能源开采、能源耗用、能源开发及能源信息交流等方面开展多边合作，有助于中国与北美增进了解，加强信任，促进共同发展。加强能源多层次合作有利于避免能源恶性竞争，同时可有效降低世界能源市场的供需压力，维持世界能源市场价格的相对稳定。

第四节　印度在北美地区的能源战略

对印度各方面影响都很大的美国，以及能源资源蕴藏量非常大的加拿大，在印度的能源战略选择上都是极为重要的合作伙伴，印度的能源资源

① Evans PC, Downs ES, Untangling China's Quest for Oil through State - backed Financial Deals, Policy Brief # 154, The Brookings Institution, http://www.brookings.edu/comm/policybrief/pb154.pdf, 2012 年 12 月 7 日。

战略选择可以将北美地区纳入考虑范围。

一、印美核协议将缓解长期以来印度电力短缺的现状

2006年以前，煤炭发电占印度电力需求的70%，但由于印度煤炭低能高耗，印度电力供需在高峰阶段存在12%左右的缺口。为保障印度7%的经济增长率，印度政府制定了核电发展目标，计划到2020年印度核电发电量增加两倍，达到2万兆瓦。[①] 然而，虽然印度具备亚洲规模最大的核反应堆，但是印度缺乏扩大核反应堆规模的铀资源。而印度与美国签订核协议后，未来10年里美国将在印度核能领域投资400亿美元，并与印度合作建设核电站，目标是印度将建40座新核反应堆，以扩大本国核电规模，满足日常用电需求。

二、在清洁能源方面加大与美国和加拿大等发达国家的合作，加快本国能源资源转型

由于美国能源工业发达，所以从美国和加拿大等新能源研发国家引进新能源勘探、生产、加工、使用等方面的新技术是印度摆脱对低能高耗能源进口依赖的主要出路。2005年5月，印度政府启动了印美能源对话，希望通过政府和能源公司两方的合作加大印美能源贸易及投资。目前，双方合作较为成功，在天然气与石油、电力、新技术与可再生能源、民用核能和能源效率领域都有深入发展。同时，印度非常规能源部与美方在太阳热量和光电系统的标准与测试方面进行了探讨。美国环保总署、美国贸易和开发署与印度政府计划共同出资，在印度建一个煤层甲烷和煤矿甲烷信息交换中心。此外，印度还在积极与加拿大主要能源公司研究合作开发页岩油等相关能源资源的项目计划。

① 伍福佐："美国对印度能源安全战略的影响"，《南亚研究季刊》2009年第1期，第12页。

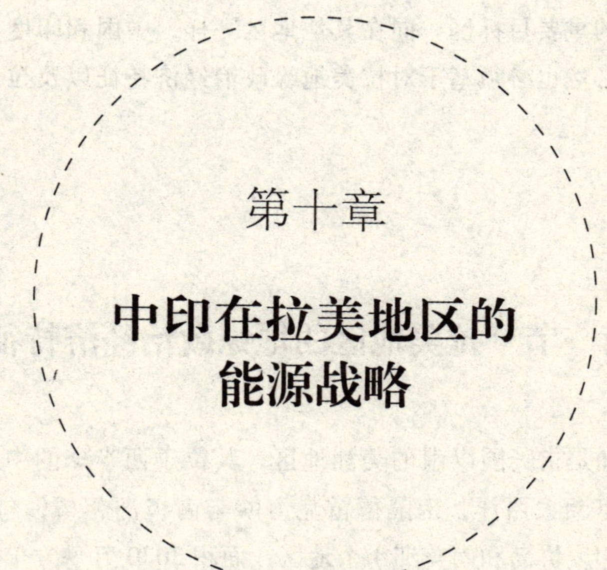

第十章

中印在拉美地区的能源战略

拉丁美洲地区拥有可观的能源资源储量，目前已成为中国和印度海外能源战略的重要目标区。同在其他地区一样，中国和印度在拉美的能源战略选择必然也必须基于对拉美地缘政治经济特征以及拉美能源政策的知晓。

第一节　拉美地区的地缘政治经济特征

拉丁美洲是指美国以南的美洲地区，其位于西半球的中、南部，西临太平洋，东濒大西洋，南隔德雷克海峡与南极洲相望，包括墨西哥、中美洲、西印度群岛和南美洲 4 个地区，面积 2070 万平方千米，人口总数 6.03 亿（2012 年）。[①]“拉丁美洲”概念和名称的形成是一系列历史演变的结果，大概自 19 世纪 70 年代才开始用以指代墨西哥、中美洲、西印度群岛和南美洲这一整片地理区域集合。随着 20 世纪 60、70 年代安的列斯群岛（西印度群岛的组成部分）的许多岛屿脱离英国而独立，加勒比海和大西洋之间的广大群岛地带开始受到国际社会的广泛重视。这一地带同拉美其他地区在政治、语言和文化等方面存在着明显的差异，许多国际组织和机构因而逐渐将“拉丁美洲”改称为“拉丁美洲和加勒

① United Nations Economic Commission for Latin America and the Caribbean, Statistical Yearbook for Latin America and the Caribbean 2012, http://interwp.cepal.org/anuario_ estadistico/anuario_ 2012/en/contents_ en.asp.

比地区”,[①] 但直至目前，这两个词在无特指的情况下可通用。

拉丁美洲的地缘政治经济版图特征比较复杂。基于其各国政治影响力、经济发展水平和经济实力参差不齐以及进行对外政治经济行为的能力各异等情况，拉美国家总体可分为三个档次。第一，巴西、墨西哥、阿根廷属于新兴的地区大国。其中位于拉美东南部的巴西凭借广袤的国土、丰富的资源、近2亿的人口以及雄厚的工业基础而发展为拉美地区的主导力量。墨西哥位于拉美北部，是拉美地区发展比较好的国家，经济发展水平虽低于发达国家，但却比发展中国家的平均水平要高出很多。墨西哥也是世界能源和矿产大国，其东部墨西哥湾沿岸拥有储量可观的石油和天然气资源，工业门类齐全，工矿业、制造业比较发达。此外墨西哥的旅游业在拉美乃至全球都拥有一席之地，每年为其创造大量外汇收入。阿根廷也是拉美地区大国，位于拉美南部，其矿产资源丰富，轻工业较为先进，农牧业发达，是世界粮食和肉类的重要生产国和出口国。第二，智利、哥伦比亚、委内瑞拉和古巴属于区域内比较有影响力的国家。智利的铜、哥伦比亚的绿宝石、委内瑞拉的石油等，其储量、开采量均居世界前列或占重要地位。古巴则是拉美唯一的社会主义国家，是世界著名的糖产国和出口国，旅游业也很发达，为其第一大创汇产业。第三，上述各国之外的拉美国家在政治影响力和经济实力方面都比较弱，尤其是东北部西印度群岛诸国，有些面积只有几百平方公里，人口几十万甚至几万。

宏观上看，整个拉美内部的地缘政治经济还包括以下几个特点。首先，拉美出现了明显的“左倾化”。拉美是一个富有革命热情的地区，这里诞生了像切·格瓦拉和菲德尔·卡斯特罗这样在全球拥有大量崇拜者（虽然拉美以外的很多人属于盲目崇拜）的革命家。这种情况或许与拉美人民“推崇个人”、“喜爱优雅谈吐”的独特性格有关。“推崇个人是拉丁美洲人对某个个人的尊敬之情，其依据是这个人具有拉美人不顾一切、即使粉身碎骨也要维护的声誉、勇气、领袖地位和其他一些特有的精神素质。这是对‘自我’的颂扬，个人自豪地维护这个‘自我’，

① 郝名玮、徐世澄：《拉丁美洲文明》，中国社会科学出版社1999年版，第8—9页。

别人则尊敬这个‘自我’……喜爱优雅谈吐的秉性，使拉丁美洲人敬佩和欢迎能言善辩的人。善于演说的人和健谈的人受到普遍的敬佩”。[①] 20世纪末期，拉美在经济困境中掀起了民主化浪潮，对经济进行大规模的新自由主义改革。然而改革在取得一些成效的同时也逐渐产生了严重的消极后果——民族企业大量倒闭、失业和贫富分化加剧。[②] 一些国家自此发生了改变，左翼政治力量通过民主选举纷纷掌权：1998 年委内瑞拉、2005 年玻利维亚、2006 年尼加拉瓜和厄瓜多尔。查韦斯、莫拉莱斯、奥尔特加等一系列左翼领导人的活跃程度或许是很多人不曾完全想到的。在其他拉美国家，如巴西、乌拉圭等，左翼政治文化也具有相当大的影响力。

其次，拉美区域一体化稳步发展，但拉美国家间的政治经济差距有可能拉大，其中巴西地位突出。拉美各国在各自进行对外经济活动的同时，也重视区域整体合作。2004 年，南美洲国家共同体（2007 年更名为南美洲国家联盟）成立，目前拥有巴西、乌拉圭、阿根廷、智利、秘鲁、圭亚那等 12 个成员国，其“旨在将南美已有的一体化组织‘安第斯共同体’和‘南方共同市场’合而为一，建成一个统一的南美自由贸易区，最终建立像欧盟那样统一外贸、货币、外交政策，全方位一体化的南美洲共同体”。[③] 为抵制和对抗美国倡导的美洲自由贸易区，委内瑞拉、古巴等国成立了美洲玻利瓦尔联盟（前身为美洲玻利瓦尔替代计划），主张实现拉美国家的大联合。2011 年，拉美和加勒比国家共同体在委内瑞拉首都加拉加斯正式成立，成员国包括该地区 33 个国家，其广泛性标志着拉美地区的一体化进程进入一个崭新的历史阶段。2013 年 1 月，拉共体成立后的首次首脑会议在智利首都圣地亚哥举行，会议通过了《圣地亚哥声明》，表示“拉共体各成员国将共同努力应对新的挑战，

---

① ［秘鲁］欧亨尼奥·陈—罗德里格斯，白凤森等译：《拉丁美洲的文明与文化》，商务印书馆 1990 年版，第 31 页。

② 罗会钧：“论拉美‘左倾化’对美拉关系的影响”，《国际观察》2010 年第 5 期，第 52 页。

③ 王友明：“拉美区域一体化稳步发展”，《国际问题研究》2009 年第 3 期，第 37 页。

以进一步推动本地区经济长期、持续且充满活力地发展”。[①] 虽然内部纷争和外部干扰一直影响着拉美一体化，但应对和处理这些问题的过程本身也促使拉美一体化事业愈加成熟。不过与此同时，拉美国家间的政治经济差距却显现出拉大的倾向，巴西、墨西哥、阿根廷等国正在一步步走出世界经济和政治的边缘区，在这一发展过程中，它们很可能与其余拉美国家拉开差距。例如，以后期成立的拉美和加勒比国家共同体所涵盖的地理范围为准，2009 年巴西和墨西哥两国的 GDP 之和占到整个区域总 GDP 的 60%，[②] 未来这一比例或许会更高。在这其中，巴西作为地区大国的崛起地位也已得到确立，其综合实力和大国意识在其谋求联合国安理会常任理事国的言行中显露无疑。巴西将成为外部势力在拉美的重要制衡力量。

再次，拉美地区很多国家的经济和人口地理分布失衡。拉美的制造业高度集中在少数大城市或沿海地区，安第斯山区和边远地区的经济仍以采矿业为主，发展状况不佳。而由于始于 20 世纪 50 年代的高速城市化进程缺少统筹规划以及自然地理条件不同的原因，拉美“普遍出现城市人口高度集中在一个或少数几个城市的现象”，例如秘鲁首都利马集中了全国人口的 1/3，乌拉圭首都蒙得维的亚集中了全国人口的 52%，布宜诺斯艾利斯人口占全国 45%，墨西哥城占 32%，圣地亚哥占 44%。[③] 此外，拉美的贫富分化、极端贫困（赤贫）等问题也比较严重。这些状况虽然正在逐步得到重视和改变，但却表明拉美在追求经济均衡发展、政治稳定的过程中还有很长一段路要走。

最后，拉美内部有几个国家在地缘政治上有独特地位。拉美是一个比较广阔的区域，除了墨西哥与美国相邻之外，其没有任何国家与区域外国家陆上接壤。其内部有这样两个地理小国比较特别，古巴和巴拿马。古巴是拉丁美洲唯一的社会主义国家，与拉美之外的美国相距仅仅不到

---

① 冷彤、贾安平：“首届拉共体首脑会议通过《圣地亚哥声明》”，新华网，2013 年 1 月 29 日，http：//news. xinhuanet. com/2013 -01/29/c_ 124290876. htm。

② 沈安：“从经济一体化走向政治经济联盟——拉美团结自强争取独立的历史道路”，《拉丁美洲研究》2011 年第 1 期，第 29 页。

③ 袁东振：“混乱和无序：拉美城市化的教训”，《科学决策》2005 年第 6 期，第 36 页。

200 公里。古巴的存在使拉美的“左倾化”拥有可“呼应”的对象，它与美国的关系关乎拉美北部地缘政治大局。最近古巴正在进行一系列改革，效果值得期待。巴拿马在国土面积、人口规模、经济实力等方面都没有什么优势，但由于其扼守沟通太平洋和大西洋的重要国际水道——巴拿马运河，因而在拉美地缘政治版图中的地位不可忽视。

拉美内部的地缘政治经济情况比较复杂，外部国家（国际组织）在拉美的博弈也是如此。拉美地区曾长期处于世界政治和经济的边缘地带，在总体取得独立后主要是美国的势力范围，冷战期间则成为美苏对抗的重要舞台之一。如今拉美国家的“左倾化”给美国带来了不少战略空间上的损失，但美国在拉美仍有较大的地缘经济和政治影响，它还会尽一切可能增强这种影响。俄罗斯在经历了一段众所周知的恢复期后，在拉美的活动空间开始增大，“在最近 10 年里（以 2007 年为准），俄拉贸易额和高层政治交往密度都超过了苏联时期。在俄罗斯的外交实践中，拉美是单独的一个方向，双方在国际舞台上相互理解和相互协作的潜力不断增加”。[①] 近年来，欧盟和拉美通过政治对话机制增强了政治互信，各类经济合作也加速开展。其中，“欧盟—拉美国家首脑会议”比较有代表性。1999 年，首届欧盟—拉美国家首脑会议在巴西里约热内卢召开，会议签署了《里约热内卢声明》和《优先行动计划》，体现出欧盟和拉美两地区加强合作的愿望，确定了双方未来关系的框架。[②] 该会议至今已在马德里、维也纳、圣地亚哥等地举办至第七届（第七届欧盟—拉美国家首脑会议，又称首届拉共体—欧盟国家首脑会议）。欧盟持续利用语言和地理上的便利条件来巩固自身在拉美之地位的情况不会改变。“美国和欧盟将继续在拉美进行早在 20 世纪 90 年代就展开的地缘政治竞赛。”[③] 与美俄欧相比，中国和印度等国在拉美的战略存在则出现得相对较晚，影响力也比较有限，不过其上升趋势还是比较明显的。

---

① ［俄］外交与国防政策委员会，万成才译：《未来十年俄罗斯的周围世界：梅普组合的全球战略》，新华出版社 2008 年版，第 173 页。

② 周晶：“欧盟—拉美首届首脑会议”，《国际资料信息》1999 年第 9 期，第 21 页。

③ ［俄］外交与国防政策委员会，万成才译：《未来十年俄罗斯的周围世界：梅普组合的全球战略》，新华出版社 2008 年版，第 170 页。

第二节 拉美国家的能源资源政策

根据BP的世界能源统计数据，截至2012年底，拉美地区石油探明储量为525亿吨，占全球石油探明储量的20.4%，其中委内瑞拉石油探明储量为465亿吨，占全球石油探明储量的17.8%，巴西、墨西哥、厄瓜多尔探明储量为22亿吨、16亿吨、12亿吨，分别占全球的0.9%、0.7%、0.5%。拉美地区天然气探明储量为8万亿立方米，占全球天然气探明储量的4.3%，其中委内瑞拉天然气探明储量为5.6万亿立方米，占全球天然气探明储量的3%。目前拉美是世界重要的石油出口地区之一，2012年出口石油2.582亿吨，约占全球石油出口总量的9.46%。从拉美能源出口的对象来看，美国是其主要市场，欧洲、日本、中国和印度等在其能源出口中所占的比例都还比较低。[①] 随着拉美能源探明储量的增加及其全球能源出口重要地位的进一步确立，世界能源进口大国在此展开了激烈的能源博弈。

根据能源资源政策的内容，拉美国家总体可以分为两大类。一类包括委内瑞拉、玻利维亚和厄瓜多尔，此类国家在20世纪90年代曾推行油气产业私有化，但近些年来随着左翼政权的上台，又出现了明显的能源国有化趋势。1998年，查韦斯当选委内瑞拉总统，开始逐步进行能源政策调整。2001年，委内瑞拉颁布新《石油法》，大幅提高了石油矿区的使用费率；2005年，要求所有在委内瑞拉进行石油开发的外国公司和本国民营公司必须在当年年底前与委内瑞拉国家石油公司（PDVSA）签署向建立合资公司过渡的临时性协议，新的合资公司由委内瑞拉国家石油公司控股；2007年，委内瑞拉又宣布在5月1日前完成对奥里诺科重

① BP, BP Statistical Review of World Energy 2013, London, United Kingdom, June 2013, pp. 6, 18, 20, http://www.bp.com/content/dam/bp/pdf/statistical-review/statistical_review_of_world_energy_2013.pdf.

油带四大战略联合项目的国有化；此外，作为能源政策调整的配套措施，委内瑞拉已着手对国家石油公司使用的石油钻井设备实施国有化。玻利维亚和厄瓜多尔的能源国有化也迅速展开。2006 年，玻利维亚宣布对本国的石油和天然气资源实行国有化，要求所有在玻利维亚从事石油和天然气生产的外国公司向玻利维亚国家石油公司（YPFB）交出石油天然气生产经营权；同年，厄瓜多尔议会通过石油改革法案，规定外国公司必须将因石油价格上涨而超出原销售合同基础价格所获利润的 50% 上缴厄瓜多尔政府。[①] 这一类国家的能源政策受到很多因素的干扰，这些因素包括国家的历史传统、政治体制、经济结构以及国际国内形势等，甚至还包括选举事务以及领导人的性格。如果政治家认为选民的支持与否需要由国有资产的利益分配来决定的话，那么他们的国家就将在资源民族主义道路上越走越远。

另一类国家包括巴西、秘鲁、墨西哥和哥伦比亚等，此类国家的能源政策保持了基本的稳定性和持续性。这些国家长期以来的油气资源对外政策所秉持的原则是“谨慎而适度开放”。例如，虽然自 1997 年巴西就开始组织油田国际招标，但直至 2004 年外国石油公司才开始陆续进入巴西；墨西哥国家石油公司（PEMEX）2003 年才进行第一次国际招标；而在哥伦比亚，外国公司的陆续进入也仅仅是在 2004 年以后。[②]

此外，拉美内部国家之间表现出了一些能源合作政策和意向，但其发展趋势还难以确定。巴西国家石油公司（Petrobras）和委内瑞拉国家石油公司（PDVSA）曾签署合作意向书，双方同意在开采原油、成立合资公司以及建设炼油厂等方面进行合作，但由于在价格等问题上出现分歧，双方的合作一度搁浅。2010 年，委内瑞拉总统查韦斯又表示委内瑞拉将与巴西将签署石油、电力等领域的合作协议。由此可见，拉美内部的能源合作政策前景仍不明朗。

---

① 袁正之：“拉美石油投资的政治风险分析”，《国际石油经济》2008 年第 3 期，第 13—15 页。

② 孙洪波：“中国与拉美油气合作的机遇、障碍和对策”，《国际石油经济》2009 年第 3 期，第 19 页。

第三节 中国在拉美地区的能源战略

在世界各大地理分区中，拉美是与中国相距最为遥远的地区。如果我们观察地球仪，就会很容易地发现，中国所对应的地球另一面正是阿根廷及其附近国家和海域。不过地理上的遥远并未使拉美在中国海外能源战略中所占据的应有空间出现些许减少。

目前，中国的拉美能源战略已取得一定成效，其内容除直接能源贸易外，还涉及油气勘探开发、工程技术服务等领域。直接能源贸易方面，中国从拉美进口的能源量呈总体平缓增加趋势，其占中国能源进口总量的比例还比较低。以石油为例，根据 BP 的世界能源统计数据，2010 年中国从拉美进口石油 2530 万吨，约占当年中国进口石油总量的 8.6%，[①] 2011 年进口石油 2880 万吨，约占当年进口石油总量的 8.8%，[②] 2012 年进口石油 3260 万吨，约占当年进口石油总量的 9.2%。[③] 在油气勘探开发、工程技术服务等方面，1993 年中国由石油净出口国变为石油净进口国，正是这一年中国的石油公司（中石油）第一次进入国际石油业的上游领域，获得秘鲁塔拉拉油田 7 区块 20 年的开采权；1994 年，中石油东方地球物理勘探公司与厄瓜多尔国家石油公司（Petroecuador）签署技

① BP, BP Statistical Review of World Energy 2011, London, United Kingdom, June 2011, p. 18, http://www.bp.com/assets/bp_internet/globalbp/globalbp_uk_english/reports_and_publications/statistical_energy_review_2011/STAGING/local_assets/pdf/statistical_review_of_world_energy_full_report_2011.pdf.

② BP, BP Statistical Review of World Energy 2012, London, United Kingdom, June 2012, p. 18, http://www.bp.com/content/dam/bp/pdf/Statistical-Review-2012/statistical_review_of_world_energy_2012.pdf.

③ BP, BP Statistical Review of World Energy 2013, London, United Kingdom, June 2013, p. 18, http://www.bp.com/content/dam/bp/pdf/statistical-review/statistical_review_of_world_energy_2013.pdf.

术服务承包合同，成为中国最早进入拉美从事石油技术服务的队伍；[①] 1995 年，中石油又获得塔拉拉油田 6 区块的开采权；2005 年，中石油获准在秘鲁储量最丰富的天然气田附近勘探石油和天然气；2009 年，中国与巴西签署了 100 亿美元的“贷款换石油”协议；[②] 2010 年 5 月，中海油宣布完成与阿根廷油气开发商布里达斯能源控股有限公司（Bridas Energy Holdings，BEH）成立合资公司的交易，双方已完成将布里达斯能源控股有限公司的全资子公司布里达斯能源集团（Bridas Corporation）改组为一家双方各占 50% 股权的合资公司的交易；[③] 同年 12 月，中石化宣布通过其全资子公司中国石化集团国际石油勘探开发有限公司与美国西方石油公司（Occidental Petroleum Corporation）签署确定性协议，收购美国西方石油公司阿根廷子公司 100% 股份及其关联公司，至此中国三大石油公司已悉数进入拉美地区大部分油气储量丰富的国家；[④] 2012 年 9 月，布里达斯能源集团（中海油和阿根廷布里达斯能源控股有限公司共同持股，前文已述）正式完成对美国埃克森—美孚石油公司（Exxon Mobil）的阿根廷分公司埃索石油公司（Esso）的资产收购工作；[⑤] 2013 年 6 月，中石油集团、中国国家开发银行与哥斯达黎加国家石油公司（RECOPE）、哥斯达黎加国家银行签署了《中国石油与哥斯达黎加国家石油公司莫因炼厂合资公司融资文件》，“根据协议，中石油与哥国家石油公司成立合资公司，对哥国莫因炼厂进行升级改造和扩建，使其年加工能力从 120 万吨提高到 300 万吨，并帮助哥方培训相关技术和操作人员。这个项目建成后，资产租赁给哥国家石油公司经营，租赁期 15 年以

---

① 中国石油天然气集团公司：《中国石油在拉美》，2013 年，第 30 页，http：//www.cnpc.com.cn/csr/PageAssets/Reports/lmbg2012 - cn.pdf。

② 于民：“拉美石油能源博弈与我国拉美石油能源战略”，《广西社会科学》2010 年第 2 期，第 66 页。

③ “中海油与拉美油气开发商成立合资公司”，财经网，2010 年 5 月 5 日，http：//www.caijing.com.cn/2010 - 05 - 05/110432213.html。

④ 张一鸣：“三大石油巨头抢滩拉美 警惕资源国政策风险”，《中国经济时报》2010 年 12 月 15 日第 1 版。

⑤ “布里达斯集团正式收购埃克森—美孚阿根廷分公司”，中华人民共和国驻阿根廷共和国大使馆经济商务参赞处，2012 年 9 月 29 日，http：//ar.mofcom.gov.cn/article/jmxw/201209/20120908365232.shtml。

上。得到两国政府部门审核批准后，这个项目将正式转入工程建设阶段，初步计划在2016年前后建成投运”。[①] 可以说，目前中国与拉美的能源合作局面已基本打开。从合作方式来看，中国能源企业在拉美主要以竞标、并购、参股等方式获得区块资产，并参与工程技术服务；从合作对象国的分布来看，中拉能源合作项目涉及拉美多国，但绝大部分集中在位于拉美中部的委内瑞拉、秘鲁、厄瓜多尔和哥伦比亚，中国与这4个国家的能源合作以油气勘探开发为主，与墨西哥、巴西的合作则以服务合同为主，[②] 与阿根廷等国的能源合作则还处于起步阶段。这种情况表明中国需要继续在集中建设、管理与进一步拓展、深化同拉美地区全面的能源合作之间做好平衡。

虽然中国的拉美能源战略展开的时间还不长，取得的也只是初步的成果，但还是有一些亮点值得肯定。中国在拉美实施的在多个国家进行综合性投资之类的具体战略比较理性，并且颇具眼光。“中国在拉美的投资不仅涉及能源和采矿业，还包括制造业和基础设施建设领域。例如，中国对委内瑞拉能源项目投资50亿美元，同时承诺投资90亿美元用于修筑铁路和建造2万套住宅……投资15亿美元用于玻利维亚国有石油公司的油气勘探以及发电厂、输气管道等基础设施建设。”[③] 虽然说对任何一个国家而言，关注海外能源的获取都是无可非议的——如美国学者欧内斯特·威尔逊（Ernest J. Wilson Ⅲ）所指出的，国家使用其所能支配的所有国家工具来促成其多重利益，包括获得自然资源和能源的利益以及开拓市场的利益，这是不需证明的道理，各国的行为表明与石油、天然气等原材料生产出口国建立并保持良好关系是重要的，各国政府对资源丰富国的关注超过对资源稀缺国的关注，中国也不例外[④]——但作为对

---

① 石文：“中石油与哥斯达黎加石油公司签署合作协议”，《中国能源报》2013年6月10日第13版。

② 金燕、孙洪波：“投资拉美能源 美国因素无法回避”，《中国经济导报》2010年2月20日第B03版。

③ 朱鸿博、刘文龙：“新世纪中国对拉美的地缘战略”，《现代国际关系》2008年第3期，第39页。

④ Ernest J. Wilson Ⅲ, China's Role in the World: is China a Responsible Stakeholder in Africa?, Testimony before the U. S. –China Economic and Security Review Commission (USCC), August 3–4, 2006, http://www.uscc.gov/hearings/2006hearings/hr06_08_03_04.php.

外政治经济交往的一种正面模式，对国家友好和互帮互助的尊崇始终应贯穿于国家的言语表态和实际行动中（当然，在所谓国际关系现实主义者看来，国家的很多言行都与全球政治所遵循的“丛林法则”相矛盾，但国际现实并不总是如他们所说的那样无所掩盖地展现出来）。因此，中国在拉美的综合投资是维持与拉美国家良性互动的积极方式，况且这些投资本身也并不是无所收益的。[①] 此外，海外并购也值得关注。在上述事例之外，2011 年 11 月中石化宣布其已经完成对葡萄牙 Galp 巴西公司及对应的荷兰服务公司 30% 股权的认购。Galp 巴西公司的主要业务在拉美，有学者认为中石化此举主要是为了获得在拉美地区的油气资源权益。鉴于欧美国家在拉美地区的历史和现实影响力，中国的石油企业通过收购欧洲能源公司股权的方式与其合作进入拉美油气市场是一条可行的道路，可谓“曲线进拉美”。[②] 能源合作之外，中国和拉美总体经贸合作发展也比较迅速，双边贸易额早在 2007 年就已超过 1000 亿美元。双方在教育、科技等领域的合作也全面展开。2008 年 11 月，中国政府在北京发表了《中国对拉丁美洲和加勒比政策文件》，向世界表明“加强同广大发展中国家的团结合作，是中国独立自主和平外交政策的立足点。中国政府从战略高度看待对拉关系，致力于同拉丁美洲和加勒比国家建立和发展平等互利、共同发展的全面合作伙伴关系”。[③]

中国在拉美石油市场已经、正在并将会继续面临激烈竞争。在已有的战略基础上，中国未来的拉美能源战略选择具有以下几个可行的方向。

第一，重视拉美地区政治和社会风险，采取多样化的开发模式。在前几年拉美国家的能源国有化过程中，中国企业遭受了不小的损失，并曾一度在厄瓜多尔面临投资无法收回的困境。现在有所好转的情况还不足以完全令中国企业感到乐观。拉美多国境内的反政府武装对中国投资拉美能源产业也造成了一定的影响。针对这种情况，中国企业可以采取

---

① 朱鸿博、刘文龙：“新世纪中国对拉美的地缘战略”，《现代国际关系》2008 年第 3 期，第 40 页。

② 张娥：“曲线进拉美”，《中国石油石化》2011 年第 23 期，第 20—21 页。

③ “中国对拉丁美洲和加勒比政策文件”，新华网，2008 年 11 月 5 日，http://news. xinhuanet. com/newscenter/2008 - 11/05/content_ 10308177. htm。

多样化的开发模式来提高规避和应对风险的能力。前文中曾提到的中国拉美能源战略的两个亮点值得推广：第一，既投资油气开发，也投资基础设施建设和制造业等领域，这样在增加中国影响力的同时，也可促进双方经济合作的深化；第二，在充分考量当地能源政策及其对外国（尤其是欧美）企业的态度之基础上，通过如上所述收购Galp巴西公司股权等方式，合作进入拉美能源市场，同时着手推进在能源政策较为稳定之国家的战略布局。另外，中国企业应该继续加强与拉美本地国有石油公司的合作，如此一来，“有助于我们进一步掌握资源国的石油资源状况，熟悉当地的政治环境、经济状况和文化习俗，从而进一步获得资源国政府和企业的信任，有利于进一步开拓市场以及规避投资风险”。[①]

第二，中国的拉美能源战略还有另一种“多样化”可以选择，即能源类型的多样化。拉美地域辽阔，盛产多种能源作物，部分国家在生物能源技术上具有明显的优势。“目前，巴西在开发和利用生物能源方面处于全球领先地位，阿根廷、哥伦比亚、智利以及秘鲁等国生物能源开发也已具备一定规模。”[②] 作为人类重要的可再生能源之一，生物能源已受到许多国家的重视，并且有些国家（如美国）已经开始与拉美国家就生物能源进行合作开发。中国与拉美国家尤其是巴西开展生物能源技术合作的前景可谓广阔。

第三，以文化交流拓展合作空间。前文已述，拉美是世界各大地理分区中与中国相距最为遥远的地区。在双方多数民众眼中，对方国家和国民的形象并不清晰甚至还存在误解，这与中拉地理上的远离有关，也与宣传工作本身力度不够以及西方舆论的主导地位有关。从中国的角度看，拉美民众对中国的看法很大程度上受西方媒体的影响，这对中国拉美能源战略的展开十分不利。“让拉美媒体进入中国、报道中国，或者通过中国媒体将有关信息提供给拉美国家的媒体，将有助于双方深入和全面地相互了

---

① 袁正之：“拉美石油投资的政治风险分析”，《国际石油经济》2008年第3期，第17页。

② 金燕、孙洪波：“投资拉美能源 美国因素无法回避”，《中国经济导报》2010年2月20日第B03版。

解、相互认识。"[①] 此外，学术交流、文化团体访问、互办文化年等传统的文化交流方式也需要持续推进。

第四节　印度在拉美地区的能源战略

印度与拉美在地理空间上相距甚远且与中东、非洲等能源产地相距较近，其过去并未将拉美视为能源来源的优先选择，甚至可以说将拉美视为能源来源的最后选择，[②] 但近年来拉美在印度能源战略中的地位呈现出明显的上升趋势。

印度的拉美能源战略主要包括两方面内容：直接进行能源进口和对能源开发领域进行投资。能源直接进口方面，印度从拉美进口的能源量在其能源进口总量中所占的比重上升迅速，2010 年进口石油 1100 万吨，约占其当年进口石油总量的6. 16% ,[③] 2011 年进口石油 1750 万吨，约占其当年进口石油总量的 9. 8% ,[④] 2012 年这两项数据分别上升到 2650 万吨和 13. 76% 。[⑤] 能源开发投资方面，印度起步较晚，目前形成的基本局面是：向多国投资，以巴西、哥伦比亚、古巴和委内瑞拉为投资重点，投资规模较小但增长较快。

---

① 朱鸿博、刘文龙："新世纪中国对拉美的地缘战略"，《现代国际关系》2008 年第 3 期，第 40 页。

② 高世宪、张思遥："印度能源海外投资政策对我国的启示"，《中国能源》2012 年第 12 期，第 13 页。

③ BP, BP Statistical Review of World Energy 2011, London, United Kingdom, June 2011, p. 18, http: //www. bp. com/assets/bp_ internet/globalbp/globalbp_ uk_ english/reports_ and_ publications/statistical_ energy_ review_ 2011/STAGING/local_ assets/pdf/statistical_ review_ of_ world _ energy_ full_ report_ 2011. pdf.

④ Ibid.

⑤ BP, BP Statistical Review of World Energy 2012, London, United Kingdom, June 2012, p. 18, http: //www. bp. com/assets/bp_ internet/globalbp/globalbp_ uk_ english/reports_ and_ publications/statistical_ energy_ review_ 2011/STAGING/local_ assets/pdf/statistical_ review_ of_ world _ energy_ full_ report_ 2011. pdf.

2006年至2010年，印度在拉美的石油勘探开发合作项目中的75%集中于巴西和哥伦比亚；同期，根据印度石油天然气公司海外分支维德什子公司的统计，其大多数拉美石油勘探开发项目的投资额都不超过1亿美元；截至2011年3月，维德什公司在拉美的实际投资额约为15亿美元，并且其中对巴西和哥伦比亚的投资共约13亿美元。① 随着印度与拉美已有能源合作项目的进行以及新项目的不断开启，这种较小规模的投资局面将发生改变。2007年11月，维德什公司表示其通过国际招标赢得了巴西的两个油气区块；② 2008年4月，印度石油和天然气部长德奥拉访问委内瑞拉，其间维德什公司与委内瑞拉国家石油公司（PDVSA）签署合作协议，根据该协议，双方将组建联合公司（其中印方公司控股40%）开发位于奥里诺科重油带的圣克里斯托瓦尔（San Cristobal）油田，预计该油田在未来25年将会产出原油2.32亿桶；③ 2008年11月，维德什公司在招标中赢得位于哥伦比亚Llanos盆地和Sinu San Jacinto盆地的两个石油勘探区块；④ 2010年5月，印度国家石油天然气公司（ONGC）、印度石油公司（IOC）、印度石油勘探公司（OIL）与委内瑞拉国家石油公司签订为期25年的合同，成立合资企业共同开发卡拉波波-1（Carabobo-1）石油开采区块，该项目为印度在拉美石油市场最重要的投资之一，印度方面在2010年至2015年将向该项目投资21.8亿美元；⑤ 2010年12月，维德什公司公司宣布与巴西国家石油公司（Petrobras）和哥伦比亚国家石油公司（Ecopetrol SA）达成股份交换协议，三者将交换它们在巴西的两个区块的股份。⑥

印度正以积极的战略姿态加强与拉美在政治和经贸领域的广泛联系，以间接保障其从此地区持续、安全地获取能源利益。近年来，印度政要多次访问拉美，拉美各主要大国在任政要如智利总统拉戈斯和巴切莱特、

---

① 孙洪波：“‘拉美寻油’的印度模式”，《能源》2011年第11期，第87页。

② OVL bags two oil, gas blocks in Brazil, *The Hindu*, November 29, 2007.

③ Sujay Mehdudia, OVL, PDVSA of Venezuela to Form Joint Venture, *The Hindu*, April 10, 2008.

④ OVL bags two blocks in Colombia, *The Times of India*, November 19, 2008.

⑤ 金燕：《国际能源合作研究》，财政部财政科学研究所2011年博士学位论文，第79页。

⑥ OVL to swap stakes in two Brazilian blocks, *The Hindu*, December 24, 2010.

墨西哥总统卡尔德隆、阿根廷总统克里斯蒂娜、巴西总统卢拉和罗塞夫等也都访问过印度。2008 年 4 月，印度总统帕蒂尔首次出访即选择了拉美地区，并率领由政经领域重要人士组成的代表团对巴西、墨西哥和智利进行了为期 13 天的访问。印度外交部官员表示，帕蒂尔总统选择拉美作为自己上任后首次出访的目的地，表明对印度而言，与这片充满活力的大陆加深联系至关重要。① 2012 年 8 月，首次印度与拉美和加勒比国家共同体外长对话在新德里举行，印度外长克里希纳、拉美和加勒比国家共同体"三驾马车"智利外长莫雷诺、委内瑞拉外长马杜罗、古巴副外长谢拉与会，此次会议的联合声明特别提及了能源问题，"双方都认为能源安全是经济发展的关键问题，双方同意建立一个致力于关注和解决该问题的'能源论坛'"。② 在这一系列外交互动中，地区大国巴西是印度的工作重点。印度和巴西的双边关系自 20 世纪 90 年代后逐渐升温，2003 年印度巴西南非对话论坛（IBSA Dialogue Forum）的成立推动印度与巴西关系上升到新的层次，两国高层互访明显增多。2004 年 1 月，巴西总统卢拉访问印度；2006 年 9 月，印度总理辛格访问巴西并参加三国（IBSA）对话论坛第一次首脑会议，这是印度政府首脑 38 年来首次正式访问巴西；③ 2007 年，卢拉访问印度；2008 年，卢拉赴印度参加三国（IBSA）对话论坛第三次首脑会议；2010 年 4 月，辛格抵达巴西利亚参加三国（IBSA）对话论坛第四次首脑会议，并与巴西总统卢拉举行双边会谈，双方在会谈后发表联合声明，表示巴西和印度今后将着重加强在能源、矿业、医药等领域的相互投资；④ 2012 年 3 月，巴西总统罗塞夫赴印度参加"金砖国家"领导人第四次峰会并对印度进行国事访问。

政治和经贸互相推动，频繁的外交往来既是印度和拉美走近的政治

① President Pratibha Patil leaves for Latin America, *PTI*, *Deccan Herald*, April 12, 2008.

② Joint Statement on the First India – CELAC Troika Foreign Ministers Meeting, New Delhi, August 7, 2012. http://mea.gov.in/bilateral – documents.htm? dtl/20306/Joint + Statement + on + the + First + IndiaCELAC + Troika + Foreign + Ministers + Meeting.

③ Monica Hirst, Brazil – India Relations: A Reciprocal Learning Process, *South Asian Survey*, Vol. 15, No. 1, January – June 2008, p. 149.

④ 毕玉明、杨立民："巴西总统与印度总理举行会谈"，新华网，2010 年 4 月 16 日，http://news.xinhuanet.com/world/2010 – 04/16/c_ 1236341.htm。

支撑，也是双方经贸发展的表现和保证。印度在 2006—2007 财年为 103.4 亿美元，在 2008—2009 财年为 157.5 亿美元，[①] 而到了 2010—2011 财年这一数字则已经增长到 244.4 亿美元。[②]

当然，作为人口众多、经济增长迅速、国际影响力逐步提高的发展中大国，印度拓展外交空间的举动一方面是自身发展战略的需要，一方面也有些许平衡中国的意味。2012 年 8 月首次印度与拉美和加勒比国家共同体外长对话举行前，印度亚洲新闻社发表文章指出，除了能源安全、拉美市场本身的吸引力等原因外，中国在拉美日益增加的存在也推动着印度扩展其在拉美的外交和经济空间。印度与拉美地区的贸易额已经增长到 250 亿美元左右，这个数字很可观，但却仅约为中国和拉美贸易额的 1/10。印度国立伊斯兰大学欧洲与拉丁美洲研究中心主任古普塔（Sonia Gupta）表示，在与拉美的经贸往来方面，印度虽暂时无法与中国相提并论，但其在信息技术等拉美所亟待发展的产业方面所拥有的优势同样也是中国无法比拟的。前智利驻印度大使海恩（Jorge Heine）则认为，若想真正发掘印度和拉美关系的潜力，就必须增加接触，这意味着应将这些交流活动机制化，使其成为政府和私人机构常规议程的一部分。[③]

因此，关于印度的拉美能源战略走向，目前看来可以从以下两个角度进行总体把握和预测。第一，拉美油气资源储量丰富，并且相对于中东和非洲而言，拉美虽然在空间上与印度相距遥远，但总体局势却较为平稳，其在印度油气进口布局中的地位将会得到进一步巩固和提高。第二，不论是出于对拉美良好经济发展前景和广阔消费市场的获益意愿，还是出于对拉美区外大国的平衡意识，印度都将会努力与拉美在经贸和政治上继续“走近”。同时，经贸和政治领域的互为推动也将在一定程度上为印度自身的能源安全提供保障。

---

① India's trade with Africa, Latam and CIS show substantial increase, March 20, 2010, http://www.domain-b.com/economy/trade/20100320_ substantial_ increase.html.

② Department of Commerce, Ministry of Commerce and Industry, Government of India, Annual Report 2012 - 2013, http://www.commerce.nic.in/publications/annualreport-2012-13.asp?id=26.

③ Amid China's forays, India wakes up to Latin America, *Indo-Asian News Service*, August 5, 2012.

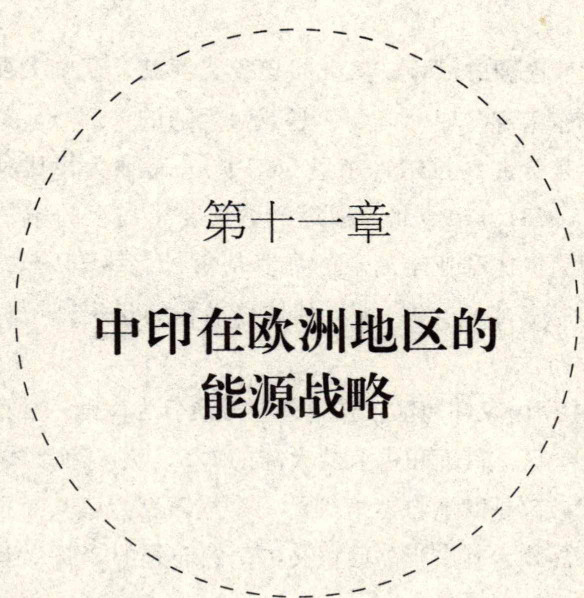

第十一章

中印在欧洲地区的能源战略

第一节　欧洲地区的地缘政治经济特征

一、欧洲的地理概况

欧洲是欧罗巴洲的简称，其北接巴伦支海峡，西临大西洋，南濒地中海，东部和东南部与亚洲毗邻，是亚欧大陆的一部分。其4个极点的位置分别是：东为北乌拉尔（东经66°10′）；最西为伊比利亚半岛上的罗卡角（西经9°31′）；最北为斯堪的纳维亚半岛上的诺尔辰角（北纬71°8′）；最南为伊比利亚半岛上的马罗基角（北纬36°）。面积1016万平方千米（包括岛屿），约占世界陆地总面积的6.8%，仅大于大洋洲，是世界第六大洲。

欧洲有44个国家和地区，在地理上习惯分为南欧、西欧、中欧、北欧和东欧5个地区。其面积占亚欧大陆的1/5，大陆海岸线长3.79万千米。水平轮廓破碎是欧洲自然地理的一个显著特点。其总面积的1/3以上属于半岛和岛屿，其中半岛面积又占全洲面积的27%，这在世界各大洲中是罕见的。

在自然资源方面，欧洲拥有丰富的两种工业社会的必需品，即煤和铁矿石。同时，随着20世纪60年代初北海油田被发现，1971年实现首次开发后，欧洲拥有了丰富的石油和天然气资源，改变了欧洲油气资源严重供应不足的传统局面。而欧洲地区的石油和天然气主要分布在北海地带、里海的俄罗斯区域以及北部平原。根据最新的世界石油储量排名显示：欧洲及欧亚大陆石油探明储量约占世界总储量的8%，其中俄罗斯的原油探明储量居世界第八位，但是世界第一大产油国。除此之外，挪威、英国、丹麦是欧洲已探明原油储量最为丰富的3个国家，其中挪威是世界第十大产油国。北海油田自首次开发以来，成了全世界最大的非欧佩克生产地区之一，而多数储备位于英国和挪威的领海之下，另一部分油田属于丹麦、荷兰和德国。英国是欧洲主要的油气生产国，是天然气的最大生产国和最大输出国。据美国《油气杂志》的最新统计数据显示，截至2010年，英国拥有探明石油储量31亿桶，是欧盟国家中探明石油储量最大的一个国家，[①] 同时也是欧洲最大的能源消费国之一。

二、欧洲的地缘政治特征

由于欧洲具有重要的战略位置，二战后欧洲成了美苏争霸的战略要地，两国在此组建了以美国为首的北大西洋公约组织和以苏联为首的华沙条约组织两大对立阵营，形成了长达近半个世纪的冷战对峙局面。1991年苏联解体后，美苏争霸的两级格局不复存在，欧洲出现了新的地缘政治特征，表现如下：

（一）陆权势力和海权势力失去平衡

由于苏联解体，以苏联为代表的陆权势力开始衰落，作为苏联的最大继承国，俄罗斯失去了在东欧的势力范围，并丧失了其西部1000多公里的战略防御纵深。[②] 同时，俄还面临着与两个潜在的地缘战略轴心对抗的危险：一是由乌克兰、格鲁吉亚、阿塞拜疆、土耳其、乌兹别克斯坦和哈萨克斯坦在俄南部建立的战略轴心；二是由波兰、波罗的海三国以及乌克兰在俄西部建立的“波罗的海—黑海轴心”。[③] 与之相反，以美国为代表的海权势力却在不断地增强，其最显著的代表就是北约东扩，美国借助北约东扩不断挤压俄的地缘战略空间。冷战结束后，为了确保后冷战时代欧洲的相对安全环境，北约实行了东扩和改革，于1999年吸收了波兰、匈牙利和捷克共和国3个国家成为其成员国，并表示以后将

---

① “英国探明石油储量31亿桶”，国际石油网，2010年9月27日，http://oil.in-en.com/html/oil-1738173818768877.html。

② 金新、宋瑞鲁：“试析后冷战时代欧洲地缘政治的变化”，《江南社会学院院报》2010年第3期。

③ 冯玉军：“俄罗斯地缘政治战略取向”，《现代国际关系》1999年第10期，第28页。

吸收更多的国家特别是东欧国家加入北约。[①] 作为一个军事集体防御组织，冷战后北约所面临来自东部的军事威胁大大减少，其东扩更多地是出于政治目的和军事目的，以期通过吸收东欧国家达到削弱俄罗斯地缘战略空间和在东欧影响力的目的，从而使得以俄罗斯为代表的陆权势力与以美国为代表的海权势力失去战略平衡，并出现有利于美国海权势力增强的局面。

（二）各组织相互争强

各组织相互争强是冷战后欧洲地缘政治的特点之一，其中主要表现在北约、欧安会与欧盟三大组织之间的竞争。北约是美国为了遏制苏联与东欧国家而在欧洲组建的一个军事集团组织，同时也被视为美国控制西欧的有效工具。冷战结束后，随着华约组织和苏联的解体，北约失去了暂时的竞争对手而迫切需要调整其目标和任务，以达到美国势力继续留驻西欧的目的。为此，在打着集体防御，确保欧洲地区安全与和平的旗号下，美国力图把北约建成一个包揽政治、经济、军事等事务的超国家组织。[②] 为了摆脱美国的控制，实现欧洲一体化，使欧洲真正成为欧洲人的欧洲，欧盟的成立则力图把美国排除在组织之外，以实现欧洲政治、经济与防务的一体化和独立，其实质则是法德两国与以美国为首的北约争夺在西欧的领导权问题。而欧安会的建立则是苏联希望建立欧洲大厦的思想体现，其宗旨是研究讨论欧洲安全、经济合作、文化交流等问题。如今它成了俄罗斯影响欧洲的主要工具，俄希望借助欧安会来达到牵制北约的目的，同时反对以法德为主导的欧盟单独操办欧洲事务，并发挥俄自身在欧洲地区的影响力。

（三）合作与竞争并存

第二次世界大战后，西欧各大国之间的关系既有合作又有竞争，而当时由于处于美苏两级格局之下，出于遏制苏联的共同目的，各国间的

---

① Thomas S. Szayna，“NATO enlargement，2000－2015”，http：//www. rand. org/pubs/monograph_ reports/MR1243. html.

② “what is NATO”，http：//www. nato. int/nato－welcome/index. html.

合作占主导地位，竞争居次要地位。然而随着冷战的结束，苏联这一共同威胁消失，曾经掩藏在两级格局之下的矛盾逐步显现出来，主要表现在两个方面：(1) 政治主导权的争夺。特别是在以法德为主导的欧盟内部，几个大的成员国都希望争得对欧盟的主导权，进而增强本国在欧洲的影响力，这种竞争关系的实质是各国关于本国国家利益的争夺和扩张。而当美国企图利用北约加紧对欧洲的控制时，欧洲大国则又表现出合作的态势以共同抵御美国在欧洲扩张势力。(2) 经济方面竞争加剧。这主要表现在对海外市场的争夺上，如对亚非、拉美等新兴市场的争夺。[①]冷战后，欧洲国家纷纷在这些地区抢占市场份额，极力打开这些国家市场的大门，以实现自身国家经济利益的最大化，而这种竞争在一定程度上又加剧了欧洲国家之间的矛盾与斗争。

三、欧洲的地缘经济特征

地缘经济本身具有其基本特征，主要包括以下几个方面：(1) 地缘经济最基本的要素是地理要素，即一个国家所处的地理环境、所拥有的各种自然资源等。(2) 地缘经济的另一大特征是区域经济集团化，这既是经济全球化的必然趋势，也是经济全球化的必然结果。(3) 跨国公司成为地缘经济的最活跃因素。跨国公司的发展推动了区域经济集团化的形成，同时也成为区域经济集团化的一种表现形式。作为三大经济集团之一的欧洲地区，有其自身的地缘经济特征。

第一，以石油为主的矿产资源丰富。欧洲地区的矿物资源以煤、石油、铁矿为主。煤炭资源主要分布在波兰的西里西亚、德国的鲁尔和萨尔、法国的洛林和北部、英国的英格兰中部等地，这些地方均有世界著名的大煤田。石油的探明储量约 124 亿吨，主要分布在喀尔巴阡山脉山麓地区、北海及其沿岸地区。其他比较重要的矿物资源还有天然气、钾盐、铜、铬、褐煤、铅、锌、汞和硫磺等。其中天然气探明储量约 37 万

① 陈德照：“战后西方国家间竞争与合作关系的发展”，《世界经济》1996 年第 5 期，第 26 页。

亿立方米，多集中在俄罗斯，其次在荷兰、英国和德国。欧洲西部沿海为世界著名渔场，主要有挪威海、北海、巴伦支海、波罗的海、比斯开湾等渔场。①

第二，以欧盟为主体的区域经济发达，经济发展水平居各大洲之首。作为一个整体，欧盟在世界经济中的地位与美国相当，远远超过日本。根据欧洲央行的数据显示，美国国内生产总值占世界国民生产总值的20.2%，欧盟所占的份额与美国相当，日本则只占7.7%。而欧元的流通则更加提升了欧盟在世界经济中的地位与作用。在充当国际银行资产方面，根据英格兰银行的统计，“2000年9月的国际银行资产中，欧元占17%、美元占62%、日元占8%”，② 这充分显示了欧盟作为一个政治与经济实体在世界经济发展过程中所起的作用越来越大。同时，随着欧盟经济发展的加快，中欧双边贸易也获得快速发展，欧盟目前是中国最大的贸易伙伴、最大的出口市场和第二大进口市场。据统计数据显示，2009年中国与欧盟的双边贸易额达到了3641亿美元，占中国总贸易额的16.5%；中国对欧盟的出口额为2362.8亿美元，占中国总出口额的19.7%；中国对欧盟进口额达到了1278亿美元，占中国总进口额的12.7%。2010年的第一季度，中国与欧盟的贸易额达到了1014.7亿美元，比上一年同期增长了35.1%。2011年7月，中国超过美国成为欧盟最大的贸易伙伴国。根据欧盟统计局于2011年9月29日发布的数据显示，中国与欧盟在2011年7月份的双边贸易额达到了356亿欧元，超出了美国与欧盟同月贸易额8亿欧元。③ 即使面临金融危机，中国与欧盟的贸易也呈平衡发展态势，欧盟在中国对外贸易中的地位得到进一步加强与巩固。④

第三，与中印两国油气资源合作增多。在所有欧洲国家中，油气资

① “欧洲气候与自然资源简述”，中华人民共和国驻欧盟使团经济商务参赞处，2011年8月，http://eu.mofcom.gov.cn/aarticle/ddgk/zwjingji/201108/20110807689576.html。

② 杨伟国：“欧盟在世界经济中的地位”，《新视野》2003年第3期，第71页。

③ China Become EU's Largest Trading Partner in July 2011, Surpassing the U.S. Ministry of Commence People's Republic of China, October 14, 2011.

④ “China - EU Economic and Trade Cooperation is Increasingly Enhanced”, Ministry of Commence People's Republic of China, May 10, 2010.

源最丰富的国家主要是俄罗斯、英国与挪威。而中国与印度作为两大发展中国家，随着经济的快速发展，彼此对能源特别是油气资源的需求越来越大。特别是对于印度而言，能源短缺已成为制约其经济发展的瓶颈，为了打破这种限制，未来印度将把对外进行油气资源合作提升到战略高度。对于中国而言，目前的原油消耗有55%的份额需要从国外进口。国土资源部官方网站于2010年2月8日引述了一组相关数据显示，2009年中国排在俄罗斯、沙特、美国之后，成为全球第四大原油生产国，但同时随着经济的高速增长，中国对能源的需求越来越大，中国已成为全球第二大石油消费国，仅次于美国。根据中国石油大学的专家预测，到2020年中国对外石油依存度将达到76%。因此，加强与欧洲的油气资源合作成为中国能源战略的一部分。而中印两国在与欧洲国家进行油气资源合作时，既有政府主导型合作，也有公司主导型合作。

印度近年来加快了与欧洲油气资源丰富的相关国家的合作步伐。例如英国石油与天然气集团于2011年3月份与印度的古吉拉特邦石油公司签署了一项液化天然气供应的长期协议，这在一定程度上促进了两国的贸易关系。这项为期20年的协议标志着从2015年开始，英国石油与天然气集团将每年向古吉拉特邦石油公司提供多达250万吨的液化天然气。① 而古吉拉特邦拥有约1/3的印度天然气管道网络，以及两个处理全印度80%的天然气进口的接收站。印度目前已成为全球最大的液化天然气市场之一，随着其需求的增长，英国政府鼓励英国公司在印度进行投资、贸易与建厂。

中国也加强了与欧洲相关国家的油气资源合作。例如中国的中石化集团在俄罗斯石油公司投资了数十亿美元，并共同经营了俄罗斯西伯利亚伍德穆特地区的石油生产。2006年，中国石油天然气公司与俄罗斯天然气公司达成协议建立了一个20万桶的炼油厂，并且共同运作了300多个加油站。俄罗斯天然气公司和俄罗斯石油运输公司通过向中国提供20

① "UK's BG Group, Gugart State petroleum corporation ink gas supply pact", NATV Profit, March 20, 2013. http://profit. ndtv. com/news/corporates/article - uks - bg - group - gujarat - state - petroleum - corporation - ink - gas - supply - pact - 319828? site = classic.

年的石油供应，以换取中国发展银行对其的250亿美元贷款。[①]

第二节　欧洲国家的能源资源政策

2011年日本发生地震后，越来越多的国家在利用核能方面显得更加谨慎与保守，其中有部分国家直接减少了对核能的依赖，这就意味着在未来几十年里整个世界将会把目光更多地投向石油与天然气资源。同时据估计至21世纪中叶，全球人口将突破90亿，而随着全球能源消费的快速增长，尤其是新兴国家对能源需求的加大，全球能源安全问题亟待解决。[②] 一些国际性组织在全球能源安全方面也发挥着积极作用，例如IEF，即国际能源论坛就于2011年2月22日在沙特阿拉伯的利雅得举办了具有历史意义的国际能源论坛部长级会议，来自86个能源生产、消费与中转国家的部长与代表共同签署了《国际能源论坛宪章》，该宪章标志着国际能源合作的新时代，并承诺通过政治对话与协商解决国家间的能源问题。[③] 而对于欧洲地区而言，由于能源资源政策涉及到国家的安全问题，因此各组织或各国家都制定了自己的能源资源政策，这里主要介绍欧盟的能源资源政策，拥有丰富石油与天然气资源的英国、挪威与俄罗斯三国的能源资源政策，以及中国与印度在欧洲的能源资源政策。

---

① “Trade relations between China and Russia”, June 15, 2009, http://cn.reuters.com/article/companyNews/idUKLC52713820090615? symbol = VTBRq. L.

② S Jaipal Reddy, “India Minister of Petrol and Natural Gas: Building trust, valuing interdependence”, July 2011, http://www.ief.org/_resources/files/latest - files/latest - ief - newsletter.pdf.

③ Noé van Hulst, “IEF Charter Heralds New Era For Global Energy Dialogue”, July 2011, http://www.ief.org/_resources/files/latest - files/latest - ief - newsletter.pdf.

一、欧盟的能源资源政策

欧盟在能源领域所面临的挑战主要有：日益增长的进口依赖、缺乏多元化、全球能源需求的增长、国际能源价格起伏不定以及能源利用率方面进展缓慢等。2007 年，欧盟 82% 的石油依赖进口，57% 的天然气也依赖进口，使其成为全球油气资源的主要进口国。为了保障其能源安全，欧盟委员会于 2006 年 3 月 8 日发表了题为《欧洲能源的可持续、可竞争与安全战略》绿皮书，以期建立共同的能源政策。在 2009 年俄罗斯与乌克兰的天然气危机后，欧盟随后决定建立关于天然气供应安全的内部紧急预防与应急措施，例如提高天然气储备量、改进天然气运输管道技术等。[①]

根据《里斯本条约》，欧盟能源政策的主要目标是：（1）确保能源市场的正常运作；（2）确保能源供应安全；（3）促进能源的利用效率以及新能源的发展；（4）促进能源网络间的互动。在此指导下，2007 年 3 月欧盟委员会通过了一项综合性的气候与能源政策，并承诺将于 2020 年实现以下目标：（1）提高 20% 的能源利用率；（2）在能源消费中增加 20% 的新能源份额；（3）与 1990 年相比，至少减少 20% 的温室气体排放量。随后在 2008 年 11 月，欧盟委员会又发布了第二个能源战略评估报告，作为对欧洲能源政策的补充，并提出了欧洲能源安全与团结行动计划的五点建议：

第一，促进能源基础设施建设。欧盟委员会在 2011 年 1 月发表了一份题为《能源 2020：一个关于能源竞争、可持续与安全的战略》的战略报告，大致勾勒出了欧盟未来能源政策的基本框架，强调要加强欧盟自身内部能源市场的整合以及基础设施的完善。

第二，加强外部能源合作关系。2011 年 9 月 7 日，欧盟委员会通过了“关于能源供应安全与国际合作——欧盟能源政策：跨域国界的合作

① “Energy Policy of The European Union”, http: //en. wikipedia. org/wiki/Energy_ policy_ of_ the_ European_ Union.

伙伴”的协议，该协议的目标是为了促进欧盟与周边国家进行能源的跨界合作，以及通过政府间协议与合作的定期交流来创建一个规范的合作区域。

第三，提高石油与天然气的储存量和建立危机应对机制。除了提高油气的储存量对欧盟能源供应安全显得至关重要外，建立相应的危机应对机制也是必不可少的。因此欧盟采取多种措施建立起了危机评估、预防行动计划和紧急计划，以保障石油与天然气供应安全，同时还规定了欧盟成员国的最低石油和天然气储存量。

第四，提高能源效率。为了实现2020年的能源目标，欧盟确立了共同框架以促进成员国在能源效率方面的提高与改善，并分别于2004年、2006年和2011年发布了关于提高能源效率的呼吁指令。

第五，充分利用欧盟本土的能源资源（包括可再生能源）。其中要求成员国增加对新能源开发的投入，还通过了一项关于《2050能源线路图》的协议，以保障未来欧盟的能源供应安全与经济的持久竞争力。①

二、英国的能源资源政策

作为欧洲主要的油气生产国与天然气最大输出国，英国制定了一套实用的能源资源政策，旨在促进能源供应的安全与环境的保护。② 英国政府于2003年首次发布了能源白皮书，为英国未来20年制定了正式的能源政策。白皮书强调了减少二氧化碳排放量的必要性，并承诺到2050年英国将减少60%的碳排放量。然而这个白皮书主要集中于问题的分析而非提出详细的政策应对。直到2005年11月，关于英国能源的全面评估才正式出炉，超过500个组织与个人参与了该项评估。2007年5月23日，英国又发布了能源白皮书，概括出了政府应对两大主要挑战的国际与国内战略，而两大挑战分别是：（1）减少碳排放以应对全球气候变

① “Energy Policy: General Principles”, Fact Sheets On The European Union—2013, http: //www.europarl.europa.eu/ftu/pdf/en/FTU_ 4.13.1.pdf.

② Ian Fells and Candida Whitmill, “A Pragmatic Energy Policy for The UK”, Augst 2008, http: //fellsassociates.awardspace.com/site/LinkedDocuments/Pragmatic%20Energy%20Policy1.pdf.

暖；（2）确保安全、清洁与可支付得起的能源进口替代日益减产的北海油气资源。作为历史上主要以煤、核能以及海岸天然气生产为主的国家，英国现在已逐渐变为一个能源净进口国。

未来天然气在英国的能源需求中将只占小部分，因为随着北海气田产量的逐渐减产，尽管英国在天然气管道设施以及增加天然气储存量方面进行了大量投资，但仍不可避免地会增加对俄罗斯天然气进口的依赖。据估计到 2021 年，北海油气资源的产量将从 2005 年的水平下滑至 75%，年产量将不到 100 万桶。

关于英国能源资源的具体政策，在 2007 年的能源白皮书中政府提出的能源策略主要由 4 部分组成：第一，建立一个国际性的框架以应对气候变化，包括稳定大气温室气体的浓度以及一个更强的欧盟碳排放交易计划；第二，为英国的整个经济提供一个具有法律约束力的碳排放目标，通过实施气候变化法案来减少碳排放；第三，通过制定信息、激励以及规则制度以鼓励节能；第四，加大对低碳技术的支持力度。①

英国的能源资源政策始终是围绕一个核心问题出发的，即能源安全。由于其自由化的能源市场、公司监管以及丰富的北海油气资源，英国的能源一度曾具有很强的安全性，但近年来，其能源体系日益面临着一些安全挑战，主要来自于恶劣天气、恐怖袭击、技术故障、企业行动、化石燃料储量的减少以及实现低碳目标等。为了维护能源体系的稳定性与可靠性，确保能源安全，英国政府于 2013 年 6 月 27 日出台了相关政策，主要包括：第一，加强能源应急预备。主要是通过企业与监察机构的合作来增强英国能源网络与资产的弹性，为能源应急做好充分的准备，以及确保政府拥有领导能源应急行动与恢复能源安全的能力。第二，增加能源利用率。英国出台的能源效率策略中提出了通过改善家用电器、商业以及公共部门建筑的能源效率等一系列行动来降低能源安全的风险。第三，通过成本效益的最大化来复苏英国的资源。提供可靠的能源供应，而这种供应不会遭受国际能源供应风险的威胁，并确保国内石油与天然

---

① “Energy Policy of The United Kingdom”, http: //en. wikipedia. org/wiki/Energy_ policy_ of_ the_ United_ Kingdom.

气资源的探测与开发，支持国内油气工业的发展。第四，减少能源供应中的碳排放。通过加强对低碳技术的使用，来减少英国对国际油气市场的长期依赖和确保国内能源利用的多样性。第五，加强国际合作。目的是为了促进低碳技术、鼓励在英国的石油与天然气生产方面进行投资、确保全球能源供应的稳定以及保障能源价格的稳定。第六，改革电力市场。主要是通过电力市场改革这一措施来吸引1100亿英镑的投资，以利于更新与升级英国的电力基础设施等。①

三、挪威的能源资源政策

石油产业是挪威的最大产业，2012年石油产业创造的价值超过了全国总价值的23%，整个国家的财政收入有30%来自石油产业，如今挪威成了全球第七大石油生产国和第三大天然气生产国。② 自从1971年6月9日伊科菲斯克油田开采以来，挪威就一直在其大陆架进行石油生产，目前为止已经开采了40%，未来挪威的石油开采仍然潜力巨大。伊科菲斯克油田作为挪威最大的油田之一，其生产将持续到2050年。为了实现未来油气资源的有效管理与价值创造，挪威政府主要采取了几项措施：（1）增加现有油气田的复苏；（2）鼓励商业开发；（3）继续加强勘探已开放的油气田；（4）实施新油气田的开发计划。

2012年6月，挪威石油与能源部宣布了其最新授权的石油与天然气勘探区域，在其授权的82块勘探区域中，有72块位于北极圈以北的巴伦支海，勘探区的密集程度凸显了挪威为成为未来主要的能源提供者而对北极地区的重视程度。2012年11月9日，在布鲁金斯研究所举行了能源安全活动，挪威的石油与能源部长讨论了未来挪威在北极地区石油与天然气的勘探与开采，强调了挪威关于北极将成为下一个全球能源前

① "Maintaining UK Energy Security", government UK, June 27, 2013, https://www.gov.uk/government/policies/maintaining-uk-energy-security—2.

② "Oil and Gas", Ministry of Petroleun and Energy of Norway, http://www.regjeringen.no/en/dep/oed/Subject/oil-and-gas.html? id=1003.

沿地带的立场和观点。[①] 2012年12月3日，挪威政府表示钍资源有望成为未来最有前景的能源，而目前中印两国也在积极地对钍资源的开发潜力进行评估。

同时在2012年的时候，根据挪威石油理事会提交的一份关于挪威大陆架资源的数据显示，巴伦支海所拥有的油气储量达到30%，是之前评估数据的两倍。而如果地理因素有利的话，挪威扬马延岛周边地区所富含的油气资源比巴伦支海地区所拥有的油气资源还要丰富。挪威石油与能源部长奥拉·波登·穆伊表示："这对于挪威来说是个好消息，这些资源的增加代表了挪威社会的巨大资产，同时也证实了挪威北部将成为挪威的下一个石油重点开采区域。"[②]

2013年5月8日，在墨西哥举行的关于"挪威在石油与天然气领域的经验"的研讨会上，挪威石油与能源部长奥拉·波登·穆伊发表了演讲，谈到了在整个2012年里挪威在石油领域的投资占全国总固定资本投资的29%，石油产品的出口价值高达1040亿美元，占据了挪威出口总值的一半左右。而且石油产业所创造的就业岗位多达20多万，这对于一个只有500万居民的小国来说已经很乐观了。就挪威的油气资源政策而言，政府与国民已达成了广泛的政治共识，总体原则是：石油资源必须为整个挪威社会谋福利，具体要点如下：第一，由于投资者在油气资源领域面临较大的不确定性，因此要尽量减少条款与合同的不稳定性。第二，厘清国家在石油行业中的角色至关重要，国家既是获利者，即通过来自石油行业的税收可以使国家经济直接受益，同时国家也是监管者。第三，努力吸引具有国际竞争力与经验的公司加入该行业，没有外国石油公司的参与，挪威要进行自主的石油勘探是很困难的，吸引国际石油公司的加入既是必要的，也是一种成功的策略。第四，实行国家控制十

① Charles K. Ebinger and Martin S. Indyk, "Norway's Oil and Gsa Policy and The Arctic", Brookings Institution, November 9, 2012, http://www.brookings.edu/events/2012/11/09-norway-arctic-energy#/full-event/.

② "More oil and gas on the Norwegian continental shelf", Ministry of Petroleum and Energy of Norway, Februray 28, 2013, http://www.regjeringen.no/en/dep/oed/whats-new/news/2013/more-oil-and-gas-on-the-norwegian-contin.html? id=715389.

分关键，要实现这一目标，国家必须参与石油生产活动中的每一步。①

同时为了加强对资源的有效管理，2013 年 6 月 27 日挪威石油与能源部设立了新天然气关税，降低了挪威天然气传输系统公司 Gassled 关于天然气运输的成本。石油与能源部长奥拉·波登·穆伊说："降低关税将有利于资源的探测，鼓励更多的发现以及支持资源的有效利用，实际上这是一种很好的资源管理手段。"较低的天然气运输成本将会增强挪威天然气在国际市场上的竞争力，同时也将确保 Gassled 公司的合理利润，而该公司拥有挪威大部分的天然气基础设施。根据综合评估，这项新关税政策将于 2016 年正式实施。②

四、俄罗斯的能源资源政策

俄罗斯拥有世界上已探明储量最大的天然气资源，还是全球最大的石油资源生产商，欧洲 1/3 以上的石油与天然气供应来自俄罗斯，同时俄罗斯还向能源饥渴的东亚市场出口更多的石油与天然气，从而使得油气资源一度成为俄罗斯国家稳定与国力发展的支柱产业，因此其能源安全已被提升到影响国家安全的战略高度。对俄罗斯而言，其主要战略目标有三个：（1）在一个政权领导下实现俄罗斯社会的稳定；（2）通过在周边国家建立缓冲区以扩大自身的权力；（3）通过利用自然资源的影响来实现与区域外大国之间的力量平衡。

2013 年 3 月 15 日，俄罗斯能源部长亚历山大·诺瓦克在出席国家石油与天然气论坛上做了一个关于国家能源政策的报告：即将到来的挑战。亚历山大·诺瓦克指出，在过去 12 年里俄罗斯的石油生产增长了 50% 以上，其中日平均生产量达到了 400 万桶。如今俄罗斯成为了全球石油生产的领跑者，全球每 8 桶石油就有 1 桶来自于俄罗斯。同时俄罗

---

① Ola Borten Moe, "The Norwegain Model: Evolution, Performance and Benefits", Ministry of Petroleum and Energy of Norway, May 21, 2013.

② "Strengthening Resources Management—New Gas Tariffs", Ministry of Petroleum and Energy of Norway, June 27, 2013 "Alexander Novak attends a National Oil and Gas Forun", Ministry of Energy, March 19, 2013, http: //government. ru/en/search/.

斯还是全球主要的天然气生产者，2012 年的生产总量为 6540 亿立方米。在过去 12 年里俄罗斯在石油生产方面的投资增长了 7 倍，在炼油方面的投资增长了 8 倍，在天然气基础设施方面的投资增长了 12 倍。2012 年所提炼的石油达 2.7 亿吨，创下自苏联时期以来的历史新高。然而俄罗斯在石油与天然气领域也面临两大挑战：一方面，在新的领域进行石油开采与生产的成本越来越高；另一方面，全球市场充满了变数，俄罗斯必须积极地适应这些变化。同时，普京上台后也意识到俄罗斯能源领域所面临的挑战，俄罗斯把能源出口既作为外交工具又作为国家财政收入的来源有时是相矛盾的，即通过降低或提高油气价格或者威胁减少对他国油气的供应量来达到某种外交目的这种做法，最终却给俄罗斯国家的财政收入带来了负面影响。

为此，普京政府制定了相应政策以适应未来 20 年的国际变化：首先，要着力解决与油气资源出口到欧洲所经过的国家间的关系。其次，能源战略应适应日益多样化与自由化的欧洲消费者的需求。最后，集中注意力发展与能源需求日益增长的东亚市场间的关系，加强在欧洲市场的出口多样性。[①] 2013 年 4 月 5 日，俄罗斯又通过了“2013—2020 年能源效率与能源发展”的国家计划。该计划由 7 个子计划组成，实施的目的是为了保障俄罗斯燃料与能源供应的可靠性与安全性、提高能源利用率、减少在开发和利用能源时对环境造成的不良影响，并采取以下措施实现这一目标：第一，促进能源的保护与提高能源利用率。对整个经济与行业的效率而言，能源与资源的保护显得至关重要，因此可以通过提高产品质量、借鉴国际经验、采用新技术以及流程化管理来实现对资源的保护。第二，改善生产和运输流程与深化加工。通过引进国际质量评价标准，迫使俄罗斯的石油生产商增加对石油加工的深度，鼓励他们在燃料生产方面达到新的质量水平。第三，促进燃料与能源行业的创新发展。能源行业的创新发展基于对基础设施的创建与改善，而这种革新最终有助于形成一个可持续的国家创新系统。第四，促进可再生能源的利

① Lauren Goodrich and Marc Lanthemann, “The Past, Present and Future of Russia Energy Strategy”, STRATFOR, February 12. 2013, http://www.stratfor.com/weekly/past-present-and-future-russian-energy-strategy.

用，提高能源行业的效率。可再生能源有助于缓解人类对环境与气候的危害，也可以减轻国家对化石燃料的依赖。[①]

第三节　中国在欧洲地区的能源战略

一、中欧能源合作的现状

由于欧洲的油气资源主要集中分布在俄罗斯、挪威和英国这 3 个国家，因此这里主要介绍中俄、中挪和中英，以及中国与其他欧洲国家在能源特别是油气资源方面的合作。

（一）中俄能源合作

中俄能源合作是两国经贸合作的重点领域，对深化中俄全面战略协作伙伴关系具有十分重要的意义，而中俄间的油气资源合作又是最关键的。2011 年 1 月 1 日，中俄原油管道正式启用，这是中国四大能源战略通道之一。管道全长近 1000 公里，起自俄罗斯的斯科沃罗季诺，止于黑龙江大庆，设计年输油量 1500 万吨，最大年输油量 3000 万吨。中俄石油管道谈判历经 15 年而最终签约，这是中国与俄罗斯修建的第一条石油管道，意义深远而重大。[②] 2011 年 10 月 11 日，俄罗斯总理普京对中国进行了访问并出席了中俄总理第十六次定期会晤。本次会晤双方就管道原油贸易价格完全达成一致，并决定按照互利共赢的原则，积极推进在石油天然气领域的合作。中俄在能源合作中，天然气合作项目又是重中之重。此

---

① “The state programme Energy Efficiency and Energy Development，2013 - 2020，has been adopted”，Ministry of Enegy，April 5，2013.

② “中俄原油管道开启能源新通道”，《新京报》2012 年 9 月 11 日，http：//www. nea. gov. cn/2012 -09/11/c_ 131841879. htm。

前由于报价的分歧，中俄一直没有能够就天然气合作达成协议。[①] 2011 年 10 月 11 日，中石化与俄罗斯最大的石化控股公司西布尔公司签署了合作备忘录，“双方拟在俄罗斯和中国上海设立两个合资公司生产丁腈橡胶，并考虑在异戊橡胶领域以及其他领域扩大合作。双方还将在天然气化工和非常规油气资源，以及上下游一体化方面进行全面合作”。[②] 西布尔公司是俄罗斯以及东欧最大的石油化工公司，2010 年该公司加工石油伴生气 174 亿立方米，生产各种石油化工产品超过 1650 万吨，营业收入超过 75 亿美元。2013 年 2 月 18 日，中石油与俄罗斯石油公司就扩大双方原油贸易合作达成共识，双方强调把加强中俄在油气领域的合作作为中俄合作的一项中心任务，并增强两大公司的上下游一体化合作，扩大原油贸易。目前，中石油每年通过中俄原油管道从俄罗斯进口 1500 万吨原油。俄罗斯石油公司 2012 年 11 月购买了 BP 所持有的秋明 BP 公司 50% 股份，此后，俄罗斯石油公司将成为世界上规模最大、产量最高的石油公司之一。[③] 2013 年 3 月 22 日，中俄两国领导人共同签署了一份关于合作共赢、深化全面战略协作伙伴关系的联合声明，明确将“积极开展在石油、天然气、煤炭、电力和新能源等能源领域的合作”。当天，俄罗斯石油公司（Rosneft）与中方签署一项协议，将把每年对中国的原油供应量提高 1 倍至 3100 万吨。根据一份新的为期 25 年的协议，Rosneft 将从中国国有开发银行获得 20 亿美元贷款。[④] 2013 年 3 月 25 日，俄罗斯天然气工业股份公司（俄气/Gazprom）与中石油签署了一项谅解备忘录，俄气将从 2018 年起的 30 年内每年通过东线管道向中国供应 380 亿立方米天然气。[⑤]

---

① “中俄就管道原油贸易价格达成一致”，中广网，2011 年 10 月 12 日，http://www.nea.gov.cn/2011-10/12/c_131185903.htm。

② “中石化拟与俄石油巨头建合资公司”，《中国证券报》2011 年 10 月 13 日，http://www.nea.gov.cn/2011-10/13/c_131188884.htm。

③ “中石油与俄石油就扩大原油贸易合作达成共识”，新华网，2013 年 2 月 19 日，http://www.nea.gov.cn/2013-02/19/c_132177756.htm。

④ “中俄再签‘贷款换石油’协议 对华供油增至 3100 万吨/年”，国土资源部油气资源战略中心，2013 年 4 月 8 日，http://www.sinooilgas.com/NewsShow.asp?NewsID=11505。

⑤ “俄气和中石油签署 30 年天然气供应谅解备忘录”，国土资源部油气资源战略中心，2013 年 5 月 8 日，http://www.sinooilgas.com/NewsShow.asp?NewsID=11515。

（二）中挪能源合作

据BP能源数据的统计，2012年挪威超越俄罗斯成为欧洲最大的天然气供应国。挪威出口天然气采用现价交易而不是传统的与油价挂钩的定价机制，基于这一原因，2012年挪威天然气出口增长而俄罗斯向欧洲的天然气出口下降了12%。[①] 此外，挪威石油管理局2013年7月公布了上半年挪境内油气活动的情况。截至2013年6月28日，已发现8处新油气资源，其中2处在挪威海、6处在北海。同时挪大陆架第22轮油气招标结束，29家公司获得24张执照，其中4张在挪威海、20张在巴伦支海。关于中挪合作，2010年5月21日中国中化集团公司与挪威国家石油公司签署战略合作备忘录，中化集团以30.7亿美元收购挪威国家石油公司位于巴西海上Peregrino油田40%的权益。[②] 虽然挪威国家石油公司的第一个海外投资是和中海油合作的陆丰22－1油田（2009年底关闭），但近年来双方在油气领域的合作很少，目前主要限于在第三地的合作与收购。挪威国家石油公司目前正与中国洽谈关于两国合作开采页岩气一事。

（三）中英合作

2009年12月16日，中国海洋石油总公司宣布已与英国天然气国际有限公司（简称BG集团）就63/16区块签订石油产品分成合同，这是中海油再携BG集团南海探油。BG集团将在勘探期内承担100%的勘探费用，中海油将有权参与合同区内任一商业油气发现最多51%的权益。[③] 2012年12月18日，中国石油化工集团公司通过其全资子公司国际石油勘探开发公司，以约15亿美元交易价格收购的加拿大塔利斯曼能源公司（以下简称“塔利斯曼”）英国子公司49%股份项目正式交割，标志着

---

① “挪威成为欧洲最大天然气供应国”，中华人民共和国驻挪威王国大使馆经济商务参赞处，2013年6月26日，http：//finance. esatmoney. com/news/1351，20130626301120386. html。

② “中国、挪威石油公司合作开发巴西等地油气资源”，中国新闻网，2010年6月13日，http：//mofcom. gov. cn/article/i/jshz/zn/20130700200165. shtml。

③ “中海油英BG集团南海寻油”，《每日经济新闻》2009年12月16日，http：//www. sinooilgas. com/NewsShow. asp？NewsID＝10764。

中国石化成功进入英国北海油气资源区。塔利斯曼公司在英国北海拥有3个核心资产区，共51个油气田，担当其中35个油田的作业者。收购后，塔利斯曼继续担任作业者，中国石化将向合资公司派出一定人员进入管理层，参与管理。迄今为止，以北海为主的英国大陆架油气产区累计产量已突破400亿桶油当量，预计未来30年仍有140亿桶至240亿桶油当量的可采油气资源。此前在北海地区还没有中国能源企业的参与，此次收购标志着中国能源企业首次进军北海油气资源区。[①] 就目前来说中英两国在油气领域的合作还比较有限，因此未来双边合作仍然潜力巨大。

（四）与其他欧洲国家间的合作

2012年4月25日，德国与中国能源峰会在德国汉诺威工业博览会召开，吸引了两国不少学、政、商界人士参与交流讨论，为两国寻求能源和环保领域的进一步合作提供了良好的平台，也有利于两国企业间的交流与合作。[②] 目前，中海油正与Eykon Energy合作申请在冰岛北极海域Dreki地区进行石油和天然气开发和生产的许可。若申请成功，中海油将可能获得这个探区80%的股份，首次在北极开展海上石油钻探，现在该项目还处于谈判阶段。同时，中石化也正与冰岛国内的相关石油企业就关于在北海进行石油探勘的事宜进行积极谈判。[③]

二、中国未来的战略选择

随着中国经济的快速发展以及对油气资源需求量的不断增加，加之中国国内油气资源有限，对外寻求油气供应成了保障中国能源安全的策略之一。目前中国国内的石油生产已经到了一个稳定阶段，估计在2010—2020年间将达到生产高峰，年产量约1.8亿—2亿桶。但由于石油消费量的高

---

① “中国石化成功进入英国北海油气资源区”，中国质量新闻网，2012年12月18日，http://www.cqn.com.cn/news/cjpd/654861.htmlhttp://www.nea.gov.cn/2012-04/27/c_131554675.htm。

② “德中能源峰会提供良好交流合作平台”，新华网，2012年4月27日，http://www.gov.cn/jrzg/2012-04/26/content_2123970.htm。

③ “中海油：合作申请在冰岛北极海域进行油气勘探”，国土资源部油气资源战略研究中心，2013年6月25日。http://www.sinooilgas.com/NewsShow.asp?NewsID=11570。

速增长，到2020年中国的对外石油依赖估计将达到76%。而天然气生产也到了快速发展阶段，估计到2020年将实现生产高峰，然而由于需求量大大超过了生产量，40%的天然气依赖进口。根据一项新的发展计划，在2011—2015年期间中国将计划增加3.5万亿立方米的天然气储备，以应对日益增长的能源需求。[①] 中国石油和化学工业联合会2012年1月11日发布分析报告预计，“十二五”期间，中国原油表观消费量年均增幅5.0%左右，天然气年均增幅将达19.4%左右。[②] 面对现实，我们需制订有效的油气资源战略计划。就国内而言，一方面要积极勘探新油气区，稳定国内油气资源的生产，把增加油气资源的储备放在与生产同等重要的地位。同时还要提高能源利用率，减少浪费。另一方面要减少对油气资源的消费量，积极开发新能源，寻找可替代能源。就国外特别是欧洲地区而言，我们应制订积极的战略计划，目前中国与欧洲国家在油气资源领域的合作还很有限，中国企业在欧洲地区的油气资源投资兴起于近几年，还不成熟，而双方企业的合作多在第三国进行。为此，我们可以进行以下战略选择：

（一）由政府牵头进行合作，加强建立与欧洲国家的能源对话和合作机制

中国在欧洲进行油气合作目前仍处于起步阶段，尚不成熟，除了中俄油气合作相对较多外，中英、中挪等间的合作目前还比较少，合作潜力巨大。在这方面，中国政府相关部门可以牵头实现两国间的油气资源合作，进行相关方面的会谈并建立一定的合作机制。如2012年5月3日，中欧高层能源会议在布鲁塞尔召开，双发签署了《中欧能源安全联合声明》，标志着中欧能源消费国战略伙伴关系的正式建立。中国国家能源局和欧盟委员会能源总司负责协调双方间的能源合作事宜，并进行中欧年度能源对话，鼓励双方企业进行合作。[③] 除此之外，中欧政府间应建立相应的对话

---

① “China sets natural gas development targets”, Xinhua News, December 3, 2012. http://news.xinhuanet.com/english/business/2012-12/03/c_132016595.htm.

② “2012中国石油天然气投资周监测报告”，中国能源投资网，2012年1月13日，http://www.ccei.org.cn/ShowNews.asp? ID=85901。

③ “中欧能源安全声明”，国家能源局，2012年5月9日，http://www.nea.gov.cn/2012-05/09/c_131577719.htm。

机制，加强双方在能源立法、政策和标准制定方面的交流。就目前与欧洲国家的双边合作而言，中国只与俄罗斯建立了能源对话和合作机制，而与英国和挪威等油气资源也较丰富的国家却没有建立这样的机制。

（二）坚持“走出去”与“引进来”战略相结合

政府要鼓励中国油气企业在欧洲地区进行油气资源投资与开发，即让企业“走出去”，可以通过企业并购的方式获得在欧洲油气块区的开采权，也可以通过与欧洲国家一些大的油气公司进行合作开发油气资源，例如目前中海油正与 Eykon Energy 合作申请在冰岛北极海域 Dreki 地区进行油气资源开发和生产的许可就属于两国间的企业合作。近年来，中石油加快了“走出去”步伐，把海外业务作为新的重要支柱加以发展。2012 年，其在海外的油气作业产量突破了 1 亿吨，国际业务收入和利润分别占公司总量的 39% 和 31%，但在欧洲油气领域的投资却很少，主要局限于中亚、北美、中东和非洲、拉美地区。这 5 个区域是中国对外进行油气资源合作的主要区域，当然也包括欧洲的俄罗斯，但与欧洲其他国家间的合作却很少。这里面既存在制度的制约因素，也有中国相关企业技术和经验不足的因素，因此有时候英国 BP 石油公司更愿意与俄罗斯进行合作开发。对此中国有实力的大油气公司可以通过与英国 BP 石油公司、挪威国家石油公司等建立战略伙伴关系来进行油气合作，这样既利于克服制度制约，又有利于相互取长补短，形成互补优势。此外，要积极实施“引进来”战略，即鼓励欧洲大的油气公司加强与中国大的油气公司在国内相关能源领域的合作，支持其在国内进行投资与开发。例如中石油联手壳牌石油公司开发四川页岩气资源后，中石化又与英国石油公司（BP）就在国内页岩气领域的合作进行谈判。而中海油 2012 年 7 月 17 日又与英国石油公司（BP）签订了中国南海珠江口盆地 54/11 合同区石油合同，这是中海油成立以来在中国海域签署的第 200 个对外合作石油合同，未来双方还将继续合作开发南海石油。[①] 同时，还可以加

① “中国海洋石油总公司与 BP 签订合同 合作开发南海石油”，《经济日报》2013 年 7 月 17 日，http：//henan. china. com. cn/finance/news/201307/Q894123WQH. html。

强中欧两国公司在第三国建立合作项目，这也是目前中欧双方在能源特别是油气资源领域进行合作的常规模式。

（三）企业要加强上、中、下游一体化开发与合作

目前中国国内石油公司的优势在于上、下游业务的开展，投资比重也主要倾向于上游，相对来说在中游上比较薄弱。而欧洲的一些大石油公司，如BP、壳牌等石油公司，在发展油气业务的过程中也始终把上游作为投资重点，投资大幅度向上游倾斜，因此他们在上游业务中积累了相当丰富的油气勘探与开发经验，中国的油气企业与其相比并没有什么优势互补性。因此未来的合作中，中国企业可以积极学习欧洲大油气公司在勘探与开发上的技术经验，并利用中国企业敢于挑战环境恶劣区域油气开采以及在恶劣环境中进行作业的吃苦精神，建立起中国油气公司上游开发上的比较优势。同时我们要加强中游，即石油提炼与消费环节的投入，这个环节相对来说也是欧洲一些大的油气公司比较薄弱的一环，我们可以通过提高本国企业在这一环的服务技术来提高我们的相对优势。而且中国作为一个能源消费大国，我们的市场对欧洲油气生产大国特别是俄罗斯、挪威等而言还是比较有吸引力的，因此未来双方的合作潜力巨大。总之中国企业在与欧洲油气企业进行合作时，应该努力建立起上中下游一体化的合作模式，并培养中国企业的不可替代优势。

第四节　印度在欧洲地区的能源战略

一、印欧能源合作的现状

目前，印度在欧洲进行的油气资源合作与开发还比较有限，印度国内油气公司与欧洲国家的油气公司进行的合作主要还是集中在第三地。然而印度国内能源特别是油气资源消费量正高速增长，据统计，印度日

均石油消费量超过200万桶，是亚洲地区仅次于中国和日本的第三大石油消费国，但印度国内石油的日产量仅有70万桶，油气资源的储量也十分有限。同时，印度从国外进口的能源已占其全部能源需求量的70%，其中天然气需求更是不断攀升。[①] 因此，未来加快进军欧洲油气领域成为其必然趋势，以期实现油气资源进口的多元化。而印度政府也制定了能源外交策略，鼓励国有和私营企业参与海外能源投资，积极加强国际能源合作。目前印度石油天然气公司的海外投资达100亿美元，其中50亿美元用于持有俄罗斯“萨哈林一号”油气项目20%的股权。而且印度正在研究与俄罗斯主要的天然气企业联合在俄罗斯和其他独联体国家开采油气资源的可能性，并计划对俄东北部亚马尔天然气田进行参股投资，估计该气田天然气的储藏量达到5.9兆立方米。此外，印度石油天然气公司还计划在今后10年投资200亿美元用于海外能源并购。目前印度与欧洲国家的油气合作主要表现如下：

第一，印俄合作。2010年12月23日，俄罗斯和印度首次正式签署石油天然气领域的合作协议，两国政府表示要加强双方在石油天然气勘探、开采、运输、加工、净化、储存、销售和利用领域的合作，这是俄罗斯和印度签署的首个油气合作协议。同时俄罗斯巴什石油公司（Bashneft）和卢斯石油公司（Russneft）的大股东系统金融股份公司（Sistema）与印度国家石油公司（ONGC）准备将其在俄罗斯的开采和炼油资产进行整合，两家公司商定，将考虑“共同投资双方认为位于具有关键意义国家的现有和具有潜力的资产”。[②] 2011年12月21日，印度总理辛格访问俄罗斯与俄总统进行会谈时表示，印度希望参与俄罗斯新油气项目的股权投资，以深化双方在油气领域的合作。这表明印度正以积极的姿态进军俄罗斯的油气领域，以满足其日益增长的油气消费需求。

第二，印挪合作。2005年8月，印度石油部部长艾亚尔对挪威进行正式访问，以推动印度和挪威石油公司在印度境内或第三国合资开发资

---

① “印度拓展能源合作渠道”，人民网，2010年3月24日，http://finance.people.com.cn/GB/11208171.html。

② “俄罗斯印度签署油气合作协议”，中化新网，2010年12月24日，http://www.ccin.com.cn/ccin/news/2010/12/24/158320.shtml。

源。挪威有兴趣参加印度的探勘与开发，而印度希望得到挪威的海域石油。①

第三，印英合作。2011年2月，世界第四大能源公司英国石油公司向印度信实工业投资72亿美元，收购信实工业所运营的23个石油和天然气项目30%的股权。此项投资为印度接受的最大单笔外国直接投资项目，双方将在印度成立双方股份各占50%的合资企业，从事天然气资源开发与营销，总投资有望达到200亿美元。② 这是印度与英国企业加强双方在油气领域合作的表现，同时也表明印度在积极实行“引进来”战略。

第四，与其他欧洲国家的合作。印度石油公司和土耳其卡利克能源公司于2007年联合向土耳其政府有关部门申请在杰伊汉实施炼油石化联合企业项目的许可证，以及原油管道项目上进行合作。③ 该炼油厂将具有1500万吨的年产能。

二、印度未来的能源战略选择

近年来，印度国内油气资源供应缺口越来越大，石油与天然气作为其经济发展瓶颈的制约因素越来越明显。印度70%以上的石油需求要依靠进口，每年需花费210亿美元。印度权威机构预测，到2030年，印度90%的石油和天然气将来源于国外。2011年，印度政府就液化天然气进口关税降低了5%，以扶持国内消费液化天然气的相关企业，出现这一现象的主要原因在于印度国内的液化天然气产量下降，企业面临供应短缺的局面。2012年，印度最大国有石油公司印度石油公司（IOC）、第二大石油公司巴拉特石油、第三大石油公司印度斯坦石油公司（HPCL）纷

---

① “印度、挪威将共同开发油气资源”，中华人民共和国商务部，2005年9月1日，http：//www. mofcom. gov. cn/article/i/jyjl/j/200509/20050900341043. shtml。

② “英国石油公司与印度信实工业达成印度最大外国直接投资项目”，中华人民共和国驻孟买总领事馆经济商务室，2011年2月22日，http：//bombay. mofcom. gov. cn/article/jmxw/201103/20110307429430. shtml。

③ “印度能源政策对我国的启示”，国际能源网，2007年1月25日，http：//www. in - en. com/article/html/energy_ 20072007012665227_ 2. html。

纷宣布上年二季度遭受史上最大亏损，主要是由于印度政府在控制通胀及财年赤字的双重压力下，未能支付上财年承诺的1000亿卢比石油补贴，使得上述公司以低于成本价格进行销售。[①] 这些现象都表明印度国内油气供应压力越来越大，因此近年来印度政府加快了出国找油找气的步伐，海外油气供应成了保障印度能源安全的重要战略之一。而相对于其他地区而言，印度在欧洲油气领域的涉足还比较浅，时间还比较短，但要保障印度国内能源安全、实现能源供应多元化，欧洲油气领域将成为印度下一个重点进军区域。印度在该区域的战略选择如下：

首先，积极参与欧洲地区的油气资源开发。政府鼓励国家石油公司抓住在欧洲地区的勘探机会，以合资或独资的方式获得其项目，因为获取外国份额油是印度保障石油安全的重要组成部分。印度国营的ONGC于2010年12月参与了俄罗斯北极地区油田的竞标，与俄罗斯Bashnefi合作，开发北极地区石油储量估计为2亿吨的Trebs和Titov油田。[②] 由于在外国进行油气资源的投资风险比较大，一般的公司无力承担，何况印度企业在欧洲油气领域的投资还不成熟，因此印度政府应建立相应的风险应对机制，以减轻企业的投资顾虑。

其次，利用英语优势，加强与欧洲油气大国之间的沟通，避免在开采过程中产生激烈的竞争或纠纷。印度特别重视在油气方面的法律法规建设工作，制定了专门的《石油法》与《天然气法》，以规范企业在国内外的油气开采工作。但尽管如此，在实际的合作中企业间仍难免产生纠纷或竞争，因此印度可以利用自身语言的优势，在与欧洲国家合作时加强一些程序上或具体工作上的沟通。

最后，抓住欧洲国家能源政策的有利机会，积极建立合作机制。比如挪威的下一个油气重点开发区域将是北极地区，该区域的开发潜力巨大，未来挪威政府也会积极对外进行公开招标，印度可以抓住机会与挪威建立油气资源合作开发机制，并使这种合作长期化、稳定化，以保障

① “印度石油公司二季度遭受史上最大亏损”，中华人民共和国驻孟买总领事馆经济商务室，2012年8月16日，http：//bombay. mofcom. gov. cn/article/jmxw/201208/20120808294398. shtml。

② “北极地区油气资源潜力和勘探开发动向”，国际石油网，2011年11月17日，http：//oil. in－en. com/html/oil－13431343511196856. html。

未来印度能源需求量的增加。同时，印度应该把油气资源的储备提高到与油气资源开发同等重要的位置上来，在欧洲进行油气开发时，应该把印度油气资源的战略储备纳入其中。根据国内能源署的预测，到2030年，印度对外油气资源依赖将达到91%，因此印度可以利用在欧洲开发油气资源的机会进一步增加其战略储备。

第十二章

中印在澳大利亚的能源战略

第一节　澳大利亚的地缘政治经济特征

一、地缘政治特征

（一）海权与陆权交汇之处，地缘战略位置优势上升

地缘政治学除了艾尔弗雷德·塞耶·马汉提出的“海权论”和麦金德提出的“陆权论”外，还有第二次世界大战后美国学者尼古拉斯·斯皮克曼提出的“边缘地带”理论。他认为仅仅控制心脏地带还不足以称霸全球，如能控制环绕心脏地带的欧亚沿海地区，将足以遏制心脏地带国家的扩张。“海权和陆权交汇之处则是‘破碎’的边缘地带，在这里，哪里抵抗最弱，扩张就会在哪里出现。”[①] 而澳洲地区正是这个被称为“破碎”边缘地带的典型，它的战略位置在第二次世界大战以后逐步得到世界大国的重视。

澳大利亚联邦简称澳洲，是南太平洋最大的岛屿，也是世界上唯一独占一块大陆的国家，具有得天独厚的地缘政治优势。澳大利亚“东部是太平洋各岛国；北面紧邻东亚近海的岛屿链（日本—台湾—菲律宾—印度尼西亚）和美国在中西太平洋最重要的海空基地关岛；西北面越过印度尼西亚群岛在海洋可直达马六甲海峡、南中国海这些重要的交通要道，在陆地可到欧亚大陆的中南半岛；它西接印度洋，并是美国在印度洋最重要的海空基地迪戈加西亚的最大后勤基地，亦可直航到南非的好望角；南部与南极大陆遥遥相望”。[②] 由于大洋天堑，独居一隅，澳大利亚周围几乎没有主要的威胁力量存在，即便是世界军事大国也很难对其

---

① Nicholas Spykman, *The Geography of Peace*, New York: Harcourt Brace Company, 1944, p. 43.

② 刘新华、秦仪：“略论澳大利亚的地缘战略地位和美澳军事同盟关系”，《世界经济与政治论坛》2003 年第 3 期。

构成长期有效威慑，这为澳大利亚提供了良好的发展环境和独一无二的地缘优势。

随着各大国“走向海洋”时代的到来，岛国的战略位置日益凸显。虽然由于人口稀少、重工业基础薄弱、资源不均衡等各方面因素，澳大利亚不足以跻身世界大国行列，但澳大利亚“地理上接近亚洲，又具有西方文化特征”，处于印度洋和太平洋的交汇处，在二战、越南战争，海湾战争中，其作为美国的战略大后方发挥了重要作用，澳大利亚的边缘位置在冷战中甚至关系到海权强国美国和陆权大国苏联的对抗结果，关系到印度洋和太平洋的稳定。“9·11”反恐战争结束以来，美国加快重返亚太，中印两国迅速崛起，地理优势与丰富的矿藏和能源资源使得澳大利亚的边缘位置重新受到包括美国、中国、日本、印度等亚太大国的重视，澳大利亚在亚洲地缘政治的重要位置正在从“下层”上升为“上层”，以支撑冷战以来的全球稳定。

（二）巩固同盟，面向亚太

第二次世界大战后，亚太地区地缘格局变得更加复杂，区域内地缘政治力量重新组合，澳大利亚也从自身国情出发不断调整国家战略。惠特拉姆自 1972 年上台后，便把自身利益与亚洲安全局势绑定，清楚地把自己定位为亚洲国家，致力于成为美国与欧洲接触亚洲的桥梁。20 世纪 80 年代全球经济和战略中心向东转移后，澳大利亚开始将目光聚焦于亚太地区，维护亚太地区的和平稳定成为其首要任务。面对中国的日益崛起，澳大利亚积极开展与中国的战略对话与合作。在全球范围内重要国际场合和多边场合加强中澳双方的合作，有利于增进相互了解，增强战略互信，减少战略误判。目前，美国、日本、中国、印度、东南亚国家成为澳大利亚亚太战略主要的考虑对象，但“澳美关系在澳政府的日程表上是排在第一位的，不管其在外交政策的措辞上如何强调关注东亚”。①

---

① 夏永聪：“澳大利亚面对中国崛起的战略选择”，《宝鸡文理学院学报（社会科学版）》2012 年第 5 期。

独居海洋一隅的地理位置在为澳大利亚提供天然屏障的同时，也决定了澳大利亚的国家战略必须面向海洋，海上力量成为影响其国家安全的主要外部力量。诚然，世界上海上作战能力最强的美国成为澳大利亚保障国家安全的坚强依靠，因此第二次世界大战以后澳大利亚的外交政策一直是紧紧追随美国，协助美国维持势力和围困中俄。随着美国重返亚洲的脚步加快，澳大利亚成为美国亚太战略的重要支撑点，美澳同盟日益升温。2011 年 11 月 16 日，美国总统奥巴马宣布了美军在澳大利亚的永久驻军计划，从 2012 年开始，美军将在 5 年内将澳大利亚驻军增加到 2500 人，表明美澳正在加强同盟关系，以扩大对澳大利亚的影响。目前“从日本、韩国起，以关岛为链接，一直延伸到东南亚的菲律宾群岛、印度尼西亚和新加坡，最后直至印度洋的迭戈加西亚岛，这条巨大的岛链上密布着美军的海空军基地。它占据了美国海外基地总数的一半，形成西太平洋到印度洋的‘弧形地带’，与夹在地中海和波斯湾中间的中东石油供应带相连接，美国对印度洋至太平洋沿岸海上石油战略通道的控制能力进一步强化。”①

二、地缘经济特征

（一）能源资源丰富

在当今这个被形容为“能源饥饿”的世界上，澳大利亚无疑拥有得天独厚的优势。澳大利亚大陆地质年代古老，矿藏富集带分布广阔，地质条件易于开发，富含煤、天然气等能源资源，是世界第九大能源生产国，是经合组织中仅有的 3 个能源净出口国之一。澳大利亚的铀占世界的 33%，黑煤占世界的 10%，常规天然气占世界的 2%。《2012 澳大利亚能源白皮书》的数据显示，2011 年澳大利亚能源出口已达 700 亿美元，其中煤炭出口居世界第一，其次是原油和液化天然气（LNG）。能源生产中，煤炭占 60%，铀占 20%，天然气占 13%，其次是液体燃料和

① 周云亨：“美澳加强军事同盟与中国海上能源通道安全”，《世界经济与政治》2012 年第 1 期。

可再生能源。①

从分布来看，黑煤分布在东部的新南威尔士和昆士兰，已探明的储量约1255470帕焦（1帕焦＝1015焦耳或3160万立方米），占世界的10.3%，以目前的生产速度可供开发128年；常规天然气资源的92%分布于西北部沿海以外的Carnarvon、Browse和Bonaparte盆地，截至2010年，已证实有经济价值的常规天然气资源储量约113373帕焦，按现有生产速度计算，足够使用66年；在非常规天然气中，已探明的煤层气资源量为35055帕焦，可供开采175年；在西部、南部和北部领地，已证实具有一定经济价值的次级资源量和有待确认的煤层气资源还有大约258900帕焦，其中页岩气435帕焦和致密气22000帕焦，库珀盆地第一个页岩井已于2012年8月起井开始商业开采。铀矿集中在南部、北部和西部。但澳大利亚原油储量相对有限，最大的石油生产盆地是卡那封盆地西北部和吉普斯兰巴斯海峡。② 除此之外，澳大利亚还拥有世界顶级的风能、太阳能和地热资源、潮汐和生物能源；铝、铁、镍、锌、锰等矿物产量位居世界各国前列，其中铁矿储量居世界第二位，是全球主要铁矿石出口国之一，是中国铁矿石的最大来源国。从澳大利亚的人口数量来看，其拥有这么大的能源资源无疑十分引人注目。

（二）日益依赖亚洲市场，基础设施建设不足

澳大利亚经济的快速发展得益于中印等亚洲经济体经济增长、社会扩张对其能源和矿产资源的强劲需求，澳大利亚的贸易和外交政策已日益聚焦在亚洲。过去10年，澳洲对亚洲出口的总额比重已从40%攀升至72%以上，其中中国占据25%、日本占据19%的可观份额，韩国10%，印度6%—8%。10年前澳大利亚对亚洲的出口总额为78亿美元，到2012年则超过了1000亿美元。③“澳大利亚前总理保罗·基廷（Paul

① Energy White Paper 2012, A framework for national energy policy, http://www.ret.gov.au/energy/Documents/ewp/2012/Energy_ %20White_ Paper_ 2012_ Ch1.pdf, p.4.

② Energy White Paper 2012, Energy in Australia, http://www.ret.gov.au/energy/Documents/ewp/2012/Energy_ %20White_ Paper_ 2012_ Ch2.pdf, p.15.

③ “第三浪潮：中国投资澳大利亚基础设施”，中华人民共和国商务部，http://www.mofcom.gov.cn/aarticle/i/dxfw/nbgz/201210/20121008369737.html，2012.10.05。

Keating）在提到堪培拉与美国的战略关系以及与亚洲的经济关系时，将澳大利亚所处的地位比作在华盛顿踩钢琴踏板，而在亚洲按动琴键”。[①] 澳大利亚日益成为面向亚洲的资源、能源出口型经济体，但这样一来，一旦亚洲各国尤其是中国的经济有轻微波动，都会殃及这个依靠能源出口而经济繁荣的国家。

但另一方面，澳大利亚的基础设施，特别是与出口相关的基础设施，诸如铁路、港口运输系统、变电网系统、高速公路等老化现象日益严重，发展远远跟不上出口产业的需要，这已成为澳大利亚出口经济增长的瓶颈。拿煤炭行业来说，国际市场对煤炭的旺盛需求与煤炭运输基础设施的滞后，同时给澳大利亚带来了喜悦与烦恼。澳大利亚西海岸的海波因特港、格拉德斯通港、布里斯班港、纽卡斯尔港和堪培拉港等主要煤炭出口港因出口量连年增长，船舶压港情况已越来越严重。据调查，在纽卡斯尔海岸等待进港装船的轮船排起了几十公里的队伍，港口装船平均要等 3 周。因为这样的延误，澳大利亚每年向出口煤炭运输船支付的逾期费就高达几亿澳元。[②]

第二节　澳大利亚的能源资源政策

澳大利亚能源政策的指导思想总体上呈现出“国家主义”和“自由主义”倾向。20 世纪 60—80 年代澳大体上遵循“国家主义”能源安全政策，政府主要通过限制外国投资、干涉能源价格、利用自身资源禀赋来加速本国工业化进程，降低经济对资源的出口依赖。1983 年开始，伴随着澳大利亚经济自由化，国际能源价格偏低，澳能源产业逐步走向自

① By David Pilling, How Australia can manage its Asian boom, http：//www.ftchinese.com/story/001036008/ce，2012.12.14.

② “澳大利亚：煤炭出口陷入基础设施瓶颈之痛”，新华网，http：//news.xinhuanet.com/newscenter/2007－08/27/content_6608923.htm，2007 年 8 月 27 日。

由化，包括解除投资限制、私有化能源基础设施、多边主义的贸易政策、宣扬依靠开放国内外市场维护能源安全等。① 20 世纪末以来，在能源需求日益增长、油价持续攀升和气候变化等多重因素影响下，澳大利亚能源政策重新拾起了“国家主义”的指导思想。

2012 年 11 月，澳大利亚发布了以“能源转型”为主题的能源白皮书，确立了澳大利亚未来 10 年将向清洁、高效的能源经济模式转变的政策框架，明确提出了 3 个目标：为所有澳大利亚人提供便利、可靠和具有价格竞争力的能源；加强澳大利亚国内和出口增长潜力；加强清洁、可持续能源的传输。为了实现这些目标，澳大利亚需要小心平衡许多政策，包括维持良好能源市场的运转与一个有吸引力的经济和投资环境；实现向清洁能源经济的有效转变；应对紧急事件的安全框架，能够预测以及应对关键事件。②

一、吸引私人投资，加强基础设施建设

澳大利亚能源转型政策需要将重大投资过渡到清洁能源和基础设施建设上，以扩大国内资源基础。“能源资源基础设施包括供应链基础设施、社区基础设施和服务基础设施，由于澳大利亚远离其国际进出口市场，即使是满足其国内需求的能源资源也远离人流中心和其他能源负荷中心，澳大利亚的繁荣很大程度上取决于满足国内外客户需求的能源运输和转化系统。”③ 目前澳大利亚的基础设施相当大部分已严重老化，或利用率太低，港口和铁路运力不足，这成为阻碍经济发展的瓶颈。

澳政府将继续把基础设施作为吸引外来投资的工具，鼓励能源运输系统及时、高效的投资。2008 年政府成立了澳大利亚基础设施建设局，并在 2011—2012 年财政预算中出台了新的税收政策以刺激基础设施领域

① 李刚：“澳大利亚能源安全政策演进研究”，《资源与产业》2010 年第 2 期。

② Energy white paper 2012, Energy security, http://www.ret.gov.au/energy/Documents/ewp/2012/Energy_%20White_Paper_2012_Ch4.pdf, p. 49.

③ Strategic Directions or Energy White Paper March 2009, p. 6, http://www.ret.gov.au/energy/Documents/Energy-Security/Strategic%20Directions%20for%20Energy%20White%20Paper%20March%202009.pdf.

的私人投资，特别呼吁各州政府放松对电力、天然气、可再生能源等市场的管制，实现私有化，以满足国内持续增长的需求。澳大利亚政府还将每年出台一份比较全面的能源资源评估，为投资澳能源的企业提供信息，帮助企业评估投资的潜在风险和回报。

二、发展清洁能源，确保能源安全

澳大利亚拥有充足且多样化的可再生能源，开发可再生能源既可促进能源使用多样化，减少对海外石油的严重依赖，又对澳大利亚维持能源竞争力以及在低碳时代确保能源安全有重要意义。2011 年 6 月，澳大利亚政府制订了一揽子清洁能源计划，包括重新修订碳定价机制，以及向清洁能源技术创新提供财政税收激励政策。预计到 2020 年，澳大利亚 20% 的电力将来自可再生能源。为此，澳大利亚设立了多种可再生能源开发利用基金，从 2013—2014 年度开始，在 5 年内投入 100 亿澳元用于支持企业开展清洁及可再生能源的开发与创新，帮助企业向高能效、低碳经济转型和过渡。2011 年 11 月，澳大利亚议会通过了《清洁能源法案》，从 2012 年 7 月 1 日起对全国能源、交通、工业和矿业等经济部门 500 家大型企业征收每吨 23 澳元的固定碳价，且按每年 2.5% 的增速调整，这将大大促进减少碳排放，推动澳大利亚向清洁能源成功转型。

三、加强国际能源合作，积极参与双边、多边合作

二战结束后，亚洲迅速上升为澳大利亚最重要的能源和矿产资源市场，中国、日本、韩国等东亚经济体成为澳大利亚主要能源出口地。正是因为中国、印度等对能源和矿产资源的巨大需求，澳大利亚才成为极少数没有因金融危机而陷入衰退的老牌西方发达国家，因此近年来澳制定的能源和外交战略均突出了融入亚洲的重要性。但由于政治文化上与亚洲存在差异，澳大利亚国内一直担心过度依赖中国、印度，担心一旦遭遇中印经济减速、需求减少，澳大利亚的风险就将暴露无遗。

因此，首先，澳大利亚的能源资源政策需促进开放、透明、有竞争

力的市场，保证主要经济体和全球市场的安全，增加已有市场份额，培育和参与新兴市场，为能源资源需求的周期性波动提前做好准备。其次，与其他机构和市场建立有效的接口，如碳定价机制、金融市场，以确保必要的投资和运营事半功倍，建立高效、灵活的市场。最后，澳大利亚将通过双边、多边合作和部长级接触机制的建立，有针对性地促进能源贸易和投资，“在未来的可能范围内运用能源潜力在国际讨论和与亚太地区的贸易合作中谋求更大的影响力”。[①] 目前，澳大利亚已参加东南亚国家联盟、亚太经合组织、南盟等多边组织，与中国、日本、韩国、马来西亚等的双边 FTA 自由贸易合作也正在谈判中。

第三节 中国在澳大利亚的能源战略

一、加强防务合作，减弱美国战略影响

第二次世界大战以来，澳大利亚一直将美澳同盟关系作为澳大利亚国家安全的基石，其战略重心也一直偏向美国，一旦澳大利亚协助美国或东南亚国家在南海同中国作战，中国的海上能源和自然资源运输通道将受阻。从 2010 年初开始，美国试图组建围堵中国的“亚太小北约”，于是增加在澳驻军、扩建军事设施，美日澳又进行联合军演，澳大利亚俨然成了美国战略东移后控制太平洋和印度洋的战略枢纽。因此，要想保证中国能源供应的长期性和稳定性，首先必须采取与美国亚太战略相应的行动，保持强大的海上军事力量，以便减弱美澳军事关系存在对中国能源通道的影响。

“9·11”事件后，美国因素减弱，澳大利亚政府显示出一种“独

① Strategic Directions for Energy White Paper March 2009, p. 7, http: // www. ret. gov. au/ energy% 20 Security/ Strategic% 20 Directions% 20for % 20Enegy% 20White% 20Paper% 20March%202009. pfd.

立”的姿态，它既不愿被绑在美国的“战车”上遏制中国，也不愿被排除在亚太“经济快车道”之外，这就为中澳加强两国间军事防务交流，特别是海军交流留下了空间，也有利于两国加深了解、增进互信，对于双方而言都可获得战略主动权。实际上中澳自2013年以来军方高层互访频繁，双方还决定举行两国年度防务战略对话，就地区安全事务展开讨论，这将在一定程度上抵消美国和澳大利亚军事关系走强的影响。

二、在APEC框架下，处理好同日、印等能源消费国的竞争关系

日本与澳大利亚的能源合作较早，拥有天然气液化技术的日本在澳大利亚能源市场上比中国更具竞争力。目前日本已广泛投资于澳大利亚的能源产业，是澳大利亚最大的能源贸易伙伴。而且日本是澳大利亚液化天然气全球主要运输商之一，中国在这方面不能离开日本，从这方面讲，日本远比中国有优势。一旦中日将来在能源资源和投资项目上发生恶性竞争，甚至影响国家关系，将对中国自澳大利亚的能源进口造成不利影响。

澳大利亚正在成为印度能源供应的关键地，印澳能源合作逐步上升到国家战略的高度，两国合作越来越紧密。目前，印澳已形成多种有关的能源双边、多边合作协定，包括澳印能源、矿产联合工作组，全球碳捕获和存储计划，亚太清洁发展和气候新伙伴计划和东亚峰会等。2011年12月，澳大利亚同意对未加入《不扩散核武器条约》的印度给予“例外”，向其出口铀矿。澳大利亚对印度态度上的巨大转变，不仅增加了中国在澳大利亚市场的直接竞争对手，而且增加了澳大利亚在亚太地区平衡中国的战略资本。

相对于美国因素在战略层面上对中澳关系的影响，日本和印度与中国在澳大利亚有直接的能源竞争关系，如果处理不好可能会造成三国关系紧张，甚至地区不稳定。作为亚太地区最重要的多边合作组织，APEC的能源合作已进入成熟的机制化阶段，成立了包括能源部长和亚太能源研究中心在内的能源合作执行部门，共同解决跨国能源合作障碍。因此

中国可在APEC框架下，与日本、印度等能源进口国和能源消费国澳大利亚进行合作，缓和国际能源竞争态势，保障能源进口来源地的稳定，共同应对能源市场的风险，提高能源安全供给程度，[①] 尽量避免在开发海外能源时形成恶性竞争，竭力规避“零和博弈”和“成本溢价”的风险。

三、增加天然气进口，稳步推动中澳能源合作

中国是个“富煤、少油、缺气”的国家，能源消费结构仍然以煤为主，为应对气候变化和石油峰值，必须对能源消费结构加以调整。然而中国新能源发展成本高、技术基础薄弱，尚不具备开发条件，因此为实现减排目标，对化石能源天然气进行技术更新和改造是我们主攻的目标，天然气则成为最佳选择。而且，从能源供应来看，自2011年日本福田发生核泄漏以来，德国和日本相继发布“去核电”方案，为弥补核电缺口，天然气和煤炭的进口势必增加，可以预知未来全球尤其是亚太天然气的供应将日趋紧张。而目前周边如俄罗斯和中亚地区国家天然气的供应受多种因素制约，每年的增速尚不能确定，增加从澳大利亚的天然气进口可确保国内天然气供应。从能源安全上来说，中澳天然气运输可绕道海盗出没频繁、美国势力影响较大的马六甲海峡，经海运直接运达中国东部能耗区，以分散中国能源安全风险。

澳大利亚是全球天然气产能增量最大的国家，平均以5.5%的速度增长，预计到2020将增长3倍，这将直接驱动液化天然气出口增长。对澳而言，实现向华输气，可以缓解其天然气出口对日本市场的过度依赖，利于销售安全。截至2012年5月，中国三大国有石油公司中海油、中石化、中石油都与澳大利亚液化天然气结缘。中国增加从澳进口天然气将成为中澳能源合作的新坐标，符合两国国家利益的双赢结果，有助于提高彼此在亚太地区的地位。

① 许勤华、王红军：“亚太经合组织多边能源合作与中国”，《现代国际关系》2009年第12期。

四、开展基础设施合作，谨慎对澳能源投资

对于中国来说，为了构建长期稳定的能源供求关系，不仅要将眼光放在增加能源进口上，还要鼓励能源企业“走出去”，直接到能源产地通过收购、合资的方式进行能源开发。随着澳大利亚能源出口量的不断增长，与能源相关的基础设施也可以成为中澳合作的新增长点。澳大利亚的基础设施老化比较严重，资源能源项目很多，与铁矿、煤矿和天然气、可再生能源等项目相关的铁路、公路、桥梁和码头等设施大多是政府的项目。基础设施属于周期长、回报率低的一种投资，一般只有大型基金会参与投资建设，而且澳技术人员缺乏、建设成本高也是导致基础设施建设跟不上发展速度的原因之一。如果中国公司能中标投资这些基础设施项目，将获得长期的利益。中国的央企、国企既有很强的技术实力、丰富的实施大型国际项目的经验和大批行业专家，又有充足的资金，具有很大的竞争力。

不过，上文已提到20世纪以来澳大利亚的能源资源政策深受“国家主义”指导思想的影响，在接受海外投资问题上仍然受到政治取向的干扰，担心外国控股给澳经济安全带来风险，对海外投资项目的审核态度越来越严格。“在投资审核原则中特别提及‘必须考虑项目是否独立于投资国的政府’，因为‘与外国政府相关的投资者未必会完全按照正常经营考虑来行事，而是可能谋求也许与澳大利亚国家利益相抵触的更为广泛的政治或战略目标’。”① 2009 年的中铝力拓案件则可被看作其政策取向的一个信号。不仅如此，经济衰退导致投资项目的不确定性和能源价格的不稳定性都要求我们必须对澳大利亚能源投资持谨慎态度。

五、开展清洁能源合作，推动中澳能源合作走向成熟

当今世界，传统能源日益耗竭，气候变化已成为威胁全人类的重大

① 黄烨菁：“澳大利亚对中国企业在澳能源投资的政策动向”，http：//pinglun. eastday. com/p/20090704/u1a4480801. html。

问题，而发展清洁能源是应对此双重困境最积极、最有效的选择。中国是全球碳排放量居于首位的国家，在全球应对气候变化的挑战中责无旁贷。中国只有发展清洁能源，才能有效地节约能源、保护环境，才能实现经济社会可持续发展。

澳大利亚除了拥有煤、天然气、铀等传统能源外，太阳能、地热、风能、波浪能等可再生资源分布也十分广泛。目前，澳大利亚的可再生能源技术、环境监测和污染治理、水技术、清洁煤技术、节能技术、新材料和清洁生产技术居世界领先水平，为其发展清洁能源奠定了雄厚的物质基础和技术基础。澳大利亚组建了可再生能源局，颁布了《清洁能源法案》，为发展清洁能源提供了政策法律保障。今后一段时期澳将在清洁能源领域投资1000亿澳元，并推出了风电、大型太阳能项目等系列投资计划，到2020年将实现可再生能源发电量从目前的8%提升至20%的目标，即达到45000吉瓦时。中澳在发展清洁能源和应对气候变化领域有着共同利益，合作前景广阔。

中国能源企业拥有资金和技术、建设成本和经验等多方面优势，可积极参与澳新能源项目的开发和建设。双方可在以下几方面开展合作：(1) 光伏产业领域：澳大利亚是全球光照资源最为丰富的国家，全球第九大光伏市场，被公认为太阳能国际投资最具潜力之地。而中国是全球最大的光伏设备制造国和出口国，在我光伏设备出口遭受美国和欧盟反倾销重创的情况下，澳大利亚或将加快成为我光伏产品出口或产能转移的一个新兴市场。(2) 铀矿开发领域：中国目前是拥有核电机组最多的国家，澳大利亚拥有丰富的铀资源，双方可以进行能源贸易或共同开发铀资源，促进清洁能源的使用。(3) 碳捕捉和碳封存技术（CCS）：中国和澳大利亚都是褐煤藏量巨大的国家。由于含水量较高，褐煤在燃烧时将产生更多的二氧化碳。如何更加清洁地利用这种资源，减少二氧化碳排放，双方可就这一先进技术加强沟通并寻找合作的机会。

第四节　印度在澳大利亚的能源战略

一、借助澳大利亚，尽快融入亚太，制衡中国

印度一直以来都做着大国梦，从20世纪90年代初开始其逐步推行“东向”政策，而且随着自身战略环境和实力发展情况的变化、对美国实力的重新认识，以及与中国不同形式竞争的出现，印度的“东向政策”不断作出调整，这就决定了印度将重新选择借重和联合的对象，推动着印度亚太战略的形成。“东向政策第一阶段的关注点主要在贸易和投资领域，在新的阶段，印度拓展了‘东向’的范围，将其范围界定为从澳大利亚到东亚，新阶段的关注点也从贸易本身扩展到更广的经济和安全领域，包括联合保卫航道安全和反恐作战。”①

印度和澳大利亚分别是面向印度洋和西太平洋的两个重要国家，是连接亚太和印度洋地区的重要桥梁。为尽快融入亚太，印度希望借助与其有着相近地缘战略利益的澳大利亚早日参与亚太经合组织和亚欧会议，拓宽外交空间，提高印度在亚太地区的地位和政治影响力。而且，加强与世界经济中最有活力地区的亚太地区的经贸关系，分享亚太经济发展的红利，将刺激印度的经济增长，也迫使印度参与亚太事务。此外，中国综合国力的不断增强和国际影响力的大大提升，使印度对中国由来已久的既羡慕妒忌又不甘落后的心态更加显露，为平衡中国快速发展对印度造成的压力，印度也需要积极与亚太地区相关国家开展合作，期望借此对中国在南海、钓鱼岛等问题上形成一定的牵制。

近年来印澳两国关系日益升温，澳大利亚支持印度成为联合国安理

① Media Brief by Official Spokesperson on EAM's visit to Hanoi, September 15, 2011, http: //www. mea. gov. in/in – focus – article. htm? 2951/Media + Briefing + by + Official + Spokesperson + on + EAMs + visit + to + Hanoi.

会常任理事国及加入亚太经合组织，印度则支持澳大利亚成为南亚区域合作联盟观察员。两国还积极倡导“印太”（Indo - Pacific）这一地缘战略新概念，试图在政治、经济、安全上将印度洋与亚太地区联系在一起，改变传统上以东亚为中心、澳印处于边缘的亚洲地缘政治格局。

二、开展海上防务合作，保持印度洋优势

“称霸南亚、控制印度洋、争当世界大国”是印度长期以来的战略目标。对于绝大部分能源依赖进口的印度来说，海上能源运输线路的安全攸关印度的生死。从20世纪70年代起，印度每年石油消费量的70%左右以及对外贸易的97%都要途经印度洋。不仅如此，印度洋地区的资源也十分丰富，印度近海提供了其国内所产石油的50%和天然气的80%，可以说印度洋就是印度的“命运之洋”、“未来之洋”。保持在印度洋的军事存在，控制印度洋，印度就能对印度洋的主要海运航道施加影响，特别是这一航道是往返于波斯湾地区和东南亚及中国、日本之间的巨型油轮的必经之路，战略意义更为重大。对于印度来说，要保持其在印度洋地区的优势地位及印度洋的稳定，就需要与印度洋沿岸国家加强合作，共同抵制外部大国势力的介入。

澳大利亚在印度洋地区的专属经济区内蕴藏着丰富的油气资源、渔业资源及海洋矿产资源，其潜力还没有得到充分挖掘。加大对印度洋地区海洋经济的关注，可为澳大利亚的经济发展注入活力。随着印度洋战略地位的上升，澳大利亚对印度的关注度也逐渐提升。鉴于印度在印度洋地区的优势地位，澳大利亚也需要与印度强化在印度洋的军事合作。早在2000年澳印就已开始重建防务关系，但主要限于高层互访和参谋学院交流。2007年7月，澳印签署情报共享安排协议。2009年陆克文总理访印时，两国发表安全合作联合宣言，宣布在情报交流、防务对话与合作、反恐、打击跨国有组织犯罪、灾害管理、海上与航空安全、警察与执法合作等领域开展合作，并提出建立一系列机制予以落实。2012年印度防长访澳，决定进一步加强两国陆海空三军互动，举行年度防务政策磋商，澳印安全合作向实质性方向发展迈出了重要一步。印度与印度周

边国家建立长期的安全合作，以及印度海军能力的不断提升，将使印度在印度洋地区继续处于优势地位。

尽管如此，两国对彼此的战略优先次序心知肚明，澳大利亚亚太战略的优先任务是搭乘亚太经济增长快车获取经济利益，通过强化与美国的同盟关系获取安全保障。“新德里并不指望澳印关系成为地区安全不可或缺的支柱”，它的安全关注主要是周边（中国、巴基斯坦），澳大利亚对印度也并非完全放心，因为任何强大的一方控制印度洋，对对方都是威胁。

三、积极开展对澳能源外交，拓展能源进口新渠道

印度是个缺油少气的国家，已探明天然气资源也十分有限，仅占全球已探明天然气总量的 0.6%，天然气产量约占世界天然气总产量的 1.1%，而消费量占世界消费总量的份额却为 1.3%。[①] 因此印度政府有必要展开能源外交，寻找油气供应地和进口新渠道，拓宽核能和新能源合作领域，确保能源安全。印度正以“丁”字型战略展开能源外交，向北获取俄罗斯油田的开采权，向西建立伊朗到印度的能源安全通道，向东占领缅甸天然气的大部分出口市场。[②] 此外，印度的触角也扩展到了澳大利亚，将之作为其全球规模的能源外交的重要一站。

2009 年 8 月 10 日，澳大利亚与印度达成首笔液化天然气长期供应协议，该供应协议期为 20 年，从 2014 年开始将从西澳大利亚的高更项目（Gorgon Project）向印度每年供应 150 万吨液化天然气。2011 年 11 月，杰拉德在全国大会上指出，澳大利亚在拒绝向印度出口铀的同时，却在向中国、日本和美国出口铀的做法有违常理，取消对印禁令将有利于澳大利亚的经济发展和促进就业。2011 年 12 月 4 日，澳大利亚执政党工党在全国大会上通过投票解除了对印度的铀禁令，表明印澳能源合作取得重要进展，这也是印澳战略伙伴关系进一步深化的显著标志。根

---

① 满娟：“印度开启能源改革新路”，《中国石化》2008 年第 7 期。

② 刘伟：“印度的能源战略对我国的启示”，《国土资源情报》2006 年第 10 期。

据澳大利亚铀协会的预测，到 2030 年澳大利亚每年将向印度出口约 2500tU，年度出口额将达 3 亿澳元（3.09 亿美元）。解除对印度铀出口禁令虽不会立刻改变印澳关系，“然而，它是重要的第一步，如果伴以其他步骤，如澳大利亚海上安全政策的重新结盟，有可能在中期将印澳聚合在一起”。[①]

除了提供铀和天然气之外，印度与澳大利亚的煤炭贸易正在如火如荼地进行，印度的几个能源公司，包括塔塔电力、GVK 和阿丹尼电力，都对澳大利亚煤炭开采有所投资。此外，印澳在可再生能源领域也存在较大的合作空间。澳大利亚逐渐成为印度能源供应的关键，从这点上来看，印度与澳大利亚进入“热恋”阶段也是有可能的。

---

① 赵海清：“澳印关系：尚未成熟的战略伙伴”，第一智库，http://www.1think.com.cn/world/201205/201205246253.shtml。

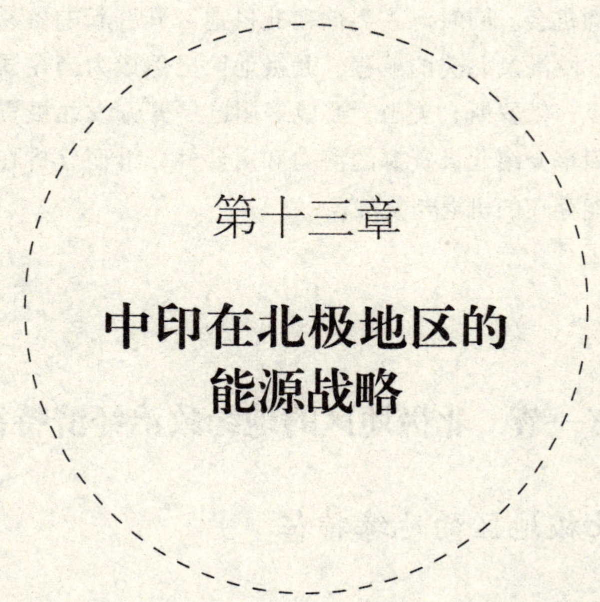

第十三章

中印在北极地区的能源战略

随着全球气候变暖，北极地区部分冰层融化，为北极油气资源的开发带来了新的机会。同时，人类欲在北极地区开辟新的贸易航线，这将大大缩短通往欧洲及北美的航程，北极地区已然成为当今国际社会的热点之一。如今，俄罗斯、美国、挪威等国已展开开发北极资源的争夺大战。本章将简单介绍北极资源的潜力和重要性，继而分析在开发北极油气资源中可能存在的机遇与挑战。

第一节　北极地区的地缘政治经济特征

一、北极地区的地缘特征

北极地区是指以北极点为中心的广阔地区，即北极圈（北纬 66°33′）以内地区，包括极区北冰洋、边缘陆地及岛屿、北极苔原带和泰加林带，占地球面积 6%，总面积为 2100 万平方公里，水深 < 500m 的陆架面积超过 700 万平方公里。其中陆地近 800 万平方公里，北冰洋在北极圈内的水域面积约 1300 万平方公里，拥有居民 700 多万。北极包括整个北冰洋以及格陵兰岛（丹麦领土），以及加拿大、美国阿拉斯加州、俄罗斯、挪威、瑞典、芬兰和冰岛 8 个国家的部分地区（见图 13—1）。其中，芬兰和瑞典部分领土在北极圈内，但是与北冰洋不相连，是北极国家中在北冰洋和其临近海域没有声明其管辖要求的国家。

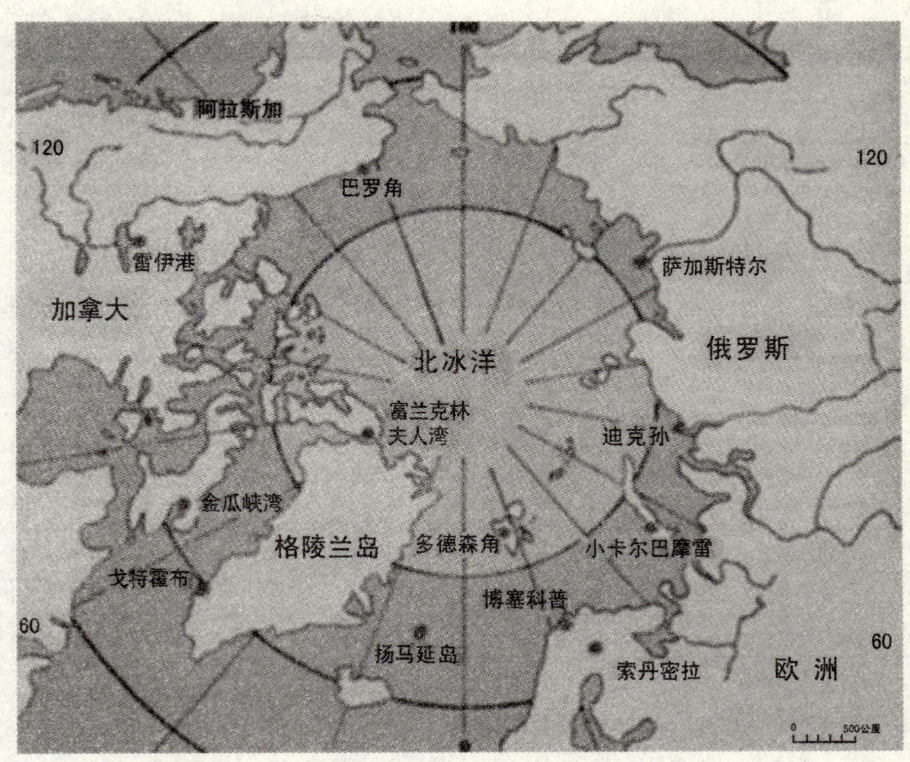

图13—1 北极地区示意图

环北极八国在北极地区共设有31个行政区或是自治区。其中俄罗斯面积最大，设立行政区或自治区13个，总面积为882.28万平方公里，加拿大总面积为436.159万平方公里，丹麦位居第三（见表13—1）。

表13—1 环北极国家北极地区面积

行政区	面积（平方公里）	行政区	面积（平方公里）
加拿大	4361590	萨哈（雅库特）共和国	3103200.00
育空地区	474711.02	泰梅尔（多尔干—涅涅茨）自治区	862100.00
西北地区	1140834.90	亚马尔—诅涅茨自治区	750300.00
纽芬兰和拉布拉多地区	370494.89	丹麦	2167482.00
努纳维克地区	443293.77	格陵兰	2166086.00
努纳维特地区	1932254.97	法罗群岛	1396.00

续表

行政区	面积（平方公里）	行政区	面积（平方公里）
美国	571571951	挪威	167737.00
阿拉斯加州	26951.26	芬马克郡	45757.00
俄罗斯	8822800.00	诺尔兰郡	36074.00
阿尔汉格尔斯克州	413200.00	斯瓦尔巴群岛	61022.00
楚科奇自治州	721500.00	特罗姆瑟郡	24884.00
埃文基自治州	767600.00	冰岛	103000.00
卡累利阿共和国	180500.00	芬兰	155833.80
汉特一曼西自治区	523100.00	拉普兰省	98977.00
科米共和国	416800.00	奥卢省	56856.80
科里亚克自治区	301500.00	瑞典	153438.70
马加丹洲	461400.00	北博滕省	98249.00
摩尔曼斯克洲	144900.00	西博滕省	55189.70
涅涅茨自治区	176700.00	总计	16503832.31

资料来源：张侠、刘玉新、凌晓良、颜其德、屠景芳：“北极地区人口数量、组成与分布”，《世界地理研究》2008年第4期，第132—141页。

注：*阿尔汉格尔斯克州的面积为58.99万平方公里，涅涅茨自治区为该州的一部分，为避免重复计算应予以扣除，扣除之后，为41.32万平方公里。环北极国家的行政区的划分，从自然环境方面，以及地理、政治或行政方面考虑，有着不同的定义。本文的行政区划是基于3个北极国际组织的研究结果：北极监测与环境评估计划署（AMAP）、巴伦支欧洲—北极理事会（BEAC）和北方论坛（NF）。这个北极地区行政划分涵盖了所有居住在北极地区的人口，包括具有与北极人口生活特征相似或生活在类似环境中的人们。

北极地区自然资源极为丰富，除了富饶的渔业和丰富的水力、风力、森林等可再生自然资源外，还有不可再生的石油、天然气、铜、钴、铅、锌、金、银、金刚石、石棉和稀有元素等矿产资源，在全球人口增长迅速、资源匮乏的今天，北极石油资源的战略价值尤为突出（见表13—2、图13—2）。① 据美国地质局2008年的评估，北极石油储量约为900亿桶，天然气约为1669万亿立方英尺。

---

① USGS，Circum - Arctic Resource Appraisal：Estimaof Undiscovered Oil and Gas North of the Arctic Circle，USGS Fact Sheet 2008 - 3049，2008：1 ~ 3. tes.

表 13—2 北极地区各盆地待发现油气资源潜力表

盆地简写	盆地名称	石油（x 10″t）	凝析油（x 10′t）	油气当量（x 100t）	主要成藏组合	是否有商业发现
WSB	西西伯利亚盆地	49920.76	277283.33	1808277.44	Pokor 地层构造成藏组合（白垩系阿尔比济诺曼阶）	是
AA	北极阿拉斯加	408667.22	80543.79	992521.69	中、上白垩统一新生界斜坡沉积成藏组合	是
EBB	东巴伦支海盆地	101017.84	19399.90	842339.56	侏罗系构造成藏组合	是
EGR	东格陵兰裂谷盆地	121425.05	110778.21	428119.23	在整个盆地群内变化较大，待证实	否
YK	叶尼赛—哈坦加盆地	76162.21	36489.05	339903.48	Deryabinskaya 地层—构造成藏组合	是
AM	亚美盆地	132629.63	7388.65	269350.99	推测为 brooklian 组（上白至统一新近系）断层相关成藏组合	否
WGEC	西格陵兰—东加拿大	99222.82	15721.33	232744.09	推测为中、上白垩统地层—构造—不整合成藏组合	否
LSS	拉普帖夫海陆棚	42496.37	11828.06	128350.63	推测为侏罗系—上白垩统砂岩构造和白垩系—古近系断块成藏组合	否
NM	挪威沿岸盆地	19604.64	6884.52	99874.67	中侏罗统沙丘构造成藏组合	是
BP	巴伦支海台地	28037.16	3801.60	91442.56	中—下侏罗统构造、三叠系构造成藏组合	是

续表

盆地简写	盆地名称	石油（x 10″t）	凝析油（x 10′t）	油气当量（x 100t）	主要成藏组合	是否有商业发现
EB	欧亚盆地	18306.93	7096.35	69677.35	推测为侏罗系—上白垩统砂岩构造和白垩系—古近系断块成藏组合	否
NKB	北卡拉海盆地和台地	24651.03	5322.60	64013.47	推测为侏罗系地层—构造成藏组合	否
TPB	帝曼—伯朝拉碰地	22740.74	2766.19	46109.20	阿舍林阶—亚丁斯克阶（二叠系）地层—构造、吉维阶（泥盆系）碎屑岩地层构造成藏组合	是
NGS	北格陵兰剪切带	18411.27	3724.95	45340.59	未知	否
LM	罗蒙诺索夫—马卡洛夫	15096.48	2612.74	33977.79	推测为侏罗系—上白垩统砂岩构造和白垩系—古近系断块成藏组合	否
SB	斯维德鲁普盆地	11609.14	2607.97	33759.55	Heiberg 群（侏罗系）构造成藏组合	是
LA	勒拿—阿纳巴尔盆地	26091.82	769.43	31650.67	未知	否
NCWF	北楚克奇—弗兰格尔盆地	1172.90	1453.61	16416.01	推测为 brooklian 组（上白垩统一新近系）断层相关成藏组合	否
VLK	威尔克塔斯基盆地	1337.13	1386.23	15776.43	未知	否
NWLS	拉普捷夫海西北陆棚	2349.35	1631.75	14184.24	未知	否
ZB	济良卡盆地	652.26	547.51	4623.69	未知	否

续表

盆地简写	盆地名称	石油（x 10″t）	凝析油（x 10′t）	油气当量（x 100t）	主要成藏组合	是否有商业发现
ESS	东西伯利亚海盆地	269.12	148.81	1824.08	推测为上白垩统一新近系构造成藏组合	否
HB	霍普盆地	33.69	155.09	1662.31	未知	否
NWC	加拿大西北内陆盆地	316.99	207.87	1220.37	未知	否
MZB	梅津盆地	未定量评价	未定量评价	未定量评价	未知	否
NZAA	诺拉亚一则姆利亚盆地和海军弯隆	未定量评价	未定量评价	未定量评价	未知	否
TUN	通古斯盆地	未定量评价	未定量评价	未定量评价	未知	否
CB	楚克奇边疆	未定量评价	未定量评价	未定量评价	未知	否
YF	育空（属于中阿拉斯加省）	未定量评价	未定量评价	未定量评价	未知	否
LS	长峡	未定量评价	未定量评价	未定量评价	未知	否
JMM	扬马延微陆块	未定量评价	未定量评价	未定量评价	未知	否
FS	富兰克林陆棚	未定量评价	未定量评价	未定量评价	未知	否
总计		1222222.5	600549.47	5613160.09		

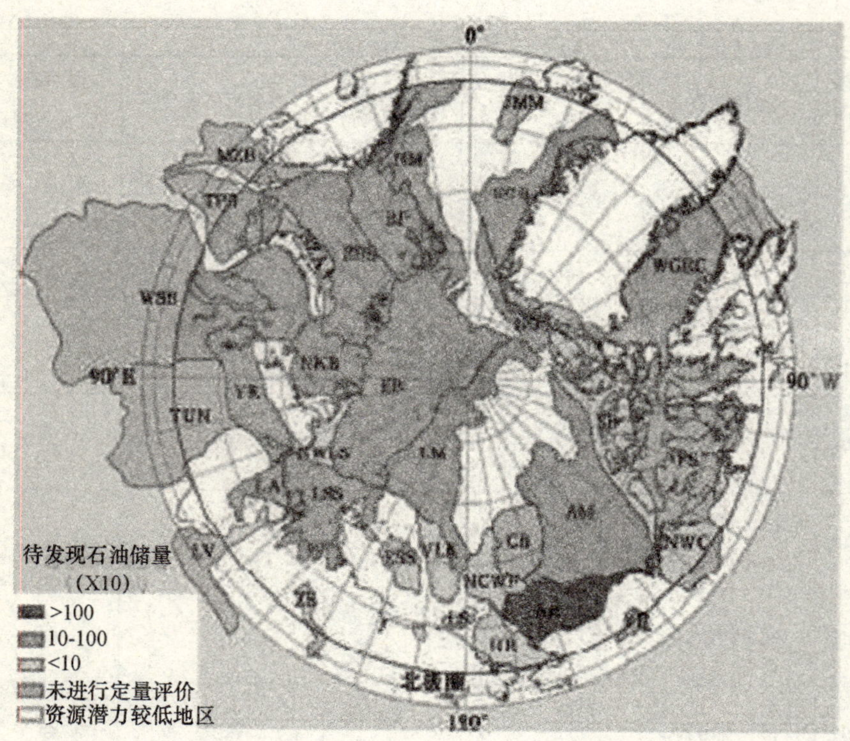

图 13—2　北极地区各盆地石油待发现储量级别及位置图

截至 2011 年，北极共发现各类油气田 463 个。其中，俄罗斯油气勘探开发成果最为突出，共发现 266 个油气田，其次是加拿大、美国、挪威、格陵兰。俄罗斯已探明石油（含凝析油）储量 358.43 亿桶，天然气 1563.46 万亿立方英尺，分别占北极地区已探明油气储量的 58% 与 94%。截至 2011 年 6 月，北极地区石油累计产量约 200 亿桶，天然气累计产量 395.76 万亿立方英尺。①

① 彭科峰："北极地区油气资源开发透视"，《中国石油报》2012 年 5 月 14 日。

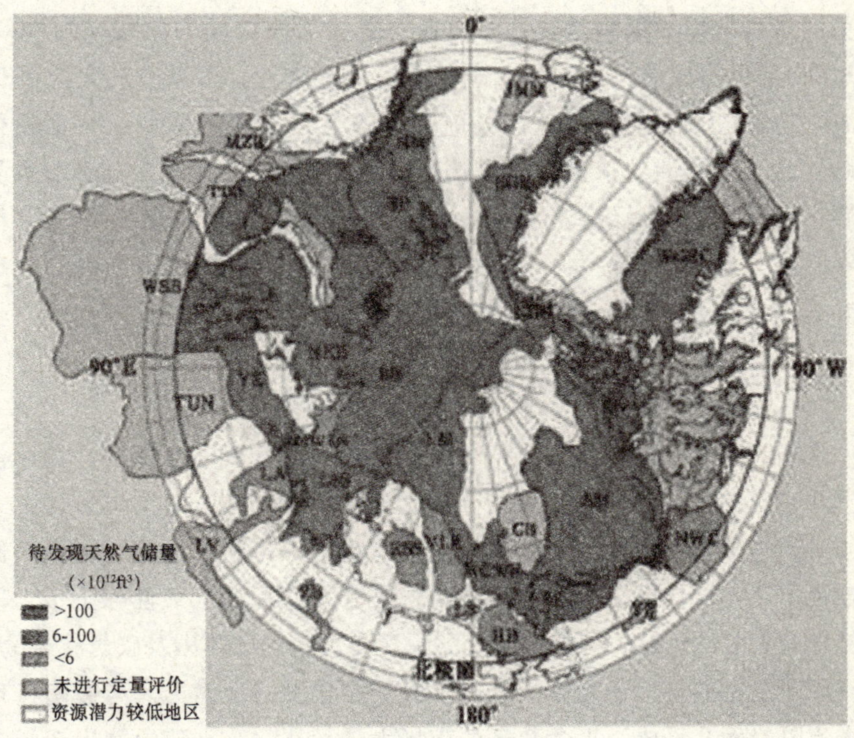

图 13—3　北极地区各盆地天然气待发现储量级别及位置图

已发现的油气主要集中在美国、加拿大、挪威和俄罗斯。其中俄罗斯所占规模最大，约合 395.6 亿吨，占北极所有油气发现总量的 88.2%；其次是美国，总储量 4.1 亿吨，占北极所有油气发现总量的 9.1%；加拿大占 1.63%；挪威则最少，占 1.04%。

二、北极地区的地缘经济特征

（一）北极地区的经济价值

北极地区潜力巨大的地缘经济价值主要体现在它将可能极大地降低国际航运成本。随着北极冰层融化速度的加快，北极地区每年可通航的时间将越来越长。届时，北极地区将出现两条可以常年通航、连接大西洋和太平洋的海上航线，它们将成为联系东北亚和西欧，联系北美洲东西海岸的最短航线，将使亚、欧和美洲之间的航线缩短6000到8000公里，巴拿马和苏伊士运河将无用武之地，可以节约大约40%的海上运输成本。而且，这两条航道开通后，将可能形成一个囊括俄罗斯、北美、欧洲、东亚在内的“环北极经济圈”，这将深刻影响世界经济、国际贸易和地缘政治格局。目前，美国在阿拉斯加部署了首个反导系统，通过北极建立空防要塞。俄罗斯仍将大多数最先进的战略核潜艇部署在北冰洋，以充分保护其核威慑力量。①

（二）北极地区的科研意义

北极地区具有十分独特的科学研究价值。就气候安全而言，北冰洋对于北半球中高纬度各国气候安全的重要性不言而喻，对中国来说，北冰洋对于中国北方乃至全中国气候的影响力，都将随着全球气候变暖而日渐突出。北极地区还有一个特点，就是有大面积的永久性冻土带，里面储存有大量的地球古环境信息，并保存有大量的固体碳及碳氢化合物，具有调节温室效应，进而影响全球性气候变化的巨大潜力。与被南极环极洋流隔绝而几乎成为生命禁区的南极大陆相比，北极陆地的生命活动更加丰富多彩。对于北极生物多样性、生物总量、生态环境的研究，不仅直接关系到当地居民的生存环境，而且由于北极与北半球中、低纬度区生物的亲缘关系，这些研究从人类的生物资源前景、生物基因工程等角度来看应具有更加广泛而深远的意义。②

---

① 唐国强：“北极问题与中国的政策”，《国际问题研究》2013年第1期。

② 黄子惺：《北极地区油气资源地缘政治经济格局研究》，华东师范大学2010年硕士学位论文。

第二节　开辟北极航道的机遇与挑战

一、北极航道的发现史

1500 年，葡萄牙人考特雷尔兄弟沿欧洲西海岸往北航行到了纽芬兰岛。次年，他们继续往北寻找通往中国之路，但却一去不复返。1594 年起，荷兰人巴伦支开始了他的三次北极航行。1596 年，他发现斯匹次卑尔根岛，而且到达了北纬 79°49′的地方。1610 年，英国人哈德孙驾驶“发现”号向西北到达了后来的哈德孙海湾。1616 年春天，由巴芬指挥的“发现”号第 15 次进入西北未知水域，发现了巴芬湾。1725 年，俄国任命丹麦人白令完成“确定亚洲和美洲大陆是否连在一起”的任务。白令在此后的 17 年中，绘制了堪察加半岛的海图，顺利通过白令海峡，到达了北美洲的西海岸，发现了阿留申群岛和阿拉斯加。1819 年，英国人帕瑞船长坚持冲入冬季冰封的北极海域，差一点就打通了西北航道，结果他们只到达了北纬 82°45′的地方。1831 年，英国探险家约翰·罗斯和詹姆斯·罗斯发现了北磁极。1878 年，瑞典海军上尉路易斯·潘朗德尔率领一支共 30 人的国际性探险队，乘“维加”号等 4 艘探险船首次打通了东北航线。1905 年，后来征服南极点的挪威探险家罗阿尔德·阿蒙森成功地打通了西北航线。①

① 张璐晶：“谁在瓜分北极”，《中国经济周刊》2012 年第 7 期。

二、北极航道开辟带来的机遇

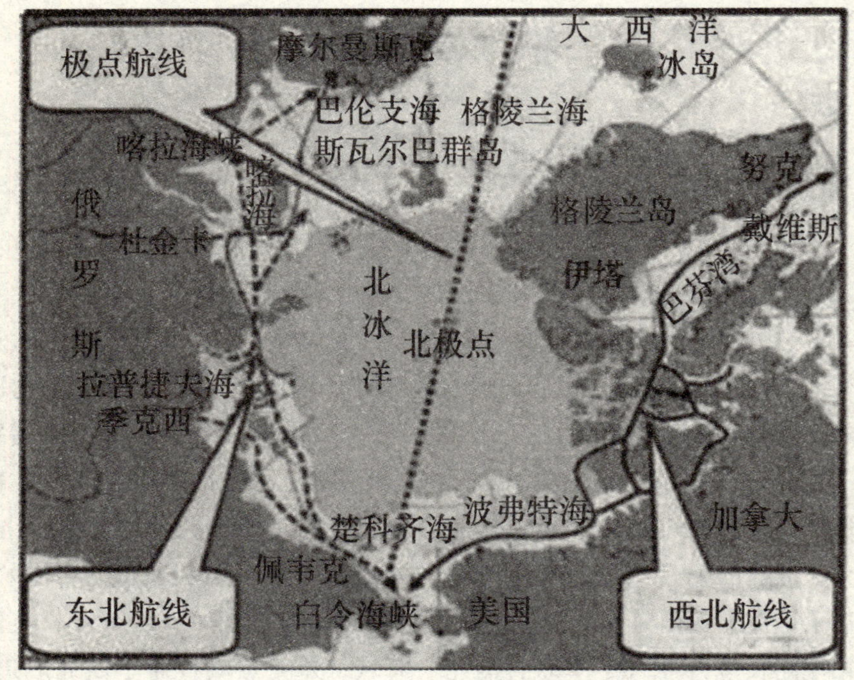

图 13—4　东北航道和西北航道概况

北极航道由两条航道构成：东北航道和西北航道（见图 13—4）。东北航道也称为“北方海航道”，大部分航段位于俄罗斯北部沿海的北冰洋离岸海域。从北欧出发，向东穿过北冰洋巴伦支海、喀拉海、拉普捷夫海、新西伯利亚海和楚科奇海五大海域，直到白令海峡。在东北航道上，连接五大海域的海峡多达 58 个，其中最主要的有 10 个。西北航道东起加拿大北部巴芬岛以北，途经戴维斯海峡和巴芬湾，向西穿过加拿大北极群岛水域，到达美国阿拉斯加北面波弗特海。① 与走巴拿马运河航线相比，走西北航道可以使北美东海岸与亚洲之间的航程缩短 6500 公里，商业运输成本

① 于佰鑫、李亚军：“北方航线的综合评价研究”，《大连海事大学学报》2009 年第 1 期，第 227—228 页。

可大大节省。航道具有的重大军事意义也不言而喻。[①] 这条航线在波弗特海进入加拿大北极群岛时，分成两条主要支线：一条穿过阿蒙森湾、多芬联合海峡、维多利亚海峡到兰开斯特海峡；一条穿过麦克卢尔海峡、梅尔维尔子爵海峡、巴罗海峡到兰开斯特海峡。此外，北极航道理论上还有一条穿越北极点航线。这条航线从白令海峡出发，不走俄罗斯或北美沿岸，而是直接穿过北冰洋中心区域到达格陵兰海或挪威海。由于北冰洋中心区域为多年累积的海冰所覆盖，海冰最为密集和厚实，这条航线预计将是最后开通和被利用的。2007 年 9 月 14 日，欧洲航天局在一条极其简短的消息中公布，根据卫星观测图像，北极“西北航道”已经解冻，可以通航。这张卫星图片就此改变了北极的命运。近年来随着全球温度的升高，冰川融化速度加快，东北航道 2009 年从试航转入正式通航。2009 年夏季，德国两艘货船“友爱”号和“远见”号从韩国釜山港出发，未依靠破冰船助航，独立完成了贯穿整个东北航道的全部航程。[②] 翌年 9 月，丹麦货轮“Nordic Barents”号从挪威启航，经北极航道，运载 4.1 万吨铁矿石前往中国青岛港。与经由苏伊士运河的航线相比，北极航道的航程缩短了 1/3，运输成本大幅降低。[③] 在 2011 年，通过的船舶数量已达到 34 艘。对于北极国家而言，北极航道的开辟带来的不只是贸易和经济上的繁荣，还有国家安全问题和国家战略上的调整。中国是一个近北极国家，也将会受到极大的影响。2012 年 2 月 28 日，印度《商业标准报》称，由于中国逐步采取措施投入到北冰洋的开发，探索新航道，这将可能导致印度传统的“对华海上遏制战略”失效。北极的资源、科研、运输、地缘重要性注定了其将成为当今国际社会的热点之一。

三、新航道开辟面临的挑战

但是，美好的前景难免受到现实的困扰。其一，与传统的苏伊士一

---

① “北极权益之争加剧”，《人民日报》2013 年 3 月 30 日，http：//world. people. com. cn/GB/17536358. html。

② “聚集北极航道之一：北极航道改写海运格局”，《中国海事》2010 年第 11 期，第 12—14 页。

③ 同上。

马六甲航线相比，北极航线到底有多少利可图，各国专家难有统一答案。因为尽管北方航线有诱人的商业前景，但是基础设施的缺乏加上恶劣的自然环境让其至少在短期内不具备商业上的可行性。而且，浮冰和可怕的冰山迫使船只能以更慢的速度航行甚至绕道。此外，北极航道的某些地段尤其是白令海峡水位过低，这制约了大型商船的通行。其二，诚如美国地理学教授布里格姆所言，除了冰山，货船同时还要面对俄罗斯的许可及管制条例。数十年来，各国对北极航道的争议一直很激烈。从俄罗斯到加拿大，都将北极航道视为国内交通线，其他国家则一直坚持国际通行权利。俄罗斯还通过法律，要求过往船只事先取得许可，强制使用俄罗斯破冰和导航服务，收取高额费用，引起其他国家的不满。不能达成令各方都满意的协议，北极航线要与传统航线一争高下显然短期内并不切实际。

第三节　北极地区资源权属与开发之争

一、北极资源开发面临的挑战

根据美国地质勘探局保守估计，北极地区油气资源占了全世界未开发传统油气资源总量的22%，随着世界油气勘探开发技术的提高和全球油价总体上的不断上升，未来北极地区油气资源进一步勘探开发前景比较乐观。但是，北极油气资源潜力能得以发挥要突破高成本、高风险、漫长的交货期、环保以及地缘政治等一系列阻碍。北极特有的气候和地质条件将成为开发资源需突破的第一道关卡。与此同时，北极相对不充足的石油资源比相对充足的天然气资源更易开发。因此，虽然北极有潜力成为全球油气生产的重要资源库，但其开发时间和利用效率是难以预料的。与常规陆地相比，北极油气资源的勘探开发成本有其自身的特点：

（一）北极地区气候恶劣，资源开采和运输成本巨大

北极日照充足，浮冰较少，适合钻探的时期每年只有 3 至 4 个月。冰山断裂、漂浮的冰块使油轮和钻井平台面临危险，钻井平台需能随时与油井断开，以躲避浮冰，同时浮冰也会阻碍人员、物资、设备和石油的装运；恶劣的冬季天气条件要求勘探开发设备具备抵御严寒的能力，所以许多设备需要专门设计；恶劣的土壤条件常常要求准备额外场地，以防设备和结构下沉。据美国国家石油委员会的报告，可用于开发北极石油资源的技术可能会迟至 2050 年才能成型。与世界其他地方发现的油气资源相比，北极油气资源在相当程度上开发成本更高、同等开发量所需的开发时间更长、风险更大。除了生产本身的投入就要超过一般地区外，特殊环境下的供应链风险、天气因素以及有关环保的法律纠纷等都可能大大增加企业在北极地区运作的成本。更重要的是，据预测，北极西北航道需要 30 至 50 年的时间才能在全球变暖影响下实现通航。在此之前，北冰洋严酷的极地气候决定了油气资源的勘测、开采及运输成本将是天文数字，大规模商业开发北极几乎没有可能。

（二）北极资源开发权属存在争议

一方面，依据《联合国海洋法公约》规定，各国可以向联合国大陆架委员会申请前往 200 海里专属经济区以外的区域扩张海底开发权，且申领时效只能在承认《海洋法公约》生效的 10 年内，否则就会面临永久失去扩张领土的权利。目前只有俄罗斯和挪威递交了申领申请，但未获批准。另一方面，北冰洋冰面不断融化后，会出现更多的水域服务于石油航运，由此必然引发对相关新航道及其通行权的争议，这种争议极可能引发诸多国际紧张局势，从而严重阻碍北极开发。虽然 8 个北极国家已经建立起一个被称为北极理事会的咨询机构，但这个政府间组织只允许北极国家加入，同时向利益相关国家、若干本地社群组织以及某些选定机构或非政府组织授予观察员资格。建立于 1996 年的北极理事会的目标是“为促进北极国家间的协调和合作提供交流平台，同时在北极本地社群组织和其他居民的参与下，协商解决本地区共同事务，尤其是可

持续发展和环境保持问题”。随着北极变暖进程加剧，原本只致力于解决环境保护问题的北极理事会关注的范围日益拓展。2011 年，该组织成员国签署了第一份具备法律约束力的条约，内容只涉及人道主义救援问题，即在数百万平方英里由于海冰消失而具备适航性的海域加强搜索和救援行动合作。尽管北极理事会的宗旨是加强利益相关国家的合作，但重要的是，该组织的行动纲领并不包含安全问题。①

（三）北极地区环境保护的成本昂贵

勘探和开发活动必然会在一定程度上破坏北极的生态环境。最重要的是，北极地区对石油泄漏危害的抵抗能力较弱，对遥远的寒冷地区，尤其是海平面下存在冰山的地区实施清洁工作也十分困难。② 为了保护北极苔原，一般要求在较为暖和的月份里避免勘探活动，因为其影响可能会持续数十年。环保人士谴责，钻井将在水中造成工业水平的噪音，污染空气和周围水域，威胁到鲸鱼和海象等大量濒危动物的种群生存。③

二、世界主要国家在北极的争夺

（一）俄罗斯

北极地区丰富的资源是无可厚非的，但也正是这些丰富的资源使其成为产生冲突的潜在之源。近年来，俄罗斯、美国、加拿大等国无不跃跃欲试，相继宣称对邻近的北极地区拥有主权。2007 年，俄罗斯科考队率先将一面钛合金制造的国旗树立在北极海床上，预示着资源争夺战打响，有评论称其拉开了“新一轮北极圈地运动”的帷幕。这次高调的插旗行动之后，俄罗斯政府积极出台相关政策文件、法律法规及行动措施，以克服北极大陆架等海上油气资源开发的种种困难。2008 年 9 月，俄罗

---

① 知远：“改善美国的北极战略，以阿拉斯加为切入点”，http：//mil. sohu. com/20130513/n375729444. shtml。

② 李浩武、童晓光：“北极地区油气资源及勘探潜力分析”，《中国石油勘探》2010 年第 3 期，第 75—82 页。

③ “北极资源开发困难重重 实现商业开发尚需时日”，《中国证券报》2009 年 11 月 3 日。

斯《2020年前俄罗斯联邦北极地区国家政策原则及远景规划》指出，要“开发俄属北极区域，2020年前将其建成战略资源基地”。2010年5月推出的《2020年前俄罗斯国家安全战略》强调，在北极能源争夺时不排除使用武力的可能。[①] 俄罗斯已在2013年向联合国有关部门提交证明北冰洋洋底属于俄罗斯亚马尔半岛大陆架延伸的材料。按照已公布的俄罗斯北极战略，到2016年，北极将会成为俄罗斯的战略资源基地。[②]《2030年前俄罗斯大陆架调查与开发计划》规定，在2030年前，俄每年从大陆架开采的石油应达到4000万—8000万吨，天然气达到1900亿—2100亿立方米。[③] 2010年4月，俄罗斯和挪威就巴伦支海一块17.5万平方公里海域归属权达成协议，结束了两国长达40年的争端。协议中，俄方明确表明，任何跨越两国边界的油气田开采必须联合进行。由此可见，俄罗斯对北极能源问题不妥协的决心。[④] 俄宣布将建造世界上最大的核动力破冰船，并打算在未来继续建造大型破冰设备，计划为北极资源勘探开发和“北极海运航线”运行提供保障。俄紧急情况部部长绍伊古2012年底表示，该部将在北极地区设立8个救援中心。此外，俄军计划在2015年完成组建首支北极地区摩托化步兵旅。俄海军总司令维索茨基曾表示，将通过增加新舰只和增设新驻点来提升海军在北极地区的作战能力。[⑤]

（二）加拿大

加拿大也不甘示弱，早在20世纪50年代就曾宣布对北极拥有主权，但最终并没有得到国际社会的承认。加拿大总理哈珀自2006年上任以来，曾连续3年访问北极地区，并宣称加拿大在北极问题上的首要原则是“要么拥有要么失去”，由此可见加拿大政府对北极主权的重视程度。加拿大

① 程春华：“北极能源开发新动向”，《国际石油经济》2012年第5期，第55—58页。

② “俄国保卫自己在北极的权利”，俄罗斯之声，2011年8月12日，http://chinese.ruvr.ru/2011/08/12/54553407.html。

③ “俄罗斯制订2030年前大陆架开发国家计划”，俄新网，2011年10月21日，http://rusnews.cn/xinwentoushi/20111202/43186524.html。

④ 牛军、毕新忠、顾永强：“北极能源之争难画句号”，《中国石化》2010年第11期，第53—54页。

⑤ “北极权益之争加剧”，《人民日报》2013年3月30日，http://world.people.com.cn/GB/17536358.html。

在争夺主权的同时也在加大科研力度。2009年5月，加拿大公布了世界上首张北极地区综合地图。据报道，仅凭借这张地图，就能了解大陆冰架下的各种情况，也可找到油气、金矿、钻石矿等矿产资源。

（三）美国

美国在此也毫不示弱。自1867年获得阿拉斯加的领土以来，美国一直重视在北极的边界及主权、科学研究、资源开发、环境保护、国家安全、海上贸易等利益。1983年，白宫发布了罗纳得·里根总统签署的“美国的北极政策”决议案，强调美国在北极地区的利益直接关系到美国的国家安全、资源及能源开发、科学调查和环境保护。[①] 2009年，美国颁布《国家安全和国土安全总统令》，宣布美国在北极有着广泛而重要的国家利益。据2012年3月出版的美国《国防》月刊报道，一直驻扎在阿拉斯加的美国海岸警卫队正考虑在北极地区建立永久性基地。海岸警卫队司令官罗伯特·帕普上将说，在严寒气候中展开长期军事行动需要建立永久性的岸基设施。美国军方为加强在北极地区的存在，已经开展了很多工作。美国海岸警卫队此前宣布，警卫队3艘全新国家安全巡逻艇之一的“伯索夫”号将于2012年夏天在北极地区展开军事行动。2011年夏天，美国两艘核动力攻击潜艇在北极冰区完成了军事演习活动。美国海军部长马布斯表示，海军演习的目的是在北极地区“锻炼军事行动和作战能力”。2003年，美国向一些国际石油公司拍卖北极的天然气开采权，表明美国对北极领土的所有权。在俄罗斯和加拿大相继提出对北极大陆架的所有权后，美国于2007年派出“希利”号重型破冰船前往北极进行海底地图绘制工作，为美国政府在北极的领土主权诉求寻找依据。2009年，美国政府制定“北极地区政策”，声称美国在北极地区享有“广泛的、基本的国家安全利益”，并要求美国必须具备在北极地区独立行动的能力。为此，美海岸警卫队建造了新型破冰船，并在北极地区建立港口和军事基地。

---

① 黄子惺：《北极地区油气资源地缘政治经济格局研究》，华东师范大学2010年硕士学位论文。

（四）欧盟

欧盟外交事务与安全政策高级代表阿什顿在2012年3月初赴芬兰、瑞典、挪威3个北欧国家访问，显示了欧盟对北极地区经济、资源、航道、环保等战略地位越来越关注。阿什顿在多个场合都重申了欧盟在北极地区的战略、经济和环境利益，表示希望通过与北极有关国家的交流沟通，推进欧盟在北极地区的战略政策。欧盟是北极理事会的特别观察员，正在积极申请获得永久观察员地位。北极理事会时任轮值主席国瑞典外交大臣比尔特曾在阿什顿访前批评说，俄罗斯、美国等国在北极地区的活动日益活跃，而欧盟迟迟未能对北极地区的重要性予以足够重视。阿什顿在访问后表示，欧盟将出台一份关于北极问题的新文件。

欧盟和北极地区国家有着传统的联系。芬兰、瑞典和丹麦都是欧盟成员国，其中丹麦是现任欧盟轮值主席国，而冰岛也在积极申请加入欧盟。丹麦政府在北极问题上的表现毫不软弱。2011年8月，丹麦政府正式发布《2011—2020年丹麦王国北极战略》，并在2012年1月17日宣布新增北极大使以维护丹麦在北极地区的利益。瑞典自2011年担任北极理事会轮值主席国以来，将工作重点放在北极气候变化、环境保护和提高理事会工作效能等方面。在高官会议召开的同时，瑞典还于2011年3月26日开始在斯德哥尔摩举办“北极周”活动，通过一系列面向公众的活动，加强政府、学术界和非政府组织围绕北极问题的沟通。

除了这些主要的北极国家外，包括韩国、日本在内的其他国家也注意到了北极的重要性。2012年9月12日，韩国总统李明博在访问挪威时，特别就韩国政府参与开设北极航道、共同推进北极政策达成协议，并决定构建合作伙伴关系，共同应对气候变化，推进北极环保开发。印度科学技术和地球科学联合部部长卡皮尔·西伯尔表示，印度将加入挪威、德国、法国、英国、意大利、日本、韩国和中国的行列，开展对北极的探索和研究。①

---

① “A retic region now new deatination for Indian researchers”, http//www. Financialexpress. com/news/A retic-region-now-new-destination- for-Indian-researchers/209460/.

第四节　中国在北极地区的能源战略

一、北极开发对中国的意义

北极开发对于中国来说最为直接的战略利益大概有两点：第一，北冰洋海底资源可以成为中国能源来源多元化的新渠道；2011 年 1 至 5 月，中国原油对外依存度达到 55. 2%，首次超过美国（53. 5%）。在过去 20 年时间里，世界石油资源消耗迅速，很多传统油田面临枯竭，世界原油出口几乎集中到中东、北非国家，但 2011 年以来发生的动荡证明，单一依靠中东地区的石油是危险的，而且这种危险状况不会在短期内改变。中国目前的石油进口主要来源地正是这个地区，为了减少不确定因素，近年来中国在石油进口来源多样化上做了很多有效的工作，今后有必要将北极开发考虑在多元化战略中。第二，北极航道将为中国运输通道多元化提供新路径。如果利用北极航道，从荷兰到日本的海运时间将会缩短 40%。可以说，北极航道如果得到开发并且用于商业活动，将会成为与 19 世纪开通苏伊士运河、20 世纪开通巴拿马运河相提并论的重大事件。对中国来说，经济上的利益自不待言，2010 年挪威北海北部地区的 4 吨铁矿石首次通过北极水域运往中国，比通过苏伊士运河运输缩短了 18 天航程。更加重要的是，如果能利用北极航道运输战略物资，就可以减少目前高度依赖马六甲海峡和南中国海域的现状，有助于中国分散战略风险。[①]

二、中国在北极竞争中的行动

20 世纪 90 年代中期以后，中国开始逐渐介入北极国际事务，主要

① 张云：“中国在北极怎样才能有所作为”，《青年参考》2011 年 9 月 14 日 02 版。

是关注北极考察与研究，少量出于经济发展的需要。中国在北极的主要活动方式是科学考察。中国从1990年开始着手北极科学考察准备工作，至今已完成4次北极科学考察。1996年正式加入北极国际科学委员会。2004年在北极地区建立了中国第一个北极科学考察站“黄河站”，实施了站区科学考察工作。2005年，中国举办了北极科学高峰周会议，发起组织成立了“北极工作组”，并顺利当选为新奥尔松科学管理委员会北极实验室咨询委员会成员。2007年成为北极理事会“特别观察员”。①

中国历时7年在2013年5月15日成功获得北极理事会正式观察员国地位，未来在北极问题上的发言权将得以加强。北极理事会在瑞典北部城市基律纳召开的第八次部长级会议上，来自5个北欧国家、美国、加拿大及俄罗斯的部长级官员一致同意，批准中国、日本、韩国、新加坡、印度、意大利6国成为该组织正式观察员国，使得被称为“北极俱乐部”的北极理事会的正式观察员国增加到12个。正式观察员国可以参加所有会议，但是不能参加部长级会议，没有决定权。②

中国在成为北极理事会正式观察员国之后，为推动其在北极的战略发展进行了一系列紧凑的行动。

首先，全国政协主席俞正声在2013年5月30日至6月7日对芬兰、瑞典与丹麦进行了访问。他此番出访主要目的在于推动双边的全面交流与合作，特别是在北极地区的合作发展。

之后，中国宣布要与北欧各大研究中心合作，共同对北极的季候变化及影响、开发北极所需要的政策及立法进行广泛的科学研究与探讨。由此可见，北京明确表示了中国不会甘当一个不作为的理事国，反之，中国是真正准备在未来北极发展的进程中大展身手的。与此同时，中国海洋石油总公司宣布与冰岛能源公司 Eykon Energy 合作共同勘探冰岛东南海岸的石油与天然气资源。中国国营四川鑫冶矿业投资有限公司同样注资了格陵兰的依苏华铁矿国际项目。如果这一冒险成功的话，中国其他的国营矿业公

① 刘惠荣：“中国可以在北极做什么”，《经济参考报》2011年12月27日。

② 张喆：“中国加入‘北极圈’”，《东方早报》2013年5月16日。

司，如江西中润矿业有限公司联合江西铜业，都将会参与到格陵兰岛的金矿与铜矿开采中来。当前这些公司在格陵兰已经完成了勘探，但尚未正式进行生产。另外，一些其他的项目，如冶铝等，都已初步成型或等待上马，如果依苏华铁矿项目取得成功的话，这些项目都会随之运作起来。另外，中国还宣布，将与俄罗斯石油公司（Rosneft）与俄罗斯天然气工业股份公司（Gazprom，以下简称俄罗斯天然气公司）一同开发北极的石油与天然气资源。据《金融时报》（Financial Times）报道，在近期举办的中俄峰会上，中国与俄罗斯石油公司签署了一份合约：俄罗斯将对中国的石油出口量增至3倍，由原来的每天30万桶增至每天90万桶，等同于沙特阿拉伯对中国的石油输出量。

中国不断地在美国海军无法企及的地方加强能源巩固与争取其他补给，很明显，中国的目的绝对不仅仅是进行投资与贸易这般简单。《北京周报》（Beijing Review，是中国唯一的国家级英文新闻周刊，向关心中国的读者提供中国时事和经济发展的报道和评论，评述重大国际事件，提供权威咨询以及实用的信息服务）称，即使其他的因素在试图排挤中国，中国凭借其对俄罗斯与加拿大能源基础设施建设的大规模注资，以及自身大力投资的北极科研项目，“中国最终将在创纪录的短时间内让北极地区的力量平衡重新洗牌”。

当然，中国也会得到想要的切实利益。例如，在与冰岛的交易中，中国不仅得到了冰岛清洁能源的尖端技术，也在冰岛本国与其势力范围内扩大了影响力，这样一来，冰岛一旦加入了北极理事会，对中国将极为有利。

三、中国在北极地区的策略

（一）行事谨慎而低调

专家表示，对于中国而言，目前极地资源勘探开发技术实力仍比较薄弱，但我们应该高度重视对北极地区丰富油气资源的勘探与开发，清晰地认识到北极“无冰期”带来的商业和战略机遇。中国政府需要着手制定开发利用北极资源的战略和相应策略，要加大经费投入，加强国际合作，在开发和利用北冰洋的资源及构建北极新秩序方面发挥应尽的国际责任。①

（二）成立北极智库

中国极地研究中心专家王建忠说，北极的自然变化过程深刻影响着中国未来海上运输，尤其是对中国与北美洲、欧洲国家的海上运输影响巨大。分析人士指出，中国能源需求增大，对运输航道的关注是理所当然的，如果能够降低运输成本，而且避免受到海盗的袭击，合理利用北极这条通道是无可厚非的。针对目前的状况，有中国专家提出了一些具体的建议。

香港凤凰卫视评论员石齐平认为，中国在这方面要具有战略思维和战略战术手段。首先是战略方面，中国可以成立一个北极工作小组，确定自己的北极问题战略，然后可以成立一个“北极智库”，专门研究与北极相关的所有事情，包括天文、地理、资源、经济、外交、国防、种族等问题。②

（三）建立良好关系

在战术方面，北极有好几种原住民，按照国际法，将来在联合国真正具有话语权的是这些少数民族，所以中国如果跟他们建立较好的关系，将有利于中国参与北极事务。

第五节　印度在北极地区的能源战略

一、北极对于印度的重要性

随着全球经济的发展，自然资源特别是不可再生资源逐渐减少，各

① 彭科峰：“北极地区油气资源开发透视”，《中国石油报》2012 年 5 月 14 日。

② “中国在北极竞争中处境不利需加紧相关研究”，《国际在线》2010 年 3 月 6 日，http：//war. 163. com/10/0306/12/613GSHU500011MTO. html。

国对能源的竞争越来越激烈。北极因具有丰富的自然资源，又是一块未经大规模开发的“新地”而越来越受到能源大国的重视。随着全球气候变暖，北极地区冰面开始融化，一些国家如俄罗斯、美国与加拿大先后在北极宣示了自己的“主权”。印度作为印度洋的一个沿岸大国，同时作为一个能源消费大国，也想在北极地区分一杯属于自己的“能源羹”，想在北冰洋地区建立自己的地位和影响力。因此，2008 年 3 月，印度海军选派小组，以体育探险方式进入北极，以显示自己的存在和影响，印度海军探险组在 2008 年 4 月 9 日晚通过滑雪方式抵达了北极。

二、印度在北极地区的行动

（一）印度希望参与开发俄罗斯北极地区

在石油和天然气方面，印度有意参与俄罗斯北极地区的开发。在石油方面，印度石油天然气集团 ONGC Videsh 公司在 2013 年 5 月表示，希望加入俄罗斯石油公司与外国公司在北极的三家合资企业之一。参加该项目的有美国 ExxonMobil 公司、意大利 ENI 公司和挪威 Statoil 公司。在放弃股份的情况下，印度公司同意参与 12 个未来项目当中的 1 个，印度愿意承担外国合作伙伴 33% 的标准份额。俄罗斯石油公司的北极项目规定了在巴伦支海和鄂霍次克海许可地区的工作，那里将于 2019—2020 年进行探井钻探。① 此外，印度寻求进口俄罗斯北极地区天然气。据道琼斯新德里 2013 年 5 月 2 日的消息，印度最大的液化天然气（LNG）进口商正在与全球最大的天然气生产商洽谈每年购买 300 万—400 万吨的 LNG。②

（二）对中国的海上封锁

印度是印度洋上最大的国家，三面环海，具有明显的海上优势。印度拥有在安达曼群岛和尼科巴群岛等地区的沿海机场，同时与东南亚和

---

① “印度希望参与开发俄罗斯北极地区”，航运界，2013 年 8 月 24 日，http：//www.ship.sh/news_ detail.php？ nid =5189。

② “印度寻求进口俄罗斯北极地区天然气”，新闻中心，2012 年 8 月 21 日，http：//news.china.com.cn/live/2013 -05/07/content_ 19835072.htm。

西亚海上要塞的距离较近，这些都是印度海军可利用的优势，用以针对中国实施“致命经济封锁”。然而对北极的开发将会开辟两条新的航道，这就会打破印度在海上对中国的封锁。北极航道包括西北航道和东北航道。西北航道东起美国和加拿大东海岸，向西穿过加拿大北极群岛，经波弗特海、白令海峡抵达美加太平洋港口；东北航道西起西欧和北欧港口，穿过西伯利亚沿岸海域，绕过白令海峡到达中国或日本港口。北极航道一旦开通，必将大大缩短欧洲、北美和东北亚之间的海上航线，改变世界贸易格局，促成俄罗斯、北美、西欧为主体的超强的“环北极经济圈”，进而影响整个世界的经济和地缘政治格局。印度《商业标准报》2012 年 2 月 28 日报道称，随着全球变暖趋势的日益明显，未来北极地区可能出现一些新的航线。中国正逐步采取措施投入到北冰洋的开发，探索新航道，这将可能导致印度传统的“对华海上遏制战略”失效。[①]

（三）建立潜艇

印度为染指北极，在北极的争夺中获取一席之地，在 2008 年首次达到北极时就宣布要建造自己的潜艇。届时，印度海军将成为世界上继美、俄、中、英、法五国海军后，第 6 支拥有核潜艇的海上力量。印度海军也就随时可以派核潜艇通过大西洋或太平洋潜入北冰洋，对北冰洋地区施加军事影响。[②] 2013 年 8 月 10 日，印度总理曼莫汉 · 辛格宣布，印度第一艘国产核动力潜艇“歼敌者”号的外海试航准备已经就绪。这标志着印度本土技术能力的大跨越，证明印度科研、技术和国防人员有能力协作掌控复杂的国家安全技术。[③]

印度海军还计划在核潜艇上配备 12 枚洲际导弹，每枚洲际导弹配备 10 枚左右分弹头，打击范围可达 5000 多公里。印度海军核潜艇即使潜伏

---

① “印媒：印防长忧中国探索北冰洋航道在印度洋难遏制”，新华网，2012 年 2 月 29 日，http：//news. xinhuanet. com/mil/2012 －02/29/c_ 122773251. htm。

② “印度 10 人海军小组成功远征北极 欲染指北极地区”，搜狐军事，2008 年 4 月 16 日，http：//mil. sohu. com/20080416/n256326881. shtml。

③ “印度国产核潜艇试航就绪”，网易新闻，2013 年 8 月 11 日，http：//news. 163. com/13/0811/05/95VMOCP900014JB5. html。

于太平洋或者大西洋北部，也可对北极地区进行战略威慑。①

最近几年来，随着时间的推移和各国在北极地区日益激烈的争夺，印度为增加在北极地区的影响力还会实施更加有利于本国的政策。

北极冰盖融化给包括北极国家在内的世界各个国家都带来了重要的历史机遇及挑战，它使北极国家领土安全问题日益凸显。北极资源的规模化开采和北极航道的商业运营逐渐进入操作阶段，促使北极国家进一步重视北极，进而引发对北极的争夺。北极地区特殊的地缘政治条件、气候条件、地质条件是北极开发所要突破的难关，各国需在北极巨大的资源潜力的诱惑下，保持冷静，以和平、合作的方式来开发北极，切不可操之过急。中国作为一个近北极的国家，也不能示弱，对北极地区的开发和科研不仅有利于中国的经济发展和科技发展，更重要的是能为中国的国家安全带来新的机遇。

① “印度10人海军小组成功远征北极 欲染指北极地区”，搜狐军事，2008年4月16日，http：//mil. sohu. com/20080416/n256326881. shtml。

参考文献

一、中文图书

1. 马汉著，萧伟中、梅然译：《海权论》，中国言实出版社 1997 年版。

2. ［英］杰弗里·帕克著，李亦鸣等译：《二十世纪的西方地理政治思想》，解放军出版社 1992 年版。

3. ［德］拉采尔：《政治地理学》，转引自［英］杰弗里·帕克著，李亦鸣等译：《二十世纪的西方地理政治思想》，中译本序，解放军出版社 1992 年版。

4. ［英］哈·麦金德，林尔蔚等译：《历史的地理枢纽》，商务印书馆 1985 年版。

5. ［美］斯皮克曼著，刘愈之译：《和平地理学》，商务印书馆 1965 年版。

6. ［美］詹姆斯·多尔蒂、小罗伯特·普法尔茨格拉夫著，阎学通译：《争论中的国际关系理论》，世界知识出版社 1987 年版。

7. ［意］朱里奥·杜黑著，曹毅风等译：《制空权》，解放军出版社 1986 年版。

8、刘从德：《地缘政治学：历史、方法与世界格局》，华中师范大学出版社 1998 年版。

9. 程广中：《地缘战略论》，国防大学出版社 1999 年版。

10. 韩银安：《地缘经济学与中国地缘经济战略》，世界知识出版社 2011 年版。

11. ［法］菲利普·赛比耶·洛佩兹著，潘革平译：《石油地缘政治》，社会科学文献出版，2008 年版。

12. ［德］威廉·恩道尔著，赵刚等译：《石油战争》，知识产权出版社 2008 年版。

13. 安尼瓦尔·阿木提：《石油与国家安全》，新疆人民出版社 2003 年版。

14. 董秀丽：《世界能源战略与能源外交：总论》，知识产权出版社 2011 年版。

15. 邢广程：《中国和新独立的中亚国家关系》，黑龙江教育出版社 1996 年版。

16. 崔守军：《能源大外交——中国崛起的战略支轴》，石油工业出版社 2012 年版。

17. 李景明主编：《中国大中型气田富集区带》，地质出版社 2002 年版。

18、陈利君等主编：《孟中印缅能源合作与中国能源安全》，中国书籍出版社 2008 年版。

19. ［俄］B. A. 马特维耶夫：《上海合作组织成员国：以发展的名义互动——中亚国家经济发展的状况和前景》，俄罗斯科学院远东所，2006 年。

20. ［美］罗伯特·O. 基欧汉著，郭树勇译：《新现实主义及其批判》，北京大学出版社 2002 年版。

21. 薛力：《中国的能源外交与国际能源合作（1949—2009）》，中国社会科学出版社 2011 年版。

22. 倪世雄等：《当代西方国际关系理论》，复旦大学出版社 2009 年版。

23. 北京师范大学编：《全球格局下的中国油气资源安全》，社会科学文献出版社 2012 年版。

24. 钱学文等：《中东、里海油气与中国能源安全战略》，时事出版社 2007 年版。

25. 安维华、钱雪梅：《海湾石油新论》，社会科学文献出版社 2000 年版。

26. 王安建、王高尚等著：《能源与国家经济发展》，地质出版社 2008 年版。

27. 杨洁勉：《大磨合：中美相互战略和政策》，天津人民出版社 2007 年版。

28. 夏义善编：《中国国际能源发展战略》，世界知识出版社 2009 年版。

29. 中国现代国际关系研究院经济安全研究中心：《全球能源大棋局》，

时事出版社 2005 年版。

30. 王多云、张秀英：《中国油气资源国际合作：现实与路径》，社会科学文献出版社 2011 年版。

31. ［美］兹比格纽·布热津斯基著，中国国际问题研究所译：《大棋局——美国的首要地位及其地缘战略》，上海人民出版社 1998 年版。

32. ［俄］IB. 库里克、M. 基拉连科：《俄罗斯—中国 2050：小亚细亚战略》，莫斯科：2006 年版。

33. 《江泽民文选》第一卷，人民出版社 2006 年版。

34. 曹云华：《东南亚国家可持续发展研究》，经济出版社 2000 年版。

35. 张德广：《国际问题研究报告（2012—2013）》，世界知识出版社 2013 年版。

36. 方连庆、王炳元、刘金质：《战后国际关系史》下册，北京大学出版社 2006 年版。

37. ［法］托克维尔著，董果良译：《论美国民主》，商务印书馆 1995 年版。

38. 郝名玮、徐世澄：《拉丁美洲文明》，中国社会科学出版社 1999 年版。

39. ［秘鲁］欧亨尼奥·陈—罗德里格斯，白凤森等译：《拉丁美洲的文明与文化》，商务印书馆 1990 年版。

40. 外交与国防政策委员会，万成才译：《未来十年俄罗斯的周围世界：梅普组合的全球战略》，新华出版社 2008 年版。

二、中文杂志报刊

1. 张力：“印度的‘能源外交’及其地缘政治考量”，《南亚研究季刊》2004 年第 3 期。

2. 徐亚平：《地缘政治体系中的印度因素》，青岛大学 2007 年硕士学位论文。

3. 张江河：“地缘政治理论与战略的学理辨析和历史定位”，《吉林大学社会科学学报》2007 年第 6 期，第 47 卷。

4. 蒲瑶："地缘政治理论的历史、现状与发展趋势——兼论中国的空间安全"《社会科学家》2008 年第 6 期。

5. 胡文平："国际能源格局中的大国政治"，《青海社会科学》2007 年第 6 期。

6. ［俄］拉祖瓦耶夫："论地缘政治学概念"，《现代外国哲学社会科学文摘》1994 年第 10 期，转引自孔小惠："地缘政治的涵义、主要理论及其影响国家安全战略的途径分析"，《世界地理研究》2010 年第 6 期。

7. 耿喜梅："地缘经济理论初探"，《石家庄师范专科学院学报》2003 年第 2 期。

8. 刘新华、秦华："略论 21 世纪的石油地缘政治学"，《当代亚太》2003 年第 7 期。

9. 任娜、孙暖："地缘政治视角下的能源安全——以美国全球能源安全战略为例"，《世界经济与政治论坛，》2007 年第 2 期。

10. 徐小杰："新世纪的油气地缘政治——中国面临的机遇与挑战"，社会科学文献出版社 1998 年版，转引自白永平："油气地缘经济与中国油气安全"，《人文地理》1999 年第 4 期。

11. 陈少华："国家博弈中的地缘政治与地缘经济"，《武汉理工大学学报（社会科学版）》2009 年第 3 期。

12. 李兴、马源："美俄中东能源战略比较分析"，《国际观察》2009 年第 4 期。

13. ［美］鲁特瓦克："从地缘政治学到地缘经济学——兼论当今世界经济的冲突逻辑与经济规则"，《国外社会科学文摘》1991 年第 4 期。

14. 郭学堂："'地缘经济'的发展及其现实意义"，《社会科学》2000 年第 4 期。

15. 于庚中："冷战后美国的中亚里海能源战略与中国能源战略的选择"，《世界经济研究》2004 年第 4 期。

16. 郭锐："冷战后地缘理论的发展与嬗变"，《教学与研究》2012 年第 11 期。

17. 高家祥："国际关系视野中的地缘经济学分析"，《甘肃省经济管理干部学院学报》2008 年第 1 期。

18. 郭海涛："应当关注美、欧、日能源战略调整新思路"，《经济纵横》2007 年第 11 期。

19. 李敦瑞："地缘经济学的理论流派与发展趋向"，《中南财经政法大学学报》2009 年第 1 期。

20. 傅勇："能源要素组合与中美——中俄能源战略合作"，《现代国际关系》2009 年第 12 期。

21. 韩月霞："世界原油主要分布地区总体上来看极端不平衡"，《人民日报（海外版）》2007 年 12 月 26 日。

22. 江怀友等："世界天然气资源及勘探现状研究"，《天然气工业》2008 年第 7 期。

23. 田泽："世界油气资源现状及未来趋势预测"，《新疆社会科学》2007 年第 2 期。

24. 徐寿波："改革开放 30 年中国能源发展战略的变革"，《北京交通大学学报（社会科学版）》2008 年第 3 期。

25. 李文彦："21 世纪前期我国能源战略的若干问题"，《经济地理》2000 年第 1 期。

26. 邓婷婷、万江、吴斌："中国 21 世纪能源发展趋势预测及研究"，《网络财富》2009 年第 10 期。

27. 国务院：《能源中长期发展规划纲要（2000—2020）》（草案）2004 年 6 月。

28. 王军："全球化背景下的中国能源战略"，《鄱阳湖学刊》2012 年第 4 期。

29. 史丹："国际金融危机以来中国能源的发展趋势、问题及对策"，《中外能源》2010 年第 6 期。

30. 徐冬青："后金融危机时代中国能源安全战略体系的构建"，《世界经济与政治论坛》2010 年第 6 期。

31. 赵芳："中国能源政策：演进、评析与选择"，《现代经济探讨》2008 年第 12 期。

32. 崔中亚：《印度加强全球石油布局》，《全球财经观察》2005 年 1 月 31 日。

33. 印度驻华大使馆：《今日印度》2006 年第 1 期，转引自杨思灵、高会平：“印度能源形势与发展趋势分析”，《南亚研究》2009 年第 3 期。

34. 杨思灵、高会平：“印度能源形势与发展趋势分析”，《南亚研究》2009 年第 3 期。

35. 秦永红、张伟：“印度经济增长与能源消耗的现状与对策”，《南亚研究季刊》2012 年第 1 期。

36. 胡庆亮：“‘能源三角地区’与中印能源竞争和合作”，《国际论坛》2005 年第 7 卷第 5 期。

37. 陈继东、周任：“中国和印度在石油供给新来源上的竞争”，《南亚研究季刊》2005 年第 3 期。

38. 张芃：“国际石油价格上涨对中国经济的影响”，《国是论衡》2005 年第 1 期。

39. 张立：“浅论中印能源合作”，《国际问题研究》2008 年第 1 期，转引自时宏远：“竞争、合作、独立发展——基于中印能源发展模式的比较研究”，《贵州财经学院学报》2011 年第 4 期。

40. 蔡定昆、骆华松：“论中印地缘政治关系下云南与印度区域经济合作”，《世界地理研究》2006 年第 6 期。

41. 张力：“中印战略对话：探索中印战略互动机制及其制约”，《南亚研究季刊》2009 年第 3 期。

42. 魏圆圆：《美国 21 世纪中东战略的地缘政治学分析》，苏州大学 2005 年硕士学位论文。

43. 冯怀信：《中东区域合作的地缘政治分析》，南开大学周恩来政府管理学院 2005 年博士论文。

44. 马惠新等：“中东国家能源战略与应对思考”，《中国矿业》2011 年第 1 期。

45. 孙霞、潘光：“中东能源地缘政治与中国能源安全”，《阿拉伯世界研究》2009 年第 4 期。

46. 王松德：“我国的石油安全与外交政策取向”，《华北水利水电学院学报（社会科学版）》2007 年第 6 期。

47. 徐博：“印度全方位渗透中东油气”，《中国石油石化》2005 年第

18 期。

48. 张利军："预防亚洲能源冲突的新思路"，《北京周报》2007 年 1 月 8 日。

49. 王素娟："中亚：中国的地缘政治战略"，《内蒙古民族大学学报》2007 年第 6 期。

50. 薄启亮、刘桂洲："中亚地缘政治与中国石油企业的机遇"，《国际石油经济》2012 年第 11 期。

51. 徐冬青："中国与俄罗斯及中亚国家的能源合作——基于中国能源安全视角"，《世界经济与政治论坛》2008 年第 6 期。

52. 张林："中俄关于 21 世纪国际秩序的联合声明"，《人民日报》2005 年 7 月 2 日。

53. 徐慧、杨恕："中亚与印度的大国战略"，《俄罗斯中亚东欧研究》2004 年第 4 期。

54. 胡仕胜："印度悄悄走进中国后院"，《国际先驱导报》2003 年 8 月 29 日。

55. 刘显著："试析印度的中亚外交战略"，《理论观察》2008 年第 2 期。

56. 张诚："印度的中亚战略及其对中国的影响"，《新疆社会科学》2007 年第 6 期。

57. 何火萍：《冷战后中日两国东南亚地缘战略比较研究》，华中师范大学 2007 年硕士学位论文。

58. 李铁兵："南海油气资源丰富 堪称第二个'波斯湾'"，《海南日报》2012 年 7 月 11 日。

59. 郑泽民："东南亚：位置所决定的命运"，《世界知识》2003 年第 9 期。

60. 钱伯良："缅甸石油工业简况"，《东南亚研究资料》1986 年第 1 期。

61. 张文木："中国能源安全与政策选择"，《世界经济与政治》2003 年第 5 期。

62. 陶杰："马来西亚成东南亚油气业巨头"，《经济日报》2012 年 2

月21日。

63. 迟愚、孟祥龙、王福合："东南亚深海油气勘探开发形式以及对外合作前景"，《热点地区》2010年第19期。

64. 张明亮："中国—东盟能源合作：以油气为例"，《世界经济与政治论坛》2006年第2期。

65. 赵华："2008年我国无缝钢管产量及进出口量简析"，《钢管》2009年第1期。

66. 谢忠考、林建坤："中国东盟石油合作新领域及前景分析"，《世界地理研究》2010年第3期。

67. 杨海："论我国与东南亚能源合作的几个问题"，《中国社会科学院研究生院学报》2007年第2期。

68. 高安荣、田楠："全球油气资源分布及我国海外油气资源战略举措"，《中外能源》2011年第9期。

69. 王晓龙："印度全球能源战略开局咄咄逼人"，《绿叶》2006年第3期。

70. 朱陆民、王珊："试析中国在南海问题上面临的挑战"，《传奇·传记文学选刊》2011年第8期。

71. 高德胜："中国周边地缘环境与西部地缘安全"，《阴山月刊》2004年第3期。

72. 吴磊："关于中国—中东能源关系发展的若干思考"，《阿拉伯世界》2007年第1期。

73. 章建华、陈乔炎："尼泊尔发生石油荒向中国求援，希望帮助开发油田"，《国际先驱论坛报》2007年5月18日。

74. 邓向辉："中美非洲能源之争"，《学术探索》2008年第6期。

75. 叶护平等："非洲石油生产与贸易的地理特征"，《世界地理研究》2007年第3期。

76. 邓向辉：《非洲能源国际竞争与中非能源合作》，中共中央党校2010年博士学位论文。

77. 李力清："西方大国抢占黑非洲石油市场"，《当代世界》2003年第4期，转引自邓向辉：《中美非洲能源之争》，《学术探索》2008年第

6 期。

78. 钟延秋、孙国庆、马凤成：“富有勘探开发潜力的非洲石油资源”，《大庆石油地质与开发》2002 年 1 期。

79. 汪巍：“非洲石油勘探开发市场格局与竞争策略”，《中外能源》2008 年第 2 期。

80. 张昌兵：“勘探开发非洲石油资源的机遇与挑战”，《研究与探讨》2008 年第 3 期。

81. 刘伟：“非洲能源发展简析”，《中国集体经济》2010 年 9 期。

82. 秦天：“中非油气合作新形势及前景”，《国际资料信息》2011 年第 4 期。

83. 汪巍：“非洲石油开发策略”，《中国石油石化》2009 年第 20 期。

84. 梁明：“非洲石油贸易——中国的视角”，《国际经济研究》2011 年第 4 期。

85. 张刚：“外国石油公司在非洲的竞争趋势分析”，《国际石油经济》2008 年第 3 期。

86. 杨勉：“南苏丹公投背后的石油因素及对中国在苏丹石油投资的影响”，《中外能源》2011 年第 5 期。

87. 何莺：“全球化背景下的中非能源合作”，《湖南工程学院学报》2007 年第 3 期。

88. 亢升：“动荡非洲中的中国石油安全”，《西亚非洲》2007 年第 2 期。

89. 杨思灵：“印度与其‘大周边’地区的能源合作”，《亚非纵横》2009 年第 3 期。

90. 时宏远：“试论印度与非洲的能源合作”，《西亚非洲》2008 年第 11 期。

91. 崔莱：“印度快速增产的能源需求指向非洲”，《中国石油报》2007 年 9 月 18 日。

92. 张文木：“中国地缘政治的特点及其变动规律（上）”，《太平洋学报》2013 年第 1 期。

93. 刘佳、李双建：“新世纪以来美国海洋战略调整及其对中国的影响述评”,《国际展望》2012 年第 4 期。

94. 封永平：“地缘政治与大国崛起：以美国为例”,《理论导刊》2006 年第 1 期。

95. 陈艳、成金华：“全球能源消费框架下的典型国家能源政策研究”,《中国能源》2006 年第 8 期。

96. 朱凯：“美国能源独立的构想与努力及其启示”,《国际石油经济》2011 年第 10 期。

97. 钱龙、廉同辉：“美国奥巴马政府新能源政策及对我国的启示”,《价格理论与实践》2011 年第 9 期。

98. 孔祥永：“奥巴马政府能源政策调整的成效与影响”,《现代国际关系》2013 年第 1 期。

99. 张平：“加拿大的能源政策”,《中国能源》2001 年第 9 期。

100. 郭炜煜：“美洲的能源政策与我国的应对方略”,《天中学刊》2011 年第 3 期。

101. 龚伟：“印度能源外交与中印合作”,《南亚研究季刊》2011 年第 1 期。

102. 伍福佐：“美国对印度能源安全战略的影响”,《南亚研究季刊》2009 年第 1 期。

103. 罗会钧：“论拉美‘左倾化’对美拉关系的影响”,《国际观察》2010 年第 5 期。

104. 王友明：“拉美区域一体化稳步发展”,《国际问题研究》2009 年第 3 期。

105. 袁东振：“混乱和无序：拉美城市化的教训”,《科学决策》2005 年第 6 期。

106. 周晶：“欧盟—拉美首届首脑会议”,《国际资料信息》1999 年第 9 期。

107. 袁正之：“拉美石油投资的政治风险分析”,《国际石油经济》2008 年第 3 期。

108. 孙洪波：“中国与拉美油气合作的机遇、障碍和对策”,《国际石油经济》2009 年第 3 期。

109. 于民："拉美石油能源博弈与我国拉美石油能源战略"，《广西社会科学》2010 年第 2 期。

110. 张一鸣："三大石油巨头抢滩拉美警 惕资源国政策风险"，《中国经济时报》2010 年 12 月 15 日第 1 版。

111. 石文："中石油与哥斯达黎加石油公司签署合作协议"，《中国能源报》2013 年 6 月 10 日第 13 版。

112. 金燕、孙洪波，"投资拉美能源 美国因素无法回避"，《中国经济导报》2010 年 2 月 20 日第 B3 版。

113. 朱鸿博、刘文龙："新世纪中国对拉美的地缘战略"，《现代国际关系》2008 年第 3 期。

114. 张娥："曲线进拉美"，《中国石油石化》2011 年第 23 期。

115. 高世宪、张思遥："印度能源海外投资政策对我国的启示"，《中国能源》2012 年第 12 期。

116. 金新、宋瑞鲁："试析后冷战时代欧洲地缘政治的变化"，《江南社会学院院报》2010 年第 3 期。

117. 冯玉军："俄罗斯地缘政治战略取向"，《现代国际关系》1999 年第 10 期。

118. 陈德照："战后西方国家间竞争与合作关系的发展"，《世界经济》1996 年第 5 期。

119. 杨伟国："欧盟在世界经济中的地位"，《新视野》2003 年第 3 期。

120. 刘新华、秦仪："略论澳大利亚的地缘战略地位和美澳军事同盟关系"，《世界经济与政治论坛》2003 年第 3 期。

121. 夏永聪："澳大利亚面对中国崛起的战略选择"，《宝鸡文理学院学报（社会科学版）》2012 年第 5 期。

122. 周云亨："美澳加强军事同盟与中国海上能源通道安全"，《世界经济与政治》2012 年第 1 期。

123. 李刚："澳大利亚能源安全政策演进研究"，《资源与产业》2010 年第 2 期。

124. 许勤华、王红军："亚太经合组织多边能源合作与中国"，《现代国际关系》2009 年第 12 期。

125. 满娟："印度开启能源改革新路"，《中国石化》2008 年第 7 期。

126. 刘伟："印度的能源战略对我国的启示"，《国土资源情报》2006 年第 10 期。

127. 彭科峰："北极地区油气资源开发透视"，《中国石油报》2012 年 5 月 14 日。

128. 唐国强："北极问题与中国的政策"，《国际问题研究》2013 年第 2 期。

129. 黄子惺："北极地区油气资源地缘政治经济格局研究"，华东师范大学 2010 年硕士学位论文。

130. 张璐晶："谁在瓜分北极"，《中国经济周刊》2012 年 2 月 21 日。

131. 于佰鑫、李亚军："北方航线的综合评价研究"，《大连海事大学学报》2009 年第 1 期。

132. "聚集北极航道之一：北极航道改写海运格局"，《中国海事》2010 年第 11 期。

133. 闫磊："20 多国加入北极油气资源博弈 能否绿色开发遭质疑"，《经济参考报》2011 年 9 月 13 日。

134. 李浩武、童晓光："北极地区油气资源及勘探潜力分析"，《中国石油勘探》2010 年第 3 期。

135. 程春华："北极能源开发新动向"，《国际石油经济》2012 年第 5 期。

136. 牛军、毕新忠、顾永强："北极能源之争难画句号"，《中国石化》2010 年第 11 期。

137. 张云："中国在北极怎样才能有所作为"，《青年参考》2011 年 9 月 14 日 02 版。

138. 刘惠荣："中国可以在北极做什么"，《经济参考报》2011 年 12 月 27 日。

139. 张喆："中国加入'北极圈'"，《东方早报》2013 年 5 月 16 日。

140. 彭科峰："北极地区油气资源开发透视"，《中国石油报》2012 年 5 月 14 日。

141. 司源："中国地缘政治的战略思考"，《法制与经济》2009 年第 3 期。

三、英文图书

1. Mahan Alfred T. , The Influence of Sea Power Upon History, 1660 – 1783, Sampson Low, London, 1898.

2. "BP Statistical Review of World Energy June 2013", bp. com/statisticalreview.

3. David Baldwin, Neorealism and Neoliberalism: the Contemporary Debate, Columbia University Press, 1993.

4. Yashwant Sinha, "India and Central Asia in the Emerging Security Environment", in K. Santhanam and Ramakant Dwivedi, eds. , India and Central Asia: Advancing the Common Interest, New Delhi: Anamaya Publishers, 2004.

5. Rajiv Sikri, The Geopolitics of Energy Security and Implications for South and Southeast Asia, National University of Sigpore, 2008.

6. Sascha Muller – Kraenner, China's and India's Emerging Energy Foreign Policy, German Development Institute, 2008.

7. Robert G. , Wirsing, Baloch Nationalism and the Geopolitics of Energy Resources: the Changing Context of Separatism in Pakistan, Strategic Studies Institute, India, April 2008.

9. Nicholas Spykman, The Geography of Peace, New York: Harcourt Brace Company, 1944.

四、英文期刊

1. Matthew Hulbert, "Chindia: Asia's Energy Challenge", Public Policy Research, September – November, 2010.

2. P. R. Kumaraswamy, "India's Energy Cooperation with China: The Slippery Side", China Report 43, 3 (2007).

3. Bhupendra Kumar Singh, "Energy Security and India – China Cooperation", International Association for Energy Economics, First Quarter 2010.

4. J. Peter Pham, " India Expanding Relations with Africa and Their Implications for U. S. Interests", American Foreign Policy Interests, 2007.

5. Edward Luttwak, "The Theory and Practice of Geo – Economics", in The International System after the Collapse of the East – West Order, Martine Nijhoff Publishers, 1994, p. 221，转引自郭学堂："'地缘经济'的发展及其现实意义",《社会科学》2000 年第 4 期。

6. British Petroleum, Statistical Review of World Energy, June 2009, p. 6. 转引自时宏远："论印度实施能源外交的条件"，《南亚研究》2010 年第 1 期。

7. Federation of Indian Chambers of Commerce and Industry, Impact of High Oil Price on Indian Economy, 2005, pp. 25 – 27，转引自柳树："国际油价上涨对印度经济的影响",《当代亚太》2007 年第 9 期。

8. Thomas L. K. , Katz D. L. and Tek M. R. , "Threshold Pressure Phenomenal in Porous Media", Society of Petroleum Engineers Journal, 1968, Vol. 8, No. 2.

9. Ruchita Beri, "Africa's Energy Potential: Prospects for India", Strategic Analysis, Vol. 29, No. 3, Jul – Sep 2005.

10. British Petroleum, Statistical Review of World Energy, June 2009.

11. Devika Sharma, Swati Ganeshan, "Before and beyond Energy: Contextualising the India – Africa Partnership", Emerging Powers and Global Challenges Programme, February 2011.

12. Toufiq Siddiqi, "China and India: More Cooperation than Competition in Energy and Climate Change", Journal of International Affairs, Spring/Summer 2011, Vol. 64, No. 2.

13. Robert Keohane, " International Institutions: Can Interdependence Work?" Foreign Policy, Spring 1998.

14. Fantu Cheru, Cyril Obi, "Chinese and India Engagement in Africa: Competitive or Mutually Reinforcing Strategies?" Journal of International Affairs,

Spring / Summer 2011, Vol. 64, No. 2.

15. Toufiq Siddiqi, "China and India: More Cooperation Than Competition in Energy and Climate Change", Journal of International Affairs, Spring/Summer, Vol. 64, No. 2.

16. Manjeet Kripalani, "India and China: Oil – Patch partner?" International Outlook, February 7, 2005.

17. Stephen Blank, "Will China join the Iran – Pakistan – India Pipeline", China Brief, Volume: 10, Issue: 5, March 5, 2010.

18. Bhupendra Kumar Singh, "Energy Security and India – China Cooperation", International Association for Energy Economica, First Quarter.

19. Jan H. Kalicki, "Rx for 'oil Addition': The Middle East and Energy Security", Middle East Policy, Vol 14, No. 1, 2007.

20. Z. Btzezinski, "Russian Roulette," The Wall Street Journal, March 29, 2005.

21. Gavin Rabinowitz, Associated Press, "The Latest 'Great Game' Involves Indian Ocean", Los Angeles Times, August 31, 2008.

22. Col. R. Hariharan, "China's Influence in India's Neighborhood", Trans Current, August 1, 2008.

23. Brian Orland, "India's Sri Lanka Policy – Towards Economic Engagement", Institute of Peace and Conflict Sudies, April 2008, New Dehli, India.

24. Sujit Mainali, "Changing Sino – India Relation and Nepal", Telegraph Nepal, March 13, 2009.

25. US Energy Information Administration, http: // www. eia. doe. gov/ (Accessed September 18, 2005), 转引自 Ruchita Beri, "Africa's Energy Potential: Prospects for India", Strategic Analysis, Vol. 29, No, 3, Jul – Sep 2005.

26. Shebonti Ray Dadwal, "India and Africa: Towards a Sustainable Energy Partnership", South African Institute of International Affairs, February 2011.

27. Ruchita Beri, "Africa's Energy Potential: Prospects for India", Strategic Analysis, Vol. 29, No. 3, Jul – Sep 2005.

28. Jedrzej George Frynas and Manuel Paulo, "A New Scramble for African Oil? Historical, Political, and Business Perspectives", African Affairs, 27 November 2006.

29. Devika Sharma, Swati Ganeshan, "Before and Beyond Energy: Contextualizing the India – Africa Partnership", Emerging Powers and Global Challenges Programme, February 2011.

30. Rajeev Sharma, "Nigerian President offers oil", The Tribune, November 4, 2004.

31. Jordan Weissman, "Is the U. S. Quietly Weaning Itself off Foreign Oil?" The Atlantic, January 23, 2012.

32. "OVL bags two oil, gas blocks in Brazil", The Hindu, November 29, 2007.

33. Sujay Mehdudia, "OVL, PDVSA of Venezuela to Form Joint Venture", The Hindu, April 10, 2008.

34. "President Pratibha Patil leaves for Latin America", PTI, Deccan Herald, April 12, 2008.

35. Monica Hirst, "Brazil – India Relations: A Reciprocal Learning Process", South Asian Survey, Vol. 15, No. 1, January – June 2008.

36. "Amid China's forays, India wakes up to Latin America", Indo – Asian News Service, August 5, 2012.

37. "China Become EU's Largest Trading Partner in July 2011, Surpassing the U. S. ", Ministry of Commence People's Republic of China, October 14, 2011.

38. "China – EU Economic and Trade Cooperation is Increasingly Enhanced", Ministry of Commence People's Republic of China, May 10, 2010.

39. Ola Borten Moe , "The Norwegin Model: Evolution、Performance and Benefits", Ministry of Petroleum and Energy of Norway, May 21, 2013.

40. "The state program Energy Efficiency and Energy Development, 2013 – 2020, has been adopted", Ministry of Energy , April 5, 2013.

五、文献网址

1. International Energy Statistics, Independent Statistics & Analysis US Energy Administration, http://www.eia.gov/cfapps/ipdbproject/IEDIndex3.cfm?tid=5&pid=53&aid=1.

2. 美国全美能源政策发展小组报告，http://www.chinapower.com.cn/newsarticle/1066/new1066982.asp.

3. International Energy Outlook 2004, http://www.eia.goe.gov.

4. 中华人民共和国国家统计局，http://www.stats.gov.cn/tjsj/ndsj/。

5. 我国资源利用的总体状况，国家发改委，http://www.gov.cn/ztzl/2005-12/29/content_141079.htm。

6. 史文倩、张晓玉："我国可再生能源基本情况"，《京大学能源安全与国家发展研究中心》，2012.6，http://www.sgcc.com.cn/xwzx/nyzx/2012/11/282862.shtml。

7. 王浦、朱虹、沙淑清："金融危机下的中国能源消费政策与发展"，中国科技论文线，http://www.paper.edu.cn。

8. Jayanth Jacob. Assertive India firm on its South China Sea stand, Hindustan Times, November 2011, http://www.hindustantimes.com/world-news/RestOfAsia/Assertive-India-firm-on-its-South-China-Sea-stand/Article1-771123.aspx.

9. "沙特的能源情况"，2005年6月13日，http://sa.mofcom.gov.cn/aarticle/ztdy/200506/20050600116989.html。

10. "伊朗的石油和天然气"，2002年8月27日，http://ir.mofcom.gov.cn/article/ztdy/200906/20090606345055.shtml。

11. "韩国公司在科威特赢得石油设施更新项目合同"，2013年3月21日，http://kw.mofcom.gov.cn/article/jmxw/201303/20130300063271.shtml。

12. "科威特将与日本加强石油领域的技术合作"，2012年5月16日，http://kw.mofcom.gov.cn/article/jmxw/201205/20120508128217.shtml。

13. "沙特鼓励开发石油深加工领域"，2013年3月14日，http://

sa. mofcom. gov. cn/article/ddfg/tzzhch/201303/20130300053333. shtml。

14. “伊朗委内瑞拉成立合资公司”，2010 年 5 月 3 日，http：//ir. mofcom. gov. cn/article/c/m/201005/201005068。

15. “伊朗积极争取欧洲融资”，2011 年 7 月 28 日，http：//ir. mofcom. gov. cn/article/jmxw/201107/20110707668491. shtml。

16. “科威特石油公司批准科越炼油石化项目”，2013 年 5 月 29 日，http：//kw. mofcom. gov. cn/article/jmxw/201305/20130500144487. shtml。

17. “阿布扎比国际石油投资公司简介”，2008 年 1 月 25 日，http：//ae. mofcom. gov. cn/article/ztdy/200801/20080105337772. shtml。

18. “巴基斯坦将继续推进伊—巴天然气管线建设”，2012 年 6 月 13 日，http：//ir. mofcom. gov. cn/article/jmxw/201206/20120608177071. shtml。

19. “两伊和叙利亚三国正是签署天然气管道铺设协议”，2011 年 7 月 28 日，http：//ir. mofcom. gov. cn/article/jmxw/201107/20110707668493. shtm。

20. “卡加强运输能力”，2012 年 8 月 15 日，http：//qa. mofcom. gov. cn/article/jmxw/201208/20120808269564. shtml。

21. “QP 与日本 GX 公司签署天然气勘探生产协议”，2011 年 5 月 10 日，http：//qa. mofcom. gov. cn/article/jmxw/201105/20110507540732. shtml。

22. “中海油接受道达尔加盟卡天然气勘探生产项目”，2011 年 5 月 30 日，http：//qa. mofcom. gov. cn/article/jmxw/201105/20110507577278. shtml。

23. “沙特将增加在天然气领域的投资”，2012 年 4 月 29 日，http：//sa. mofcom. gov. cn/article/jmxw/201204/20120408097384. shtml。

24. “胡锦涛：促进中东和平，建设和谐世界”，2006 年 4 月 23 日，http：//news. xinhuanet. com/politics/2006 - 04/23/content_ 4465092. htm。

25. “中国商品迪拜分拨中心”，2003 年 10 月 15 日，http：//ae. mofcom. gov. cn/aarticle/zxhz/zzjg/200310/20031000135722. html。

26. “中国与阿联酋签订石油合作谅解备忘录”，2005 年 6 月 16 日，http：//ae. mofcom. gov. cn/article/jmxw/200506/20050600120758. shtml。

27. “中国石油天然气集团公司获得阿联酋原油管线项目总包合同”，2008 年 12 月 1 日，http：//ae. mofcom. gov. cn/article/jmxw/200812/20081205924560. shtml。

28. “印度取代欧洲公司参与伊朗波斯湾油田开发”，2013 年 5 月 9 日，http：//ir. mofcom. gov. cn/article/activities/201305/20130500120463. shtml。

29. “印度 RELIANCE 公司将在阿曼进行海上油气勘探”，2005 年 3 月 28 日，http：//om. mofcom. gov. cn/article/jmxw/200503/20050300030129. shtml。

30. 高惠群：“伊斯兰化运动中的中亚五国”，《东欧中亚研究》1993 年第 6 期，http：//euroasia. cass. cn/news/60442. htm。

31. “能源政策：中亚三大产油国能源政策”，2012 年 2 月 29 日，http://info. 1688. com/detail/1023987209. html。

32. “中亚国家拟推能源出口多元化，俄‘后院’尚无法摆脱其影响”，国际在线，2013 年 5 月 13 日，http：//gb. cri. cn/42071/2013/05/13/6611s4113156. htm。

33. 缅甸成为中国印度开发海外能源的热点，http：//gold. hexun. com/2005 - 04 - 20/102188703. html。

34. 中国网站，http：//www. showchina. org/zgygjzzxl/zgydm/05/200805/t172197. html。

35. 巴基斯坦国家概况，中华人民共和国外交部网站，http：//www. fmprc. gov. cn/mfa _ chn/gjhdq _ 603914/gj _ 603916/yz _ 603918/1206 _ 604018/。

36. 印度政府将制订石油产品价格新方案，中国化工机械设备网，2012 年 6 月 17 日，http：//www. huajx. com/News/Detail/22879. html。

37. 能源管理体制：从分散走向集中是国际大趋势，中国经济网，2008 年 4 月 15 日，http：//www. ce. cn/cysc/ny/zcjd/200804/15/t20080415 _ 5159939. shtml。

38. 印度 20 个油气田全面招标，涉及金额约 10 亿美元，新浪网，2005 年 1 月 7 日，http：//news. sina. com. cn/w/2005 - 01 - 07/09354746940s. shtml

39. 印度能源部反对征收能源设备进口关税，中华人民共和国国家税务总局网站，2010 年 4 月 26 日，http：//www. chinatax. gov. cn/n8136506/n8136608/n9947993/n9948117/10020053. html。

40. 印度将要建立战略石油储备加强能源安全，新浪网，2006 年 1 月 8 日，http：//news. sina. com. cn/w/2006 - 01 - 08/09307924817s. shtml。

41. 巴基斯坦水电部决定撤销可再生能源委员会，中国驻巴基斯坦使馆经商处，2011 年 6 月 16 日，http：//www. mofcom. gov. cn/aarticle/i/jyjl/j/201106/20110607602754. html。

42. 巴基斯坦将于6月发布新的替代能源政策，2011年5月20日，国际能源网，http：//www. in－en. com/finance/html/energy_ 1516151688102102 3. htm。

43. 2008 年中印双边贸易年度报告，海关统计资讯网，http：//www. chinacustomsstat. com。

44. K. 西罗耶什金：上海合作组织中的俄罗斯和哈萨克斯坦——问题和前景，http：//www. analitika. org/article. php？ story = 20061218232229163&query = %25D8%25CE%25D1。

45. 巴基斯坦总理邀请中方参与巴能源建设，新浪网，2012/7/06，http：//news. sina. com. cn/c/2013－07－06/194527596284. shtml。

46. Shelly Zhao，“the Geopolitics of China－African Oil”，April 13，2011，http：//www. china－briefing. com/news/2011/04/13/the－geopolitics－of－china－african－oil. html。

47. “Africa’s Rising Star，and India”，the hindo business line，http：//www. thehindobusinessline. com/today－paper/tp－opinion/article1668371. ece.

48. “East Africa expected to be world’s new energy frontier”，Apr 12，2012 ，http：//www. upi. com/Business－news/Energy－Resourses/2012/04/12/East－Africa－is－ worlds－new－energy－frontier/UPI－84401334257882/.

49. “非洲国家纷纷制定政策吸引外资开发石油资源”，商务部网站，2005年6月24日，http：//finance. sina. com. cn/roll/20050624/1649151319. shtml 。

50. “非洲主要油气资源国概况——埃及”，国际能源网，2007 年 5 月 18 日，http：//www. ce. cn/cysc/ny/jdny/200705/18/t20070518_ 11404410. shtml。

51. “非洲：努力开发新能源 生物能源受重视”，《人民日报》2008 年 1 月 9 日，http：//env. people. com. cn/GB/6750904. html。

52. “对未来投资，Google 投资非洲新能源”，爱范儿网，2013 年 5 月 31 日，http：//www. ifanr. com/299724 。

53. “非洲欧盟将在新能源领域加强合作”，新华网，2010 年 9 月 14 日，http：//news. xinhuanet. com/world/2010－09/14/c_ 13495022. htm。

54. Campbell K，'Namibia set to supply uranium，diamonds direct to India'，Mining Weekly，11 September 2009，http：//www. miningweekly. com/article/namibia – set – to – supply – uraniumdiamonds – direct – to – india – 2009 – 09 – 11.

55. 陶短房："印度在非洲石油攻略与华短兵相接 外媒解读为慷慨解囊"，凤凰财经网，2011 年 7 月 5 日，http：//finance. ifeng. com/news/hqcj/20110705/4227945. shtml。

56. "印度加快进军非洲石油开发领域步伐"，搜狐财经网，2007 年 9 月 3 日，http：//business. sohu. com/20070903/n251929316. shtml。

57. 阿尔及利亚邀请印度公司参加天然气管道项目"，中国石化新闻网，http：//china. toocle. com/cbna/item/2010 – 08 – 24/5356592. html。

58. Sanusha Naidu，"India's African Relations：Playing Catch up with the Dragon"，www. international. ucla. edu/media/files/84. pdf.

59. Composition of macro geographical（continental）regions，geographical sub – regions，and selected economic and other groupings：http：//millenniumindicators. un. org/unsd/methods/m49/m49regin. html.

60. Central Intelligence Agency，The World Fact book：United States，http：//www. cia. gov/library/publications/the – world – fact – book/geos/us. html.

61. Yunji de Nies and Sunlen Miller，"Obama Still Believes in Off – shore Oil Drilling"，ABC News，April 30，2010，http：//acenews. go. com/blogs/politics/2010/04/obama – still – believes – in – offshore – oil – drilling/.

62. U. S. Bureau of Land Management "Oil and Gas Statistics by Year for Fiscal Years 1988 – 2011"，June22，2012，http：//www. blm. gov/wo/st/en/prog/energy/oil_ and_ gas/statistics. html.

63. Louis Jancobson，"Pipeline Project Faces Hurdles，but Obama's Kept Promise to Keep Pushing for It "，February 17，2012，http：//www. politifact. com/truth – o – meter/promises/obameter/promise/454/build – natural – gas – pipeline – from – alaska – /.

64. Jordan Weissman，"Is the U. S. Quietly Weaning Itself off Foreign Oil?" The Atlantic，January 23，2012，http：//www. theatlantic. com/business /archive /2012 /01 /is – the – us – quietly – weaning – itself – off – foreign – oil /251868 /.

65. The Office of President - Elect, " The Obama - Biden Plan", http: //change. gov/agenda/energy_ and_ environment agenda/.

66. Congressional Budget Office, "The Budget and Economic Outlook: An Update", August 18, 2010, http: //www. cbo. gov/ftpdocs/117xx/doc11705/08 _ 18_ Update. pdf.

67. American Geosciences Institute, "FY 2012 Department of Energy Appropriations", January 3, 2012, http: //www. agiweb. org/gap/legis112/appropsfy2012_ energy. html.

68. U. S. Energy Information Administration, "Petroleum Supply Monthly: Production of Crude Oil by PAD District and State" , July 30, 2012, http: //www. eia. gov/petroleum/supply /monthly /archive /2012 /2012_ 07 /psm_ 20 12_ 07. cfm.

69. "Beyond Boom & Bust: Putting Clean Tech on a Path to Subsidy Independence", pp. 16, 18, Brookings Institute, April 21, 2012, http: //hebreakthrough. org/blog/Beyond_ Boom_ and_ Bust. pdf.

70. "美洲矿业资源：加拿大能源资源概况", http: //www. mining 120. com/html/1004/20100421_ 18398. asp。

71. Evans PC, Downs ES, Untangling China's Quest for Oil through State - backed Financial Deals, Policy Brief # 154, The Brookings Institution, http: //www. brookings. edu/comm/policybrief/pb154. pdf.

72. United Nations Economic Commission for Latin America and the Caribbean, Statistical Yearbook for Latin America and the Caribbean 2012, http: //interwp. cepal. org/anuario_ estadistico/anuario_ 2012/en/contents_ en. asp.

73. 冷彤、贾安平："首届拉共体首脑会议通过《圣地亚哥声明》", 新华网, 2013 年 1 月 29 日, http: //news. xinhuanet. com/2013 - 01/29/c _ 124290876. htm。

74. BP, BP Statistical Review of World Energy 2013, London, United Kingdom, June 2013, pp. 6, 18, 20, http: //www. bp. com/content/dam/bp/pdf/statistical - review/statistical_ review_ of_ world_ energy_ 2013. pdf.

后 记

中国和印度作为正在崛起的两个发展中大国，如何在崛起过程中应对解决越来越严重的能源瓶颈问题是近年来国内外学者们高度关注的课题。2006—2011 年，我有幸先后在世界能源大国加拿大的大学、能源跨国公司和金融公司从事能源矿业合作与能源金融研究，接触了很多来自中国和印度两国从事能源研究和工作的专业人士，并与他们就中印海外能源合作问题进行了深入的交流和探讨。我深受启发，继而萌生了撰写本书的打算，并在当时就草拟好了提纲。回国后，我虽然发表过几篇有关中国与南亚国家（包括印度）能源合作的文章，但因一直忙于本人的国家社科基金项目《中印关系中的机制化建设与中国的对策研究》的工作，并囿于学校科研工作的时间所限，所以未能将本书写作计划付诸实施。2013 年，我应邀参与四川乐山川天燃气输配设备有限公司改制上市和跨国经营工作，与公司总经理袁勇和副总经理张克勤深入探讨了中国能源产业发展问题，并共同对本书写作提纲进行了细化与完善。同年 3 月，我应邀赴上海参加复旦大学金砖国家协同创新中心有关金砖国家如何拓展合作领域的会议，应约撰写有关中印在金砖国家机制下合作的稿件，从而坚定了完成本书的决心。与此同时，中国国家主席习近平先后出访世界能源大国俄罗斯和油气富集的中亚四国，并提出建立“新丝绸之路经济带”的战略设想。李克强总理也先后出访印度和巴基斯坦，与印度和巴基斯坦分别提出建立“孟中印缅经济走廊”和“中巴经济走廊”的战略设想。因此，“一带两廊”跨境区域合作的战略决策更是给我尽快完成本书的编写注入了强劲动力。这便是呈现给读者的《中印海外能源战略研究：地缘政治经济的视角》一书。

在本书付梓之际，我们深感《中印海外能源战略研究：地缘政治经济的视角》课题还有许多理论与实践问题需要探索，但受时间和水平的限制，本书不妥之处在所难免，诚望各位读者不吝指教。

本书是集体智慧的结晶，是协同工作的成果。戴永红负责全书的策划、提纲的拟定和最后的统稿。本书各章的分工如下：第一章（第一节、第二节邓乔，第三节杨茜）、第二章（第一节李雁飞，第二节尹轩）、第三章（第一节杨春，第二节戴永红、秦永红，第三节戴永红、阮露洁）、第四章（谢文曼）、第五章（孟雪）、第六章（李茂）、第七章（第一节徐云龙、第二节李建军、第三节戴永红、秦永红）、第八章（第一节解世红、第二节李洋、第三节刘红朝）、第九章（陈王龙诗、李建军）、第十章（王祯、李建军）、第十一章（李红梅）、第十二章（张肖、郭泽晋）、第十三章（刘琪、李建军）。对以上各位作者的辛勤劳动，在此深表谢意！

戴永红

2013 年 12 月 8 日